新时代
幸福城市建设研究

谢兆岗　回俊青◎著

台海出版社

图书在版编目（CIP）数据

新时代幸福城市建设研究 / 谢兆岗，回俊青著．--
北京：台海出版社，2023. 11

ISBN 978-7-5168-3638-5

Ⅰ．①新… Ⅱ．①谢… ②回… Ⅲ．①城市建设—研究—中国 Ⅳ．① F299.2

中国国家版本馆 CIP 数据核字（2023）第 169359 号

新时代幸福城市建设研究

著　　者：谢兆岗　回俊青

出 版 人：蔡　旭　　　　责任编辑：戴　晨

出版发行：台海出版社
地　　址：北京市东城区景山东街 20 号　　　　邮政编码：100009
电　　话：010-64041652（发行，邮购）
传　　真：010-84045799（总编室）
网　　址：www.taimeng.org.cn/thcbs/default.htm
E - mail：thcbs@126.com

经　　销：全国各地新华书店
印　　刷：廊坊市海涛印刷有限公司
本书如有破损、缺页、装订错误，请与本社联系调换

开　　本：710 毫米 ×1000 毫米　　1/16
字　　数：208 千字　　印　　张：15.75
版　　次：2023 年 11 月第 1 版　　印　　次：2023 年 11 月第 1 次印刷
书　　号：ISBN 978-7-5168-3638-5

定　　价：86. 00 元

前　言

人类社会发展至今，尤其是步入21世纪之后，随着科技和物质生活水平的不断提高，人们也逐渐开始重新审视社会发展的目的。近一个多世纪以来，社会发展的理念从重视财富开始逐渐更多转向了人类本身的发展。与此同时，人类幸福的问题也成为大家讨论的焦点，如何生活得更快乐，如何让体验感更好，也成为当下人们一种阶段性的追求。对于幸福的认知，不同的人有着不同的理解，所以准确定义幸福和评测幸福是一个极具挑战性的学术和实践问题，不同国家、研究机构和学者都在进行着不同的尝试，科学评测人类幸福也成为统计学、经济学、社会学、心理学等诸多学科研究的前沿课题之一。

当下城市发展建设的主要目标之一就是构筑幸福城市。党的十八大以来，国家提出“城市是人民的，城市建设要贯彻以人民为中心的发展思想，让人民群众生活更幸福”。在这里我们可以看到国家对现代化城市建设的重视程度，同时也给出了重要的理论指导，其中包含有城市发展规律的研究、城市建设规划的研究、城市文化遗产保护的规范和要求、城市治理体系和治理能力现代化等一系列内容，这些政策和内容有力指导和推进了新时代下幸福城市的建设。据不完全统计，当前国内有超过百余座城市提出了建设“幸福城市”的构想。“幸福城市”的理念已经成为我国城市发展历程中又一里程碑式的发展阶段，是贯彻以人民为中心价值理念的再次尝试和探索，是在“生态城市”“海绵城市”和“智慧城市”基础上的再一次优化和升级。

基于此，本书以“新时代幸福城市建设研究”为主题，分别对城市居民幸福评测以及幸福城市建设两方面进行了大胆的探索和研究。本书共分为九章，第一章为绪论，主要阐释幸福与幸福感、居民幸福感的理论依据、居民幸福感的主观心理指标与度量。首先揭示幸福和幸福感的定义及其理论根据，在“以人为本”的理念下，重点对个人的幸福感进行研究和探讨，并介绍研究了指标与度量标准；第二章主要阐述我们如何探索居民幸福指数的特征、居民幸福指数的影响因素、居民幸福指数的指标体系，从多个维度进行居民幸福指数的分析和举例，包括经济、文化、健康、环境、地域等诸多范畴；第三章主要介绍了居民幸福感测评的标准与方法、居民幸福感测评量表的编制、居民幸福感测评的主要方式，运用多种测评手段和图表为读者展示幸福评测的方式和方法，可以更直观地感受到幸福评判的依据和过程；第四章主要讨论公共服务和公共文化等角度对居民幸福感的影响、测评与提升方案，以及社会层面下城市居民幸福感的提升对策；第五章介绍我国幸福城市建设及其理念，并介绍国内外部分幸福城市建设的经验以及国内外幸福城市建设的启示；第六章主要着眼于分析经济层面与城市居民幸福感的提升的关系，首先阐释居民幸福增长模型的建构和必要性，其次分别从微观层面和宏观层面，即家庭经济增长和政府财政支出对居民幸福感的提升产生的影响进行分析；第七章以环境为主题，重点探究社区建成环境对城市居民幸福感的影响，以及环境质量与城市居民幸福感的提升对策；第八章论述受教育程度与城市居民主观幸福感的关系，以及受教育程度对城市居民主观幸福感的影响和基于教育视角下城市居民幸福感的提升对策；第九章探讨奋斗幸福观的核心要义、奋斗幸福观的本质特征、奋斗幸福观如何推进幸福城市建设。

本书秉承当下新颖前沿的学术理念，内容阐述由浅入深，行文风格通俗易懂，内容丰富详尽，结构逻辑清晰，客观实用，适用于研究心理学和城市人文与环境治理提升的相关人士阅读。另外，本书注重理论与实践的紧密结合，相信对我国幸福城市建设的研究具有一定的参考价值。

本书在编写过程中得到了国内相关领域多位专家的帮助和指导，并获得了他们很多宝贵的意见和建议，在此请允许我对他们表达我诚挚的敬意。由于本书编写时间比较仓促，加之作者自身水平有限，书中难免会有疏漏和不足之处，希望各位读者朋友能够不吝赐教，多提宝贵意见，谢谢。

谢兆岗

2023 年 3 月

目　录

第一章　绪论

第一节　幸福与幸福感

一、幸福

幸福是什么？相信很多人都曾经思索过这个问题。当下比较流行的一种解释为：幸福是一种能够长期存在的、平和的、舒畅的精神状态。从哲学认识层面，主客观角度分析来看，幸福可以是一种主观的内心感受，也可以是客观世界中对事物向往所拥有的一种状态。从主观角度来分析，幸福是因为个人的欲望或理想得到实现和接近实现时一种内心的满足。而客观方面，是当我们的基本需求得到满足时，经过自身的努力得到更多的社会资源，良好的工作生活环境，以及升职加薪时的个人价值提升后的一种生存状态。

在哲学研究者看来，幸福是人生的终极目标。人类在社会生活中穷极一生所追寻的目标就是幸福，能够幸福地生活就是每一个人类个体最大的生活目标。换言之，人生的意义也就是拥有幸福的生活，只有拥有了让自己满意的幸福生活才被认为是有意义的人生，人们才会觉得此生没有虚度。现代哲学认为，拥有幸福就是人生的终极意义，能够过得幸福是评价一个人生活好与坏的最终价值所在。这类观点中没有否认责任、自由和爱等人现实活动的重要性，而是指出这些活动，带给我们的最终感受的目的，就是让我们感到快乐和幸福，这是感受到幸福的方式和方法，是一种手段。通过观察发现，一个幸福的个体一定在生活的很多方面都是成功的，例如婚姻、友谊、收入、健康和事业表现等。

第一，主观幸福是可以衡量的。众多对幸福进行研究的分析者认为，幸福是一种很强的主观意识，同时幸福还具有深刻性、持久性和稳定性，是人与社会必要的一种联系。分析认为，幸福是一种切实稳定的感受，一旦形成会有持久性，不会在短时期内改变。幸福是个体对自身生活满意度的认知和整体评价，并不是一瞬间或者短期的快感。拥有了这种切实性、整体性和稳定性，幸福才会成为可以自我认知和进行衡量的心理状态。

第二，主观的幸福是有客观对象的。虽然幸福被研究认定为是一种主观感受，但是这种主观感受是有客观指向的，不论是个体的欲望被满足，还是由于周遭环境的舒适带来的快乐，或者个体理想的实现，这些都有明确的客观指向。所以，幸福的考量不但可以从自我认识进行评判，也可以对以上这些实现幸福的客观条件来进行指标量化，从外部进行评价和讨论。

第三，幸福本身的个性与共性问题。既然人类在社会生活中的目的是追求幸福，什么是幸福，则是下一个关键的讨论问题。对于这个问题，当下存在共性的回答，也有个性的思考。当下社会，城市化已成为发展趋势，更多的人喜欢到城市中谋求生活，幸福城市的理念因此已深入人心，所以研究幸福城市也成了从个体生活角度寻找幸福的一条途径。在幸福城市理念中，分别有幸福个人和幸福群体这两个概念。我们在研究幸福城市时，会从个性的角度出发，同时也要对个体幸福人群进行群体心理的划分，这样就可以分析出不同个体对同一客观事件的不同感受和评价。同时，再对群体的幸福进行调查，通过社会统计学的分析，提出在同一时期、同一城市的大多数市民的更多的共性要求。在幸福个性和共性特点的基础上，研究幸福城市就是研究个性与共性相结合的过程。而幸福城市作为研究的目标，有效兼顾了个性和共性的元素，所以一直以来被大多数群体所认可。

（一）幸福的基本属性

从心理学范畴来讲，幸福或幸福感属于一种情绪，是一种复杂的心理现象，它包含情绪体验、情绪行为、情绪唤醒和情绪刺激等几个部分。

首先，什么是情绪？情绪是对情绪刺激的反应。例如，我们偶尔会感到愤怒或恐惧，这是因为由于他人无故冒犯了我们，而面对具有威胁性的刺激时诱发出的一种情感状态。而幸福也是一种情绪，是对某件事情的反应，例如，乔迁新居、升职加薪、金榜题名时。人们感到幸福通常并不是出于某个特定的原因，而往往是由于多个原因合力所致。主观幸福感具有多样成分，与我们日常生活中多个因素（如自我、家庭、同伴、健康、经济、工作、休闲）的多种刺激有关。愉快的生活、投入的生活、有意义的生活都会对人们幸福感的获得有促进作用。此外，情绪刺激之后，如愤怒和恐惧，会逐渐消失；而悲伤和郁闷，随着时间的推移也会逐渐消散，但消逝速度较慢，这是因为这些情绪往往是因为单个因素导致。而当人们因某件事情而感到幸福时，他们的幸福感虽然会慢慢减弱，但是保持的时间会比以前的几个普通情绪更久，因为幸福感的产生是多元因素导致的，所以人们的幸福感会保持很长的时间而没有明显的变化。具象一点来说，幸福感更像是个人的气质特征，不同时间虽有微调，但是总体变化不大。

其次，情绪是一种由生理唤醒、行为反应和主观心理变化所构成的复合体。当一个人愤怒和恐惧时会有明显的生理唤醒和行为反应。例如，愤怒时心跳加快、呼吸急促、血压升高、脸变红或变青，表情上“横眉怒目”；恐惧时瞳孔放大，血液流向双腿，随时做好逃走的准备，心脏跳动迅速而且强烈，表情变得惊恐，甚至全身肌肉颤抖等。幸福也有生理唤醒和行为反应。例如，运用核磁共振成像和事件相关电位的研究表明，当被试者经历愉悦感或心里感到很幸福时会诱发大脑左半球皮质的强烈活动，而悲伤或恐惧时则诱发右半球皮质的强烈活动。当人们感到幸福时，他们会表现得更自信、更乐观，更喜欢与其他人交往，更专注于自己的工作；即使遇到很困难的任务，他们也会坚持去尝试、去努力完成。幸福的人们脸上会有更多的微笑和阳光。研究发现，与愤怒、恐惧、悲伤等负面情绪相比，人们感到幸福时的行为反应较微弱，即使是微笑也可能是会心的微笑。幸福更像是一种心境，它表现平和、持久，极具有渲染性。在幸福的人看来，周围的所有事物仿佛都染上了吉祥的色彩。因此，幸福或幸福感是一种积极的情绪表现。

（二）幸福的显著特征

1. 幸福的主观性特征

幸福是一种个人内心的主观感受，也是心理上的一种情感活动，人在依赖物质条件而生活的同时，物质条件能否使人感到幸福取决于个人的主观世界。心理学家曾经用“自下而上”和“自上而下”两种取向进行研究。

第一，自下而上的研究取向。该取向为研究个体的身外之物，如财富、汽车、房屋等对幸福所产生的影响。说到外界的物质条件对幸福产生的影响时，人们自然会想起金钱的作用。许多学者对财富与幸福的关系做过研究，目前得到的结论是：

① 几乎没有证据表明有很多财富会使富人更幸福，富人组和中等收入组在幸福感知上没有显著差异；

② 贫穷一般会使人感到不幸福，特别是当一个穷人身患疾病，而周围的人经济条件都较好的情况下更是如此；

③ 当人们突然得到一笔意外财富（例如：中彩票、得到一笔巨额遗产等）时会体验到瞬间的快乐，而当他一旦适应了这一新的处境，幸福感就回归到

原先的水平。即使是贫穷的人，如果能在贫穷的生活中看到一些希望，他的幸福感也会维持在相对较高一些的水平。

由此可见，外界的物质条件（包括财富）是否会使人感到幸福，是由个人的主观因素决定的。

第二，自上而下的研究取向。该取向是从个体自身的角度去探寻幸福的原因。气质是个人一生中长期持续的且由遗传决定的个性心理特征，不论在成年初期，还是人生晚期。研究表明，同卵双生子（遗传基因相同）在生活满意度上的相似程度明显大于异卵双生子（遗传基因不同）。另外，同卵双生子在积极乐观上的相似度也远高于异卵双生子，这也表明个体的遗传基因会影响个体幸福感的水平。

除了遗传因素影响幸福之外，研究发现个人已经形成的价值观也会决定幸福感的产生。价值观是个人判断是非善恶的信念系统，它不但指引着我们追寻自己的理想，还决定个人生活中的各种选择。无论是生理需求、心理需求或是社会需求。世间万象，人生百态，都是个人思考和判断的素材。在我们回忆往事时，有些人或事能唤起人们的愉悦和由衷的美好，而有些人或事会激发你心中的愤怒、鄙夷和怨恨。在这些截然不同的反应背后其实都有价值观在起决定性作用。由于人们价值观的不同，导致人们在纷繁复杂的情境中所做出的选择、感受到的幸福也不同。学习、工作、婚恋中的成功会给人带来幸福，遭遇挫折和失败会令人痛苦不堪。然而，当我们遭遇失败、遭受创伤时，如果能够洞察到失败的根源，找到新希望与新追求，以幽默的心态、成长的感悟面对消极的情绪，就能很快恢复到满意的生活状态中来。

通过研究发现，外界的物质条件并不是完全引起人们产生幸福感的原因，而人们的主观感受和本身的价值观等主观因素才是产生幸福感的关键。

2. 幸福的复杂性特征

幸福蕴涵的心理成分比较复杂多面，其中主要包含以下两种心理成分。

第一，情感成分。如愉悦、得意、满足等积极情感体验均属于情感成分。而幸福又归属于积极情感序列中的一种，如欢欣鼓舞、乐观向上等快乐情感。因幸福的结构和成分构成非常复杂，仅积极情绪而言就包括多种表达方式。其中，以愉悦为例，就涵盖了感觉愉悦、驱力愉悦等。感觉愉悦的数目更是难以计数。而我们常见的味觉愉悦更是为大众所熟知，通常认为舌头有四种基本味蕾，其中对苦、酸、咸、甜最为敏感，并能品尝出其中的味道。实际上口腔器官联合了味觉、嗅觉、温度和触觉多种感官体验，除了可满足“口腹之欲”外，同时还拥有着这品味的快感和审美的趣味。因为每一种可溶解的物质都有区别于其他味道不同的自身特质，随着人类饮食习惯不断改变，烹饪技术的发展也呈现出它的多样性，人类味觉所体验出的快感也变得更加复杂，并且至今仍在不断演化。味道的数目也变得更加多元和细分化，例如，酸甜、苦甜、咸甜、柠檬酸、苹果酸、杨梅酸、辣、酸，酸辣、麻、麻辣等等。

第二，认知成分。是对生活各方面满意度的整体认知和整体评价。也就是说，生活满意度越高，我们的幸福感就越高，而生活满意度越低，我们的幸福感也会随之减弱。在这里不仅包含愉快的生活，还包含投入的生活和有意义的生活。所以幸福也是个人对自我、家庭、人际关系、社会生活、身体、工作和学业等方面满意度的认知和情感体验。

综上所述，幸福是作为情感体验的一种，它也是一种认知、一种追求、一种享受、一种希望、一种感悟。总之，幸福是一种多样而复杂的积极情感表达。

3. 幸福的整体性特征

幸福虽然有多种成分，但它们并非杂乱无章，是与个人生活的满意度联系在一起的。幸福的整体性是指个人对自己生活满意度的综合评价。

在研究幸福的过程中，学者们开发了许多衡量幸福的工具。许多主要的全国性调查通常使用单一问题来衡量幸福感，通常要求被调查者有一个总体的印象。比如，形容近几天的状况，认为自己是非常幸福、相当幸福，还是不太幸福。这些调查通常要求被试者在5点、7点或10点量表上进行评分，把测评生活满意度等同于对幸福的测评。正因为测评个人的总体生活满意度等同于测评了个人的总体幸福感，所以愉快的生活、投入的生活、有意义的生活代表着幸福的三个取向。同愉快取向相比，投入取向、意义取向与生活满意度的相关性更强。

个人的幸福包含个人生活的诸多方面，例如，职业生活满意度、婚姻状况满意度、家庭生活满意度、财务状况满意度、健康状态满意度、自然环境满意度、人际关系满意度等等。在现实生活中可以观察到，幸福的人与不幸福的人，其人格特点迥然不同。幸福的人表现得更加自信、阳光、充满朝气和爱心，不幸福的人则会表现得怯懦、阴暗、垂头丧气。

研究认为，幸福程度由三组因素决定：幸福设定点、情境和有目的的活动。幸福设定点是指人们在很长一段时间内的幸福水平都围绕着一个固定值波动，这个固定值就叫幸福设定点，是由遗传因素决定的。情境是指在一定时间内不同情况下相对的或结合的境况，也是当事人从事各种活动的环境。有目的的活动则是当事人在具体的时间和地点所从事的工作和生活内容。而这三点正是一个人在社会生活中产生幸福和不幸福的核心三要素，缺一不可。

总之，幸福是个人对生活体验达到满意后的一种状态，也是身心达到愉悦后所表现出来的一种境界。它不只是对某一件事短暂的反应，更是从心境到情感表达上长时间的持续倾向，是个人在主观意识下所表现出来的复杂积极的情感。

4. 幸福的进取性特征

幸福与进取是紧密相连的，只有不断进取才能获得幸福，只有积极进取才能提升幸福的品质，努力奋斗的人生才称得上幸福的人生。奋斗进取者在精神上是最为富足的人，也是最懂得感恩，同时最享受幸福的人。

从中华民族发展的历史来看，正是中华文明中所蕴含的进取之心，才使中华民族得以生存、延续和发展。数千年来，这种进取之心鼓舞着一代又一代的中国人，修身、齐家、治国、平天下，为国家和民族建功立业，才能不断走向幸福。事实证明，只有进取才会带来幸福，积极进取才是通向幸福的必由之路。

健全人格教育的目标是能以辩证的态度来看待世界、看待他人和了解自己。不论在顺境和逆境中，拥有健全型人格的个体才是一个自爱、自立、自信、自省、自强的幸福进取者。其中，进取精神作为一种积极而坚定的生活态度，它对个人生活和事业的成功起着决定性的作用。积极主动的人相信命运掌握在自己手中，他们有勇气和能力改变事情的发生和发展状态；而消极被动的人总是等待着命运的安排或他人的帮助，在逆境中默默接受或无所作为①。这种积极主动为自己设定工作目标、勇担责任、不断改进工作的做法才能取得胜利，获得进取心，也是新时代许多先进工作者的一种人生态度。幸福进取是人的毕生追求，在生命的不同阶段都会表现出积极进取的特点。自我教育和自我监控是实现幸福进取的两种必要途径。

自我教育是指通过自主学习培养自己快乐进取性格的重要过程，主要包括自我观察、自我评价和激励。其中，自我观察是个人对其行为各个方面的审视，并根据理想标准做出积极或消极的反应。自我评价是将自己当前的行为与目标相比较，通过对一个榜样的观察，获得自我评价标准的一个重要途径。符合目标进程的自我反映可以激励行为，认为自己正在取得令人满意的进步，而实现目标的积极预期，则有助于“自我效能感”的提高和动机的维持。

① 黄希庭，岳童.让心理学走向大众——专访西南大学黄希庭教授［J］.教师教育学报，2022，9（1）：1-9.

自我监控是指个人监控和控制自己的意图和行动，以实现自我设定目标为前提，从而实现幸福感和进取品质发展的过程。通过自我反思机制，可以及时纠正自己的缺点和错误，从而克服人生道路上的各种困难，朝着既定目标前进。

总之，幸福的进取性表现为一种积极主动、乐观向上的人生态度，它可以通过后天不断的努力养成。

（三）幸福的研究取向

幸福是一种非常复杂的、主观的概念，导致幸福的原因多种多样，幸福的感受也各不相同。因此，对幸福的测量也有多种研究取向。对于幸福的研究，目前西方心理学界流行三种主要的研究取向：主观幸福感研究取向、心理幸福感研究取向与社会幸福感研究取向。

1. 主观幸福感研究取向

主观幸福感研究取向注重的是个体追求快乐的主观感受，例如，是否感觉到快乐，通常以个体自己认定的生活状态和感觉作为幸福的依据；其哲学背景为快乐论，最早提出这个观点的为公元前 4 世纪古希腊哲学家阿瑞斯提普斯。维霍芬将主观幸福感定义为个体对其整体生活质量的判断，即主观幸福感就是个体对其生活的喜爱程度。早期学者对主观幸福感的研究，大多采用单一的测题进行调查。

积极情感和消极情感量表[①]如表 1-1 所示。测验要求被试者对量表中的情绪体验词语以是否符合自己的心情为标准进行 5 级评定（“根本不符合”记 1，“有一点儿”记 2，“中等”记 3，“比较符合”记 4，“非常符合”记 5，结果发现：积极情感与外倾人格特质相关，消极情感与神经质人格特质相关，

① 积极情感和消极情感量表，简称 PANAS，用于评定积极和消极情绪。PANAS 是 David Watson、Lee Anna Clark 和 Auke Tellegen 于 1988 年提出的一种心理测量量表，该量表基于正面情绪和负面情绪是相对独立的两个系统，设计了 20 道 5 分制题目。

其相关系数为 0.4 ～ 0.9；积极情感可分为 3 个子维度——欢愉（如欣喜的、幸福的、有朝气的），自我肯定（如有信心的、有力量的、有勇气的），专注（如警觉的、专心的、坚定的）；积极情感在 30 岁后趋于稳定，消极情感在青春期后期达到顶峰，在成年中期后逐渐弱化；积极情感和消极情感存在稳定的个体差异，一天之内的情绪波动也有稳定的具体差异。积极情感和消极情感都有遗传性（其遗传相关系数为 0.5），但环境能增强积极情感。有规律的体育锻炼、充足的睡眠、与好友相聚、为重要目标而奋斗等，都可以获得积极情感，而积极情感正是幸福的一个方面。

表 1–1　积极情感和消极情感量表

情绪体验	评分					情绪体验	评分				
感兴趣的	1	2	3	4	5	急躁的	1	2	3	4	5
哀伤的	1	2	3	4	5	羞耻的	1	2	3	4	5
兴奋的	1	2	3	4	5	有灵感的	1	2	3	4	5
心烦的	1	2	3	4	5	紧张的	1	2	3	4	5
强烈的	1	2	3	4	5	坚决的	1	2	3	4	5
内疚的	1	2	3	4	5	专心的	1	2	3	4	5
恐惧的	1	2	3	4	5	战战兢兢的	1	2	3	4	5
敌对的	1	2	3	4	5	积极活跃的	1	2	3	4	5
热情的	1	2	3	4	5	害怕的	1	2	3	4	5
自豪的	1	2	3	4	5	警觉的	1	2	3	4	5

1. 计分方式：

可以采用 2 维度计分，正性情绪包括感兴趣的、兴奋的、强烈的、热情的、自豪的、有灵感的、坚决的、专心的、积极活跃的、警觉的；其余为负性情感，取各自平均值。

2. 结果解释：

正性情绪维度得分越高，说明在过去一个月中体验到越多的积极的情绪，反之亦然。

生活满意度量表[①]如表 1-2 所示，是一个经常被用来测量幸福的工具。该量表要求被试者对表中的 5 个陈述句逐一表示自己的赞同程度，从非常不赞同到非常赞同进行 7 级评分。

表 1-2　生活满意度量表

请仔细阅读下列五项，并根据表格内一至七的指标，圈上适当的数字。请以诚实的态度作答。

	非常不同意	不同意	少许不同意	中立	少许同意	同意	非常同意
我的生活大致符合我的理想	1	2	3	4	5	6	7
我对自己的生活状况非常满意	1	2	3	4	5	6	7
我满意自己的生活	1	2	3	4	5	6	7
直到现在为止，我都能够得到我在生活中希望拥有的重要东西	1	2	3	4	5	6	7
如果我能重新活过，差不多没有东西想改变	1	2	3	4	5	6	7

分数总计后：
31—35 非常满意；
26—30 满意；
21—25 少许满意；
20 中立；
15—19 少许不满意；
10—14 不满意。

对主观幸福感的了解，除了采用量表测量外，还可以采用体验取样法（Experience Sampling Methods，简称 ESM）。这种方法是让受试者在一段时间内（1 周或 1 个月）一直携带即时通信工具，以便随时接收研究者的呼叫，在收到呼叫后受试者则及时报告自己的心情。

对比得知，体验取样法主要检测在较短时间范围内受试者的主观幸福感的波动情况，而量表法主要用来测量较长时间的主观幸福感。

① 生活满意度量表，是指主观幸福感评估工具。纽加滕等人于 1961 年编制。包括 3 个独立的分量表，一个他评量表，即生活满意度评定量表；两个自评量表，即生活满意度指数 A 和生活满意度指数 B。

主观幸福感反映的是个体对自己生活整体的满意程度的评估，以及积极情绪和消极情绪的占比的评定，也就是说主观幸福感反映的是个体较长时间和对稳定生活的满意度，而不关注个体某个短暂或瞬间的情绪。

由此可见，主观幸福感非常依赖于受试者的主观感受，尤其在自己是否幸福快乐，是否对周围环境满意等方面，所以我们在评价受试者主观幸福感的时候，经常把幸福、快乐、满意度和生活质量这几个因素交替和循环使用，以此来构成对主观幸福感的评价维度。其中幸福、快乐等可以直接表现出受试者的情绪，比较直接，容易观察，而生活质量的高低则通常反映为个人生活能力的高低，可以间接反映和衡量受试者的幸福感指数，同时也是比主观幸福感更广泛的一个概念。

2. 心理幸福感研究取向

心理幸福感研究取向是强调以个人潜能的充分发挥，并以此来实现“内心追求”的一种状态，这种状态可以很好地诠释是否拥有幸福和美好的生活，心理幸福感与主观幸福感不同，它不以主观意志为转移，而是以一种自我完善、自我成就、自我潜能的实现，不仅仅是主观感受到的快乐和愉悦。这种研究方式最早可以追溯到古希腊哲学家亚里士多德的实现理论。亚里士多德认为，真正的幸福不是来自欲望的满足，而是来自灵魂认为值得做的事情的完成。虽然幸福可以通过满足需求和欲望来实现，但它并不总是带来幸福。因此，心理幸福的研究认为，幸福和美好的生活本源来自个人潜能的充分发挥，并以此来实现内心追求的实现。幸福发生在个体从事与自身深层价值最匹配的活动中，是一种全身心的投入①。

图 1-1 展示了目前研究心理幸福感比较流行的方法是使用“心理幸福感六维度模型（Psychological Well-being，简称 PWB）”，该模型中包括自主性、个人成长、积极的人际关系、环境掌控、生活目标和自我接纳 6 个维度。心

① 黄希庭，程翠萍，岳童，等 . 城市幸福指数研究［M］. 重庆：重庆出版社，2020：1-37.

理幸福感和主观幸福感是两个既相关又不同的概念，这与一些人口统计变量和性格变量的相关性不同。心理幸福感和主观幸福感会随着年龄、教育程度、情绪稳定性、外向性和责任感的变化而改变。所以，在成年人的世界中，心理幸福感高于主观幸福感，它们的个体显得更年轻，更有活力，随着受教育程度的提高，它们的体验也更开放包容。

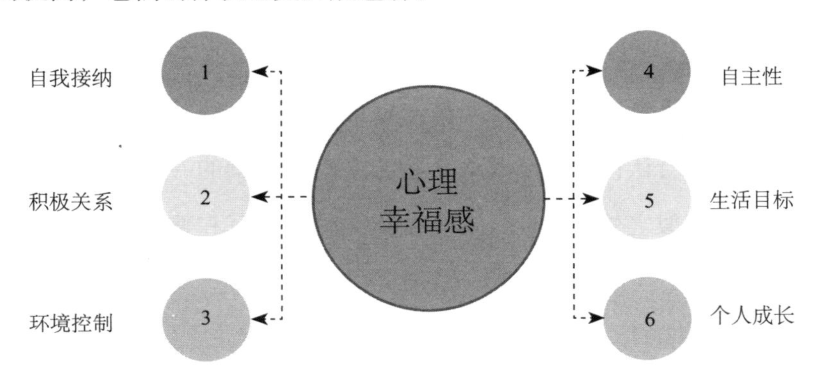

图 1-1　心理幸福感六维度模型（Psychological Well-being，简称 PWB）

可见，心理幸福感较之主观幸福感而言，是更加高级的一种幸福感层级，更注重个体内心在发挥潜能和实现才能方面的体现。

3. 社会幸福感研究取向

社会幸福感研究取向，讲的是人与社会之间所产生的各种与社会生活相关联的一种幸福感受，这一类幸福感研究认为，幸福是个体所在的社会网络和社区中处于最佳机能状态时的积极感受。社会幸福感是个体对自己与他人、集体、社会之间的关系质量以及对其生活环境和社会功能的自我评估所产生的积极体验。图 1-2 展示了社会幸福感包括五个维度[①]：社会整合、社会接纳、社会贡献、社会实现和社会一致。

① Keyes 于 1998 年提出了社会幸福感五要素模型，用于评价个体所处的环境及其功能是研究个体在社会环境中是否幸福。Keyes 于 1962 年出生于美国，一直致力于心理健康、幸福感和老年问题的研究。

图 1-2　社会幸福感五要素模型

第一，社会整合。讨论的是个体与社区以及社会的关系的质量，如果一个个体健康，他会认识到自己是整个社会中不可分割的一部分，和社区里其他人有着很多相似之处。因此，这个个体会对该社区和整个社会感到一种强烈的归属感。

第二，社会接纳，也可以称为社会信任。主要讨论个体对其他人的信任，主要表现在个体会认为其他人是善良和勤劳的。如果一个人在社会中得到了很高的接纳度或信任度，通常他对人性持有积极、阳光和正面的看法，使得其他人感觉舒适愉悦。

第三，社会贡献。主要讨论一个人的社会价值。这个价值主要体现在个体认识到自己在社会中的重要性，并且相信自己可以为社会做出贡献。这种意识驱使个体积极努力，自我激励，从而创造出更多的社会价值。

第四，社会实现。主要讨论社会的潜力和发展轨迹。健康的个体对社会的现状和未来充满希望，他们认为社会的发展是具有潜力的。他们认为自己可以成为社会发展和成长的受益者，并且不仅关注自己所处的领域，还很关心周围所发生的事情。这些人不认同“完美世界”的观点，而是强调那些能让生命更有意义的愿望。

第五，社会一致。主要讨论社会是客观的和物质的，具有可辨别、可感知和可预期的特征。从心理学的角度来看，健康的个体能够感受到自己的生活具有意义。

（四）传统文化中的幸福观

我国作为文明古国，在几千年悠久的历史长河中，中华的传统文化里也记载了许多对幸福的理解，同时也孕育出很多独特而深刻的观念和思想。在先秦时期遗留下的文字中便有祀神致富的记载。据说，周武王灭掉商朝之后，向商朝贵族箕子问治国的“大法”，后收录于《洪范》。至于《洪范》成书的实际年代，现代学术界倾向于公元前 4 世纪或公元前 3 世纪。在《洪范》的第九畴中，箕子讲了人生的五种幸福和与之对应的五种困厄。这五种幸福是“一曰寿、二曰富、三曰康宁、四曰攸好德、五曰考终命”，其中对于幸福的理解包括“长寿、富裕、健康、遵行美德和享尽天命安详而死”，表达了古人对幸福的理解，也是古人追求幸福的目标。后来汉代思想家桓谭把它们重新概括为“寿、富、贵、安乐、子孙众多”，也就是多子多福、家庭昌盛、子孙都可以出人头地光宗耀祖。这是我国传统幸福观所包含的内容。时至今日，这些元素也是中国寻常百姓对于幸福的理解，绝大多数人认为拥有这几点，就是拥有了幸福的人生和家庭。这几点所诠释的幸福也得到了普世的认同。

除了上述说法外，我国本土文化“儒家”和“道家”这两个思想流派也有着成体系的幸福观理论，几千年来对中国人也有着深远的影响。

1. 儒家文化的幸福观

儒家思想在春秋时期开始提出，在当时产生了一大批教授经典和指导礼乐的大家，他们被统称为“儒”。其中，孔子是我国历史上第一位以私人身份开始授课并教授了大量学生的教师，他在周游列国时曾有众多弟子跟随，是儒家学派的创始人。后来，追随他的弟子根据孔子的言行编写成了一部语录文集，也就是后来被大家所熟知的《论语》。儒家的幸福观包括了自秦汉到明清，及近代儒家学者的很多观点。其中，德性幸福观，以及怎样实践德性幸福，就是由早期儒家思想产生的。

（1）德性幸福观。孔子倡导德性幸福观，即仁义幸福观。他认为，即便穷愁困扰，只要遵循仁义之道也能得到幸福，即“安贫乐道”。下面是儒家学派津津乐道的“孔颜乐处”在《论语》中的几则记载。

子曰：“饭疏食，饮水，曲肱而枕之，乐亦在其中矣。不义而富且贵，于我如浮云。”（《论语·述而》）

子曰：“女奚不曰，其为人也，发愤忘食，乐以忘忧，不知老之将至云尔。”（《论语·述而》）

子曰：“贤哉，回也！一箪食，一瓢饮，在陋巷，人不堪其忧，回也不改其乐。贤哉，回也！”（《论语·雍也》）

孔子生于乱世，一生饱经忧患，其间却东奔西走，周游列国讲学，其中拜谒七十二君无所遇，反被讥为迂腐，又曾经被拘于匡，险些被桓魋所杀。孔子并没有在穷愁困苦面前消沉，反而忧中求乐、化忧为乐。孔子坚信天命不可违逆、不可损害，于是在其生命行程中升华出一种略带悲剧色彩的责任感和献身精神——“知其不可而为之”。孔子的这种人生奋斗的幸福观，在中国历史上产生了深远的影响。

孔子并不排斥功利幸福。他从来不曾说过“乐贫”，而只说“乐道”。儒家认为，君子不怕贫，只要贫而不谄，再贫也能守道乐道；君子也不怕富，只要富而不骄，保持清贫本色，同样可以闻道乐道。孔子还认为人与自然界相契合、人与人相契合会产生幸福感：“知者乐水，仁者乐山。知者动，仁者静。知者乐，仁者寿。”（《论语·雍也》）；“学而时习之，不亦说乎？有朋自远方来，不亦乐乎？”（《论语·学而》）这些句子便是强调人与自然界、人与人之间的和谐相处。

孟子讲，君子有三乐，即“父母俱存，兄弟无故，一乐也；仰不愧于天，俯不怍于人，二乐也；得天下英才而教育之，三乐也。”（《孟子·尽心上》）孟子所讲的三乐即天伦之乐、信仰之乐、事业之乐。这种“乐”从不同方面反映了儒家的仁义幸福观。即使在贫困的环境下，君子仍能泰然处之，保持内心的安详和宁静，不因贫困挫折而忧心忡忡、怨天尤人、自暴自弃，而是依然坚持自己的信念，为自己的理想努力奋斗并以此为乐。这就是“安贫乐道”。

（2）实践德性幸福的途径。关于人的德性，孔子强调仁和义，特别是仁。“樊迟问仁，子曰：‘爱人。’”（《论语·颜渊》），即所谓“仁者爱人”。“父行父道爱其子，子行子道爱其父；兄行兄道爱其弟，弟行弟道敬其兄。”在孔子看来，人与人之间相亲相爱的情感就是人的本质，不仅是处理人与人之间关系的根本准则，也是处理人与社会、人与自然的根本准则，社会的安定，人与人、人与自然之间的和谐都维系于“仁”。义是事之“宜”，即“应该”。社会上的每个人都有某些事情要做，并且必须做，因为做这些事情在道德上是正确的。如果有人出于不道德的原因做了这些事情，即使做了其应该做的事情，这种行为也是不公正的。“有子曰：‘其为人也孝弟，而好犯上者，鲜矣；不好犯上，而好作乱者，未之有也。君子务本，本立而道生。孝弟也者，其为仁之本与！’”（《论语·学而》）孝悌就是仁德的根本。

2. 道家文化的幸福观

道家所讲的幸福观与儒家不同，主张合于自然，道家认为万物应遵循本然才是最好的状态，是否享有幸福，与财富、地位、知识无关，也不在于他是否具有旁人所尊崇的德行，而在是否合于道或自然，顺应自然本性，就能获得最大的幸福，所谓“与天和者，谓之天乐”。

在老子看来，世界是不断在运动的，很多事物总是会朝着相反的方向去转化。从辩证关系来讲，动态和静态、高矮上下、宽窄长短、悲喜祸福都是如此。祸福则是贯穿一生的一个概念，而福与祸的转化过程就是人这一世生活的全过程。所以，幸福是一种辩证运动的过程，同时也是一种内心和谐的运动状态。

老子认为，幸福与不幸是辩证关系，既互为基础又可相互转化。所谓“祸兮福所倚，福兮祸所伏。孰知其极？其无正邪！正复为奇，善复为妖。人之迷，其日固久。”（《道德经》）这里说的是，祸福是相互依存的，“祸正是福的依靠，福正是祸的潜藏。谁又能说明白祸或福发展到怎样的极限才会朝着反面转化呢？这种问题本来就没有正确答案。再正常不过的事发展下去都有可能变得不正常，好事也可变坏事”。怎样理解祸与福的辩证关系，才是获得人生幸福的基础。道家认为，在现实的生活中，不要太在意当下所发生的事到底是祸还是福，因为从辩证的角度来看，事情发生后我们所看到的一面往往潜伏着对立的另一面，祸福之间是可以发生转化的。所谓“祸福无门，唯人所召”。这里是说，是祸、是福虽然很难去预测，但我们可以依靠自身的努力去改变，让其发生转化，在祸福面前展现出平和的心态，自然就达到一种幸福、坦然、和谐的状态。按照老子的说法，既然世间万物是运动的。那“无为”并不是不动，而是顺应而动，“不争”亦不是不动，而是回归自然本性，是如水而动。每当人们通过各类行动使内心得到满足后，又会产生新的需要，所以，人是需要在动态的行动中不断满足自我，才能产生幸福感的。在运动中寻找幸福，才能使幸福在运动中持续长久地存在。

（1）《老子》的“回复童心”幸福观。《老子》也称为《道德经》，相传为老聃所著。老子[①]提出“道法自然”和“道常无为，而无不为”的观念，来阐发人生如何避开灾祸、获得幸福。在老子看来，人生最大的幸福不是广厦千间、金玉满堂，也不是功名利禄、权重社稷。这些不仅不能使人幸福，反而会使人招致灾祸。老子认为，人生最大的幸福是保持人所特有的童心，回复到婴儿和赤子的状态：“知其雄，守其雌，为天下谿。为天下谿，常德不离，复归于婴儿。”（《老子·第二十八章》）；“含德之厚，比于赤子。蜂虿虺蛇，猛兽不据，攫鸟不搏。骨弱筋柔而握固，未知牝牡之合而朘作，精之至也。终日号而不嗄，和之至也。”（《老子·第五十五章》）

《老子》赞美婴儿，把婴儿和赤子视为最幸福的。因为婴儿和赤子柔弱

① 高桂娟．现代大学制度研究的动向及其文化诉求［J］．现代教育科学，2007（1）：5-7.

淳朴、天真无邪、任性而发、率真而为，没有丝毫矫揉造作，正体现了“道法自然”“道常无为而无不为”的特点。在老子看来，当个体处于无知无欲、柔弱淳朴、无拘无碍的精神状态时，外物是不会伤害他的：蜂虿之类毒虫不螫刺他，虎豹之类猛兽不抓伤他，鹰隼之类凶禽不搏持他，因为他的精气与和气都非常充盈。在一般人看来，这是一种不切实际的虚幻玄想，而这正是《老子》的独特之处。老子认为“善摄生者”（善于养护生命的人）能“陆行不遇兕虎，入军不被甲兵；兕无所投其角，虎无所用其爪，兵无所容其刃。”（《老子·第五十章》）

老子认为，人们要想回复到婴儿和赤子的人生境界，必须“见素抱朴，少私寡欲，绝学无忧”（《老子·第十九章》），因为“五色令人目盲，五音令人耳聋，五味令人口爽，驰骋畋猎令人心发狂，难得之货令人行妨”。（《老子·第十二章》）其意思是：缤纷的色彩使人眼花缭乱，嘈杂的音调使人听觉失灵，丰盛的食物使人舌不知味，纵情狩猎使人心情发狂，稀有的物品使人德行败坏。因此“祸莫大于不知足，咎莫大于欲得，故知足之足，常足矣”。（《老子·第四十六章》）从这里可以看出，老子非常赞赏知足常乐。

（2）庄子的“绝对——相对”幸福观。庄子，名周，生活在战国时代前期，宋国蒙人。他继承和发展了老子的学说，是道家思想的集大成者。庄子以瑰丽的想象、众多的寓言、奇妙的说理，设计并描绘了一个“绝对——相对”的幸福观。在庄子看来，幸福人生分为绝对幸福和相对幸福。他认为“神人”“至人”“真人”是绝对幸福的人。这是他对“神人”的描绘：藐姑射之山，有神人居焉。肌肤若冰雪，淖约若处子；不食五谷，吸风饮露；乘云气，御飞龙，而游乎四海之外；其神凝，使物不疵疠而年谷熟……之人也，之德也，将旁礴万物以为一，世蕲乎乱，孰弊弊焉以天下为事！之人也，物莫之伤，大浸稽天而不溺，大旱金石流、土山焦而不热。是其尘垢秕糠将犹陶铸尧舜者也，孰肯以物为事？（《庄子·逍遥游》）

在庄子看来，神人之所以为神，是因为他“不以物为事”，不计事物之间的各种区别（利害、是非、毁誉），超越于事物之外，与天地万物融为一体。神人与世人的主要区别是世人顺乎人，为了生存不得不含辛茹苦地劳作、挣扎，故而无法摆脱人间的种种痛苦和烦恼；神人顺乎天，游于四海之外，独与天地精神往来，因而“物莫之伤”“大浸稽天而不溺，大旱金石流、土山焦而不热”，过着真正的绝对的幸福生活。

除了神人之外，还有“至人”也是绝对幸福的。庄子是这样描绘“至人”的：至人神矣！大泽焚而不能热，河汉冱而不能寒，疾雷破山，飘风振海而不能惊。若然者，乘云气，骑日月，而游乎四海之外，死生无变于己，而况利害之端乎！（《庄子·齐物论》）圣人与神人一样都能腾云驾雾，自由自在地遨游于天地之外，都不被外物所伤。这里庄子描述了至人对待死亡的反应：“死生无变于己，而况利害之端乎！”生死变化都影响不到他，更何况世间利害和小事。

道家认为，世间万物，其天然能力是不同的，只要它们充分而自由地发挥其天然的能力，它们都会得到同样的幸福。在《逍遥游》里，庄子讲了大鹏和灰雀的故事。大鹏善于飞行，“鹏之徙于南冥也，水击三千里，抟扶摇而上者九万里”，相比之下灰雀远不及大鹏，“腾跃而上，不过数仞而下”。但只要它们做到了能做的、爱做的，它们同样是幸福的。因为它们天然的本性是不同的，没有必要要求它们相同。《庄子·骈拇》中说：“凫胫虽短，续之则忧；鹤胫虽长，断之则悲。故性长非所断，性短非所续，无所去忧也。”《庄子·至乐》中有个故事说：“昔者海鸟止于鲁郊，鲁侯御而觞之于庙，奏《九韶》以为乐，具太牢以为膳。鸟乃眩视忧悲，不敢食一脔，不敢饮一杯，三日而死。此以己养养鸟也，非以鸟养养鸟也……鱼处水而生，人处水而死。彼必相与异，其好恶故异也。”鲁侯自以为用最尊荣的方法来款待海鸟，结果适得其反。庄子一再强调天与人的区别，越是以人灭天就越是痛苦和不幸。

儒家和道家分别从不同角度和各自的理论学派诠释了幸福，儒家的行善得福，“德，福之基也”，儒家更重视现世幸福而不是来世幸福，突出内在幸福而不是外在幸福，关注个人幸福的同时关注社会幸福，是比较务实且注重内心本源和社会性的一种价值观，同时也是当下普世的一种幸福观。道家的幸福观也有其内在的逻辑，注重的是个人尽力地发挥自己的才能，不要好高骛远，这样就会得到自己应有的幸福。知足常乐，对我们来说是一种健康、积极、正确的价值观体现。

二、幸福感

幸福感（Sense of Happiness），是人类对自己获得幸福的一种感知，是指基于自身的满足感与安全感而主观产生的一系列欣喜与愉悦的情绪。它是个人对自己生活中所体验到的感觉和满足程度的一种主观评价。它不仅与物质条件的好坏有关，还与情感、工作、健康等诸多方面的综合表现有关。幸福感通常被认为是生活质量的重要指标之一，对个人的身体健康和心理健康都有着积极的影响。图 1-3 展示了可以增加幸福感的一些因素。

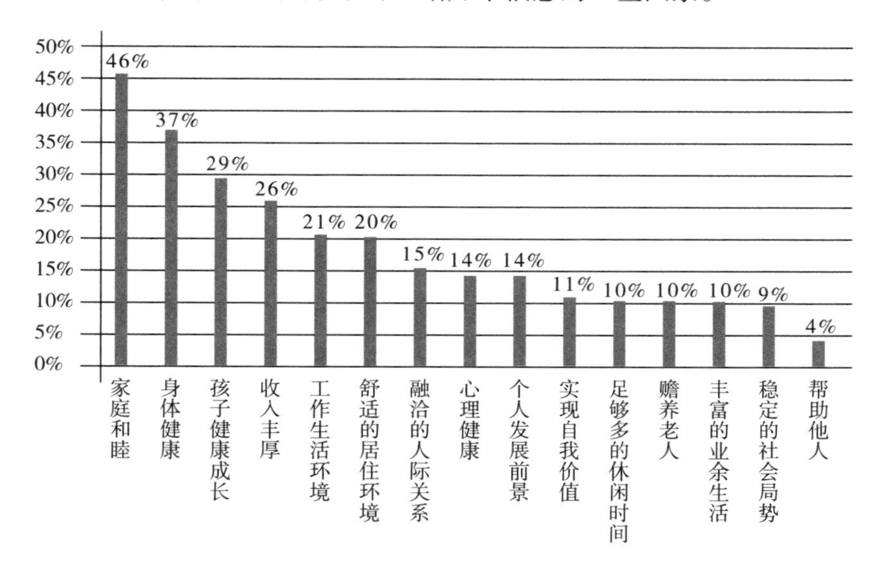

图 1-3 增加幸福感的因素

（一）情感层面的幸福感

从情感层面理解幸福感，指的是人们对于拥有幸福后一种情绪的释放和表达，一种发自内心的喜悦和开心，对世界所产生的一种积极心态。这种情绪的根源来自当人们的某些生活需求在日常生活中被满足时所产生的幸福感[①]。例如，一个人得到了一件珍贵的礼物，收获了一段美好的爱情，得到了自己理想中想要的物品时。在现实生活中，一个人从自己生活中获得的幸福感可以通过情感或情绪来表达，这就是情感层面的幸福，具象化来说就是个人对事物的需求被满足时一种情感层面的幸福体验和愉悦感。

（二）认知层面的幸福感

从认知层面理解，幸福感是个人主观感受，是面对困难和挑战获得的成就感和自我实现感，是对自我价值的一种肯定，也是人们对于目前所处状态的一种满意程度。它源于人们对生活各个方面进行全面评估后所产生的生活满意度，也是依据自己所秉持的生活准则来对自身生活质量进行总体评价后，所得出的对生活满意程度的总体评价。

其中，生活满意度分为，一般生活满意度和特殊生活满意度。一般生活满意度是对个人生活质量的总体评价。特殊生活满意度是多维度的具体方向的评价。例如，对不同生活领域的具体评价，包括工作生活满意度、业余生活满意度、家庭生活满意度、居住社区满意度等。

一般来说，情感层面的幸福和认知层面的幸福都是从西方思想史上的幸福理论发展而来的。西方研究者坚持思想史上的享乐主义传统，认为人们的幸福是通过生活条件中产生的幸福感来表达的。幸福感的高和低会催生出两种情绪，分别是积极情绪和消极情绪。这两种情绪又会反映出幸福感的高低。积极情绪源于对生活需求的满足，它会增强一个人的幸福感；而消极情绪源

---

① 张云武．社会转型与人们的幸福感［M］．杭州：浙江工商大学出版社，2016：30.

于人们在现实生活中经历的挫折和痛苦，它会降低一个人的幸福感。一个人的幸福是积极情绪和消极情绪平衡的结果。在现实生活中，只有当积极情绪多于消极情绪时，人们才会感到幸福，而积极情绪越多，人们的幸福感也越强。

（三）价值实现层面的幸福感

从价值实现的角度来理解幸福感，当一个人在实践活动中的潜力或当自己的价值实现时获得的成就感越强，他获得的幸福感也就越强。这一观点是从西方学术界的实现理论演变而来的。这是20世纪90年代产生的一种新理论。这一理论基于经济快速发展的社会现实和人们物质需求的基本满足。该观点认为，幸福感不仅是生活条件的情感体验，也是个人潜力或自我价值的完美实现。幸福感就是通过充分发挥自身潜能而达到完美的体验。

当今学术界，对幸福感的构成还存在着不同的观点。究竟是由认知、情感、价值实现三者中的一种因素组成的单一结构，还是一个由它们三者所组成的三因素结构，在这方面一直存在着很大的争议。但是，一个不争的事实是，当人们的物质需求基本获得满足时，生活需求及价值取向已经朝着多元化发展，大多数学者认为后者更符合社会现实，即幸福感是多维度的，其具体表现在不同的生活场景，而不同生活场景的幸福感是不尽相同的。所以，幸福感层级分为两个方面，即在不同生活层面体验到的幸福感和在生活总体层面体验到的总体幸福感，而总体幸福感是指一定时期内人们对自身生活质量进行整体性评估后而产生的一种积极的心理体验。

第二节　居民幸福感的理论依据

一、马斯洛需求层次理论

当下对于人类需求的研究比较经典的是马斯洛需求层次理论，这是由美国心理学家亚伯拉罕·马斯洛提出的，也称为“基本需求层次理论”，属于行为科学的理论之一，如图 1-4 所示。马斯洛认为人的需求包括五大类：生理需求、安全需求、爱和归属感、尊重、自我实现。当自我实现需求得到满足后，还有自我超越需求，自我超越需求虽然不在马斯洛需求层次理论中，但属于自我实现这一类需求。

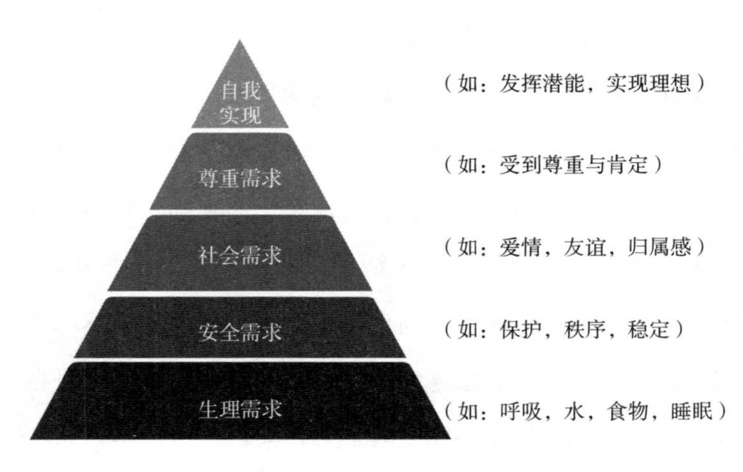

图 1-4　马斯洛需求层次理论

在马斯洛需求层次理论中，最基本层次的需求是生理需求，作为人类最原始、最基本的需求，主要指衣食住行等重要需求，如满足个人生存的水、食物、空气等。

第二层次的需求是安全需求，安全需求主要包括人身安全需求、生活稳定需求等。与生理需求相同的是，当人类的安全需求得不到满足时，人们最关心的便是安全需求。

第三层次的需求是社会需要，主要指当个体与他人交往时，能够满足他的一切需求，包括友情、爱情及隶属关系的需求。当第一层次和第二层次的需求得到满足后，人类对社会的需求更加凸显，由此起到了激励的作用。

第四层次的需求是尊重，包含自我认知价值的尊重及他人的客观认可和尊重。当人们有尊重需求时，会希望他人能够根据实际情况来接纳他们，并信任他们。

人类最高层次的需求是自我实现，主要指满足个人潜能发挥的需求，如对事业的追求和技术精进的需求。

马斯洛的需求层次理论揭示了人类从低级需求到高级需求的演化规律。人类对于幸福的需求是对个人基本需求的满足。从幸福感研究的角度来看，马斯洛的需求层次理论也可以是一种幸福层次理论，当从低到高不同需求被满足时，人的幸福感也会逐级增加，当人们一定的需求得到满足时，他们的幸福感需求也会相应得到满足。在某个特定阶段，不同个体对基本需求的层次和所需满足的层次各不相同，这也会导致不同个体对幸福的满足出现不同。例如，生理需求的满足主要来自在感官的体验；安全需求的满足主要表现为内心的感受；爱和归属感满足主要表现在情感表达得到回应时所得到的幸福感；尊重需求的满足主要表现在拥有尊严感和成就感；自我实现需求的满足主要表现在自我价值的肯定和潜能的实现。这也证明，越是高级的需求满足越能让人感受到幸福感、宁静感，同时可以丰富内心的情感世界。五种需求的满足层次虽然不同，但由低到高的层次序列，相应形成了五种不同层次的幸福，这对于该层级的人群来说其实都是一样的，同样可以给大家带来快乐和愉悦。

马斯洛需求层次理论，主要注重满足个人基本需求时所起到的实际作用，同时表现出需求在得到满足后的必要性和可能性。个人幸福来源用“需求”这一概念解释，在一定程度上避免了长期以来存在的争议和幸福来源的问题，这也使得快乐主义幸福观、德性主义幸福观、社群主义幸福观中关于幸福来源的争议得到解决。在需求层次论的理论基础上，马斯洛发掘了人们对于需求与幸福之间的内在联系，在幸福本质及实现条件方面提出了自己独到的见解，进一步强调了个人需求中人本主义的幸福理论体系。通过对马斯洛需求层级理论的研究，我们不难发现，幸福的本质就是为了满足人类的基本需求，而想要满足幸福的需求就要达到一定的主观和客观条件，人类的幸福问题才能等到根本解决。

二、积极心理学理论

积极心理学的提出距离现在并不遥远，它首次出现是在 1998 年，是由美国前心理学会主席马丁·塞里格曼（Martin E.P. Seligman）提出，随后由马丁·塞里格曼和米哈里·契克森米哈赖（Mihaly Csikszentmihalyi）在 2000 年 1 月发表的论文《积极心理学导论》中正式确立。积极心理学是采用科学的原则和方法来研究幸福，倡导心理学的积极取向，以研究人类的积极心理品质、关注人类的健康幸福与和谐发展。

在研究过程中，积极心理学强调在处理问题的时候应用积极的心态来对待身边的人或事，遇到问题时，应对周围的环境和事务以积极的方式和心态做出有效的分析和合理的解释，从而获得积极意义。这所做的一切都应该是正向的，具有建设性的力量和潜能。正确地引导所有人去追求自己的幸福和社会价值，以及在看待人或事物上，应从开放和欣赏的角度出发，发展并研究人的积极力量，促使其形成自我积极的人生认知。

在这里我们可以分别从三个层面来研究积极心理学：首先从主观层面出

发，主要研究人们过去、现在、未来这三个时期对幸福、希望和乐观主义的满意度；其次从个人层面出发，来研究个人的积极特征和人格特质，比如对爱的能力、美的追求以及开发和创造力等；最后从群体层面出发，通过研究群体社会组织、大众社会环境以及群体职业道德规范等，从而让人们通过群体效应感受到个人美德、社会责任感、利他主义等社会群体准则。

除了上述内容，积极心理学主要还研究人类存在的意义和优势，关注正常人的心理功能，研究人性中的积极态度，能有效干预和引导个人，从而促进个人、家庭和社会之间的良性关系。社会发展证明，只有通过人的发展才能促进社会进步。社会经济发展的必然性表明，并不是社会经济发展就能让全体社会成员的生活得到改善，想要检验社会发展的进程，最主要是参考人的发展程度，而不仅仅是物质的增长。

作为积极心理学的另一项重要内容，社会制度能够为积极人格的构建注入支持力量，为个体的积极发展提供最直接的积极体验。社会制度主要依托国家制度，只有在积极完善的国家制度下，才能构建和谐积极的社会制度，这里指国家制定的各项方针政策、社会舆论、国家发展的规划等。通过积极的社会制度，能够让人们的生活质量得到质的改变，能够让大部分人过上幸福积极的生活。积极心理学的重点在于组织积极良好的系统，比如，如何实现家庭、社会、学校等系统的积极发展。对于个体素质的考察，应该纳入社会生态系统中，通过生态系统让个体潜能得到充分发挥的同时，还能够感受到充分的幸福。例如，社会的安定、家庭的健康、社区关系的营造及学校的有效组织等。将个体融入其中，才能够充分发挥个体的社会责任感、职业道德和利他主义。

随着经济社会的转型和发展，各种价值观相互交融，让人们的价值观念存在很大差别，因此，人们对事物有着多种不同的看法，也就出现了不同的生活方式和道德判断。随着社会转型的不断加快，人们对生活质量的改变期望也变得越高；事业发展不平衡、贫富差距扩大、就业求学、恋爱婚姻等问题都容易让人产生心理失衡，进而产生具有共性的消极社会心理。积极心理学的目的就是要帮助人们解决消极的心理问题，促进人们生活质量的提高。相较于传统的心理学，积极心理学更注重人文关怀以及精神世界的丰富，目的是更好地寻求人类在发展中对人文精神的关怀。

与此同时，积极心理学在对幸福感的研究方面也起到了极大的推动作用，将幸福感从定性发展变为定量发展。其独特的研究视角、幸福感测量方法和工具的使用推广上，也进一步促进了个体的积极健康发展和人格的和谐发展。现代幸福感研究的兴起，目前主要归功于心理学方面的研究。而积极心理学的出现也给幸福感方面的研究赋予了新的发展使命，培养并造就幸福的人，唤醒人性，让人们看到希望的曙光，点燃对生活的激情，从而更加向往幸福，这些都是积极心理学所推崇的。

三、经济学与社会学理论

（一）经济学理论

1. 经济收入对幸福的影响

经济收入是影响幸福感最重要的因素，但这种重要性还不足以使其成为决定性因素。从个体来看，如果健康状况、休闲时间、婚姻状况等不如意，再多的收入也不会对应较高的幸福感。对于现在中国大多数城市居民来说，尽管收入是首要因素，但仅靠增加收入并不能实现个人幸福。所以如果单从经济收入的角度来研究幸福是远远不够的。我们可以从一个国家的人均 GDP 角度综合来看，人均 GDP 至少可以从一个侧面反映一个社会和社会中自然人的平均收入和生活水平，也可以对比出个人生活幸福感的高低，如图 1-5 所示。

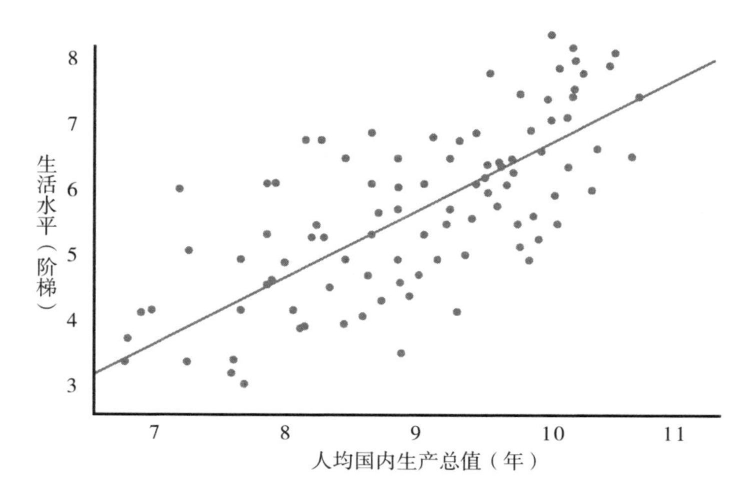

图 1-5 生活阶梯（幸福指数）与人均 GDP（金钱）正相关的正则图

由图 1-5 可见，人均 GDP 的普遍升高，个人的生活阶梯指数和幸福感指数也会随之升高，在社会的大部分人群中，收入的增加不仅意味着可以获得更多的精神和物质财富，同时还可以满足个人的不同需求，享受到更多更好的物质和精神资源，给人带来更多的快乐体验，以此增加个体的幸福感。

另外，从清华大学中国新型城镇化研究院 2022 年 1 月发布的《人民幸福指数研究报告》中看到，GDP 与国民幸福总分的联系也呈现出正相关的关系，如图 1-6 所示。

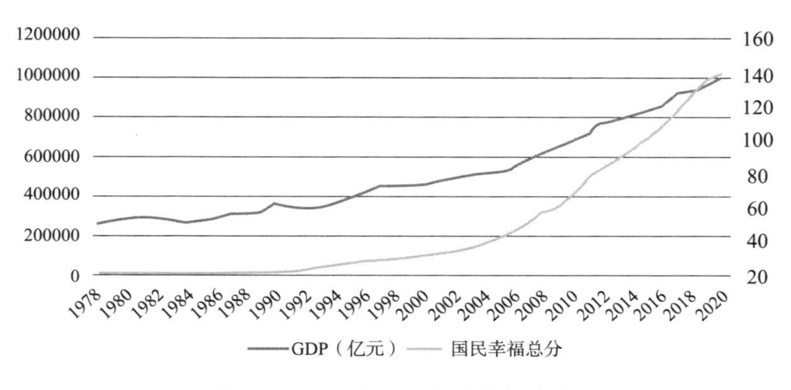

图 1-6 GDP 与国民幸福总分联系

从图 1-6 可见，从人民幸福与经济发展的耦合关系来看，国民幸福指数每年的得分会随着 GDP 总值及人均 GDP 增长呈逐年上升趋势，二者是正相关的关系。但至 2006 年以后，国民幸福指数总分增速明显小于 GDP 增速，这也意味着经济水平将不再成为决定人民幸福最关键的要素，GDP 增加或减少只会在一定时期内影响人民幸福的指数，当人民的幸福指数提升到一定层级后，GDP 对幸福指数的影响力度也随之会减弱。

据相关统计研究，不同国家和不同时期个体因经济收入造成的幸福感的影响并不相同。在欧美等经济较发达的国家和地区，当其居民收入增长到一定阶段后，收入对幸福感的影响会开始递减，此时收入与幸福感之间的关联变弱，再过一个阶段，即使收入继续升高，幸福感提升的幅度也不会有太明显的增加。相反，在经济较落后或者贫困的国家和地区，收入与幸福感的关联就非常紧密，在这些国家和地区，由于整体经济水平较为落后，收入的增长会大幅影响到群体生活质量的变化，有时一些小幅度的收入增长甚至会带来生活质量成倍的提升。

现阶段，不论是在农村还是城市，个人的收入状况依旧是影响幸福的首要因素。因为，在一个同等条件下与生活环境中，收入较高的群体，他们感受到幸福的人数比例远大于收入较低的人数比例；当收入较少时，家庭消费也随之削减。家庭收入用于购买食物的比例越高，那么用来购买食物以外的商品就会越少，家庭生活的整体质量也就越低，这时整个家庭和个体的幸福感水平就会降低；拥有社会保险的居民幸福感水平明显要比没有社会保险的居民幸福感水平更高，因为社会保险可以在个体受到意外伤害时得到较大额度的经济补偿，以此来减少家庭开支所带来的经济压力和生活压力；居民在医疗费用上的支出越高，其幸福感水平就会越低，医疗费用的增加说明身体健康方面出现了问题，此时这类人群就会把更多的精力和资金投入到医疗救治当中，同时还要相应承受病痛所带来的折磨和更大的心理压力；有稳定工作和职业的居民幸福感水平明显高于失业无收入的居民，稳定的工作和职业，不仅代表有稳定的收入，同时还说明可以保证基本的生活开销，相反，失业无收入的居民由于生活稳定性偏低，没有稳定收入，生活压力也会相应增加；有个人房产的居民幸福感明显比没有房产或者租房的居民获得的幸福感更高，稳定的居住环境不仅可以让人更加安心踏实，固定的住所还能给人带来较强的归属感，因而可以获得更多的幸福感。

近年来研究发现，个体之间收入差距过大会导致幸福感降低。关心个体收入增长的同时，其实更需要关心个体的收入共享，这也逐渐成为越来越多的研究者与城市管理者经常讨论的话题。根据主观幸福感中的社会比较理论的研究，个体的幸福感其实是相对的，这取决于不同的判断标准。向上比较会降低主观幸福感，而向下比较则会提高主观幸福感。在个体的基本生理需求问题被解决和被满足后，收入差距在幸福感的社会比较过程中显得更加重要，收入差距越大主观幸福感就会越低。基尼系数就是一个反映收入差距的重要指标，由于它与幸福指数正好相反，于是，基尼系数越高，收入差距就越大，社会幸福感就越低，因而基尼系数也被称为痛苦指数，如图 1-7 所示。

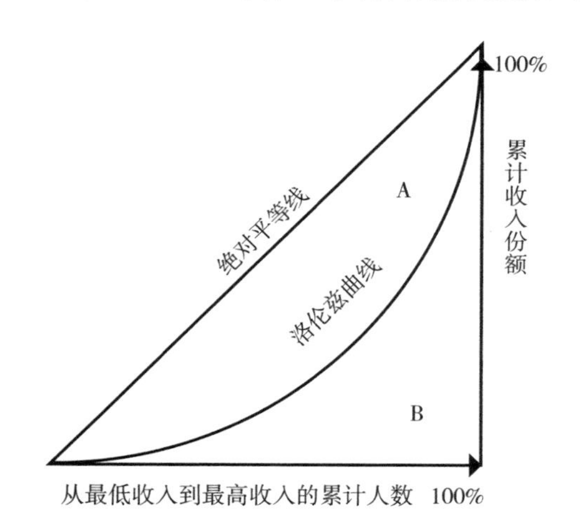

图 1-7　基尼系数（二选一，待定）

基尼系数图表示了在全部个体收入中，财富不平均分配后，各个收入占比的比例，由左到右，不断增大。基尼系数最大为“1”，即为100%（横轴最右侧），最小等于“0”，即为没有收入（横轴最左侧）。前者表示个体之间的收入分配绝对不平均，即100%的收入被一个单位的人全部占有了，在这个位置大部分个体的幸福感最低；而后者则表示个体之间的收入分配绝对平均，即人与人之间收入完全平等，没有任何差异，这个时候个体的幸福感最大。

最大和最小的这两种情况只存在于理论上，现实中几乎不存在。所以基尼系数的实际数值只能介于0～1之间，基尼系数越小收入分配越平均，基尼系数越大收入分配越不平均，《论语》中说“不患寡而患不均”，所以收入平均一直都是幸福感最强的一种位置。国际上通常把0.4作为贫富差距的警戒线，大于这一数值容易出现社会动荡。

图1-7中的洛伦兹曲线（Lorenz Curve）是指在一个总体（国家、地区）内，以“最贫穷的人口计算起一直到最富有人口”的人口百分比对应各个人口百分比的收入百分比的点组成的曲线。该曲线作为一个总结收入和财富分配信息的便利的图形方法得到广泛应用。通过洛伦兹曲线，可以直观地看到一个国家收入分配平等或不平等的状况。社会收入越平均，洛伦兹曲线越接近收入分配绝对平等直线。

中间收入阶层比例大，是建设幸福城市的重要基础。对收入的研究影响发现，幸福感呈现“倒U形”，如图1-8所示。一是收入增长到一定程度后，例如，上升到7千元之后，收入对幸福感的影响就会开始走向递减；二是高收入往往意味着工作会承受更大的风险、压力和更少的休闲时间。如图所示，当收入提升到1万至1万5千元时，人的幸福指数不仅没有升高反而开始降低。休闲社会学[①]和行为经济学的研究显示，休闲时间的充裕也有助于提升个体幸福感，反之，当个体过于忙碌时，休闲时间的减少也会使得幸福感随之

① 李丽梅．休闲社会学［M］．上海：上海交通大学出版社，2016：40.

降低。因此收入最高的阶层往往不一定是最幸福的，而幸福感最高的其实是中产阶级。这类人群不光有一定的经济基础保障，同时还有一定的休闲时间。所以持续壮大社会中的中产阶级，也就是壮大幸福感存在的群体，这也不失为建设打造幸福城市发展的一个方向。

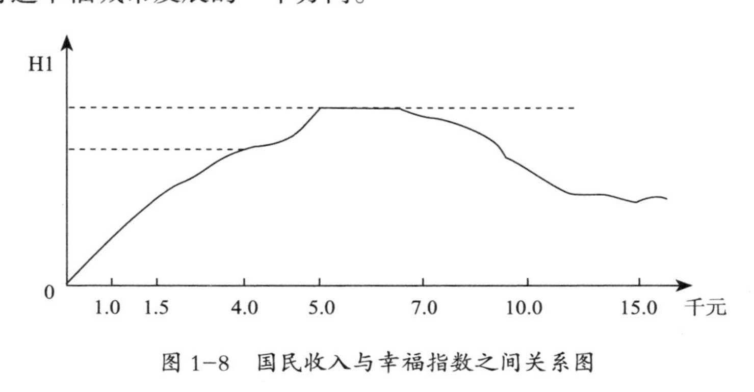

图 1-8　国民收入与幸福指数之间关系图

2. 幸福经济学对传统经济学的颠覆

幸福经济学领域强调的是经济理论，说的是“以人为本”主义的回归。而现代经济学研究的是如何利用最小的成本产生出最大的效用，其重点主要在效用上。其研究的主题是如何在有限的资源范围内创造出更多的物质财富。所以，经济学经常被人批评，且把它当作一种物化学说。在实际社会活动中，经济学方面的一些观点，也成了一种被大家用于追求国内生产总值（GDP）增长的实用理论。美国普林斯顿大学的卡尼曼教授和美国乔治梅森大学的史密斯教授提出了涉及财富和广义幸福的“新经济学”概念，这个概念的研究结论是，现代人应该把更多的精力放在如何提高幸福感本身，追求生活的幸福应该比追求财富更重要，财富只是给人们带来的幸福中占比较小的一个因素。幸福经济学要实现的最大化不是物质化的效用，而是主观幸福感。以资源配置来最大化主观幸福感是幸福经济学的研究主题。

幸福经济学用幸福指数取代传统的 GDP。而 GDP 作为衡量社会经济进步和发展的重要指标，在经济学研究和社会学研究中都十分重要，但是这个指标又过于单一，最重要的是它无法反映出生态成本。随着社会经济的发展，它的局限性已经开始显现。当下越来越多的机构和研究人员开始习惯用幸福指数来衡量社会经济的进步，这也间接表明了未来经济学发展的一个重要方向。在未来，国民幸福指数（Gross National Happiness，简称 GNH）取代国内生产总值 GDP 是一个必然的趋势，幸福经济学是从整个社会是否快乐和幸福的角度出发，对相关数据进行研究和分析，以此来制定经济发展目标和经济政策，为坚持以人为本、走可持续发展道路的经济政策提供理论和决策依据。对于幸福的衡量，幸福经济学构建了一套衡量幸福的指标①：幸福变量和幸福函数、幸福指数和数据结构，使幸福成为一个真正可测量和可量化的研究对象。

国民幸福指数计算公式：

公式一：国民幸福指数 = 收入的递增 / 基尼系数 × 失业率 × 通货膨胀

（1-1）

这个公式中的基尼系数（Gini Coefficient）是反映收入分配公平性、测量社会收入分配不平等的指标。

公式二：国民幸福指数 = 生产总值指数 ×a% + 社会健康指数 ×b% + 社会福利指数 ×c% + 社会文明指数 ×d% + 生态环境指数 ×e%

（1-2）

公式（1-2）中，a、b、c、d、e 分别表示生产总值指数、社会健康指数、社会福利指数、社会文明指数和生态环境指数所占的权数，具体权重的大小取决于各政府所要实现的经济和社会目标。

从计算国民幸福指数的两个公式可以看出，一方面可以从失业和通货膨胀的程度等消极方面来考量，另一方面还可以从社会各个维度的指数方面来分析。这样既可以从直接的经济收入测算，又可以从社会各个维度来衡量，

① 肖仲华 . 幸福经济学理论建构探析［J］. 求索，2012（3）：17-19.

这些都是以社会个人为中心串联和并联起来的社会因素，都是以人为基本前提展开的，因为社会生活本身就是以人为主体，幸福感高低的根源也是围绕人对自身生活环境的评判来作为相关依据的。

（二）社会学理论

1. 关于社会学广阔视野的研究

社会学是研究社会行为与人类群体的一门学科，它是由社会哲学演化而来的。同时社会学又是一门具有多重研究方法的学科，其中涉及有科学主义实证论的定量方法研究和人文主义的理解方法研究，它们彼此相互对立，且又相互联系，随后又共同发展和完善成了一套与人类相关联的社会结构活动的知识体系，它的目的在于运用这些知识去寻求或改善社会福利。社会学的研究范围十分广泛，其中涵盖了微观层级的社会行动、人际互动，还有宏观层级的结构或社会系统，所以，社会学与很多学科都一起并列于社会科学领域之下。例如，经济学、政治学、人类学、心理学、历史学等。

从社会学的视角来看，幸福感这个话题本身就很难去界定，那么就幸福感本身而言，它以什么样的方式存在于社会，又有什么不同，就值得我们去思考了。不同社会情境下的幸福感含义不同，因此我们通常通过举例的方式来探讨幸福感。这种方法本身就具有社会性质，因为分类的标准不是概念，而是社会事实，而认知结构则是由社会结构调整和塑造而成的。因此，社会记忆、社会期望、社会群体和社会建构都是影响幸福感的重要因素。

2. 社会学对生活质量的研究

目前，很多专家都对社会学影响幸福的因素展开了相关研究，且非常细致和深入，可以说已经尽可能包括了各种重要的主观与客观分析，其中包含社会学因素、经济因素、体制性因素、情形性因素等[①]。

其实还有两个相关的理论也对现阶段幸福的影响有着很重要的意义，它们分别为生活质量理论和社会质量理论。这两种理论采用的方法均为利用现有数据进行分析，虽然方法大致一样，但具体实施和侧重点又各不相同。生活质量理论更注重人民生活的状况和生活水平的提高，而社会质量理论是为了辅助我们更好地全面认识社会结构和社会体系。根据亚洲社会质量研究联合会所进行的社会调查数据显示，我们不难发现两者之间明显的差异和特点。随着我国居民收入差距不断扩大的同时，我们既要运用社会质量理论，还要领悟生活质量理论中所存在的意义。因为两种理论的方法是互补而非相互排斥的。

四、其他幸福理论运用成果

除了上述内容，还有一些幸福理论运用成果可作为居民幸福感的理论依据。

第一，幸福指数。幸福指数是衡量人们对自身生存和发展状况的感受和体验，是反映国民生活整体质量和幸福程度的一项指标。同时也是用来衡量一个国家或地区经济、社会、文化、环境、资源等方面协调发展以及社会经济发展与人类身心和谐发展的综合指标体系。

第二，人类发展指数。人类发展指数（Human Development Index，简称HDI），在《1990年人文发展报告》中，由联合国开发计划署首次提出。人类发展指数作为衡量与评估各国民众生活水平最重要的指标，改变了过去主要以GDP衡量社会经济发展指标的方式，同时在全球范围内也越来越受到重视。人类发展指数其中主要分别包含有寿命指数、教育指数和经济发展指数

① 任海燕，傅红春．幸福经济学在中国：研究现状和未来发展［J］．江海学刊，2012（1）：105-109.

三个方面的内容。

第三，幸福城市研究。目前，国外的很多关于经济学、心理学和社会学的著作及研究成果，都成为各地方研究幸福城市的重要参考材料，尤其是其中的一些指数体系的运用成果，有着非常高的参考和借鉴价值。幸福城市的研究工作中，最主要的就是充分重视对人主观感受的分析和研究，从最开始重物轻人的研究方式，逐步转到对人的研究上面来。并让大家渐渐看到了城市管理者从政府导向到市民导向的转变，真正体现了人民政府执政为民、关注民生的指导思想。研究幸福城市可分为两个维度，第一个是以国外幸福指标体系的研究成果为蓝本，对我国城市现有的实际情况进行深入研究，建立适合我国城市自身特点的指标体系。第二是通过对国内外幸福指标坐标系的调查和测定结果，结合我国城市的现状制定出城市发展的目标和相应政策。

第三节 居民幸福感的主观心理指标与度量

一、居民幸福感的主观心理指标

幸福感是个体对自我做出的一种体验和评估方式，也是自我衡量的一个标准，在生活中很多因素都会影响到幸福感本身。目前，在对幸福感方面的研究中发现，对幸福感影响较大的因素主要有三个方面。

第一个方面，社会心理参照。人作为具有社会属性的一种特殊生物，个体的情感表达十分丰富，无论在社会中还是日常生活中，人的心理都会受到来自其他不同环境因素的影响。例如，当社会发展速度普遍较慢或较为低下时，虽然大家整体都比较贫穷，但此时因为大多数群体的生活都保持在同一水平线上，所以人们整体的幸福感也不会存在有太大的差异。但当社会处于高速发展的状态下时，经济水平也会随着发展逐步明显提升，此时社会中贫富差距的问题和矛盾也会更为突出，这时收入较低的人群幸福感就会降低。

第二个方面，成就动机程度。成就动机可分为个人取向和社会取向两种，个人取向讲的是个体自身对目标、行为、评价标准等均由个体自身去达成、树立和设定。而社会取向讲的是目标、行为、评价标准等均由他人或团体决定。综上所述，我们不难发现，成就动机程度就是获得的最终结果和预期目标之间所存在的差距。如果获得的最终结果和预期目标没有差距或超过了预期目标，那么幸福感会非常强烈。相反，如果获得的最终结果和预期目标之间存在较大差距，那么可能会产生消极情绪。

第三个方面，本体安全感。本体安全感是个体与他人或社会之间的一种心理互动，是自身对他人及社会彼此间所产生的信任感和认同感。如果个体是乐观的，积极向上的，那么外在环境对他产生的影响就不会很大，甚至没有影响，他也始终会保持进取态度。但是如果个体是消极的、悲观的，那么即使他处于良好的社会环境，也不一定会感到幸福。

二、居民幸福感的度量

度量幸福感是一件非常困难的事情，对幸福感的衡量需要考虑很多方面。具体来讲，大致可以从以下两个维度展开来看：宏观层面和微观层面。

（一）宏观层面

从宏观层面衡量幸福感通常是利用宏观变量进行衡量，如人均收入、就业率、失业率等，这些指标是衡量居民幸福指数时经常使用的指标。国家幸福感排名、国家幸福城市评比等都会使用这些大家公认的宏观变量。在进行国家幸福感排名时，需要运用统一的衡量标准，综合去评定不同的国家和地区。由联合国发布的《全球幸福指数报告》是当前国家幸福感衡量中最具有代表性的一个。联合国在2012年开始发布的《全球幸福指数报告》，调查目标涉及全球156个国家及地区，在衡量时主要选择了以下幸福指标：自由、寿命、人均国内生产总值、社会支援、慷慨等。通过获取、收集该国家或地区内近三年的这些指标，并计算出它们的平均值，我们就可以对每个国家及地区内公民的主观幸福感作出衡量[①]。

虽然全世界的经济在最近几十年发生了翻天覆地的变化，但是，大多数国家人们的幸福指数并没有随之发生改变，增长幅度也相对较慢，这说明无论经济状况如何，矛盾都普遍存在。而且在经济快速发展的当下，社会也出现了很多新的问题，如社会焦虑、心理危机等。通过对幸福指数的研究结果可以发现，北欧国家幸福指数和经济之间的关联并不大，主要是因为其国家的社会生活环境比较优质，一直处于一个平稳的状态。例如，芬兰虽然设置了很高的税率，但是高税率并没有影响到芬兰国内的贫富差距，民众普遍对政府又比较信赖，整个社会中人们的相处也较为融洽，因此在这种社会中利他主义精神体现得就更为明显，人们也就会感觉到更幸福。

（二）微观层面

微观是一个相对于宏观而言的一个概念，两者本身是密不可分的。微观是从局部细微处出发，是某个过程详细的组成部分。例如，个人、家庭、社区、小团体等。用微观的方式来研究幸福感，目前最常见的方式为问卷调查，比如通过对个人、家庭、社区、小团体的调查研究得出相关数据的分析。具体方式我们可以从以下四个大的方面展开。

第一个方面，生理因素：幸福感与身体健康密切相关。健康的身体状况可以带来身心愉悦的感觉，同时也可以提高个体的自信心和满足感。例如，运动可以释放身体内的愉悦荷尔蒙，并减轻身体压力，从而提高幸福感。

---

① 张云武．社会转型与人们的幸福感［M］．杭州：浙江工商大学出版社，2016：29-45.

第二个方面，社会因素：幸福感受到人际关系的影响。与亲密的家人和朋友保持互动和联系可以提高幸福感。此外，参与社会活动、志愿服务等也能够带来成就感和自尊心，从而提高幸福感。

第三个方面，心理因素：个体的心理状态与幸福感密不可分。乐观心态、积极情绪、自我控制能力等心理因素都可以促进幸福感的形成。此外，一定的心理弹性和应对能力也可以缓解压力，提高幸福感。

第四个方面，文化因素：社会文化和个人价值观念不同，可能会影响幸福感的形成。例如，有些人对金钱和物质财富的追求可以带来短期的幸福感，但长期来看，这种感觉可能会淡化，或者与其他价值观念冲突，最终导致幸福感的降低。

第二章　居民幸福指数与指标体系

第一节　居民幸福指数的特征

一、居民幸福指数的总体特征

（一）总体幸福指数特征

总体幸福指数主要指的是个体根据自身感受对自己整体的幸福程度所作出的整体评价，这里包含了对总体生活、有意义的生活和投入生活的满意度，以及横向和纵向相比较的生活满意度。当前我国居民的总体幸福指数处于中等偏上水平。这在很大程度上得益于近年来国内经济持续高速发展，综合国力大幅提升，人民生活水平不断提高。这与党和政府努力构建劳有所得、住有所居、老有所养、学有所教、病有所医的和谐社会是分不开的。

一直以来，生活质量都是衡量人们幸福感的重要指标，也是基础性的衡量标准，因为日常生活质量的高低直接影响着人们对自身幸福程度的感知和评价。当今中国城市居民的物质生活水平居于世界中等偏上，居民的总体生活满意度也高于平均值，也符合现阶段我国的基本国情。

在总体情绪满意度上，大多数人通常情况下情绪保持都相对比较稳定，所以会感到比较快乐，只有极少部分人会受到自身情绪的影响，会感到较不快乐或很不快乐。这表明，积极情绪是城市居民的主导情绪类型，而情绪体验的正向还是负向最终也成为反映人们幸福感的一个要素。西方人对幸福感的理解，非常注意个体内心的快乐感受，他们对幸福感最直观的体验就是快乐与否。而中国城市居民在情绪体验上可能会与西方有所不同，但幸福感总体上也表现出比较积极的倾向，这种倾向可以让人们不会产生太多的担心、忧虑和痛苦，能够体验到快乐，同时拥有美好的情感。

目前，我国绝大多数的城市居民，都有稳定的工作和收入，以及对未来生活的合理规划和目标，所以，总体上都感到比较幸福。除了这些之外，如何让自身过上有意义的生活，也是大家目前所追求的。这样的追求和期盼，一方面有助于培养中国人对国家、民族与社会的责任感，另一方面也是当今中国人对自己人生意义的一种感悟，即体验到人生意义和价值才能获得幸福感。

我国大多数城市居民对未来生活都持积极乐观的态度，这也可以从社会现实中得到印证——在过去的年代，人们在生活中的物质条件较为匮乏，通过几代人的努力，我们现在生活不仅富足了，还能在此基础上去畅想未来。随着我国改革开放的不断深入，小康社会的全面建成，我们的国家会更加富强，人们的日子也会越来越好，人民群众也会获得更多的幸福感。

（二）领域幸福指数特征

领域幸福指数涵盖政治生活满意度、经济生活满意度、文化生活满意度、人际关系满意度、健康状态满意度和环境生活满意度六个维度（因子），不同领域的幸福指数反映了城市居民对幸福生活的不同需求指向和美好愿景。

截至 2020 年，国内居民的领域幸福指数各维度平均得分（共 5 点记分）由高到低依次是：人际关系满意度（4.10）文化生活满意度（3.47）经济生活满意度（3.20）政治生活满意度（3.13）环境生活满意度（3.11）和健康状态满意度（3.09）。可见，当前我国居民的人际关系满意度最高，其他各领域幸福指数均高于 3 分[①]。

目前，国内城市居民的人际关系满意度平均分最高，这也说明相比其他领域，城市居民对自己周围的人际关系最为满意。这样的数据结果，也比较符合我们的预期。中国人更倾向于社会取向，这在我们传统文化中就可以找到答案。因为，在社会关系中角色责任的实现、建立和维持人际和谐、促进团体（如家庭）财富和福利的增长是国人获得幸福感的核心。在传统文化的影响下及现实中，中庸为上、人人和谐、社会和谐、凡事以和为贵的思想早已深入人心。由此可知，中国城市居民更加强调人际关系的重要性，所以大家在人际关系领域所感知到的幸福感比例是最多的，这也就不难理解了。

在研究中我们还发现，目前我国城市居民普遍在文化生活方面、经济生活方面、政治生活方面、环境生活方面和健康状态方面这五个领域的满意度较高。这也说明中国城市居民对其目前所处的文化背景、政治经济状况和周边环境都持有正面的认知和感受。这种积极的倾向与改革开放以来发生的巨大变化有关。近年来，经济高速发展，主流文化繁荣昌盛，环境问题也越来越受到重视，人均寿命不断延长，城市居民实实在在享受着改革开放所带来的成果，人们的政治、经济、文化生活水平都得到了大幅提高，人民的温饱问题也得到解决。所以，城市居民满意度较高也符合目前中国社会的发展趋势。

通过对城市居民的总体幸福指数与领域幸福指数进行相关分析后，发现二者各维度均呈显著正相关系。由此可以推断，以上五个领域幸福指数与总体幸福指数密切相关，是当前我国居民幸福指数的主要来源。随后我们进一步以总体幸福指数为因变量、领域幸福指数各维度为自变量进行多元回归分

---

① 黄希庭，程翠萍，岳童 . 城市幸福指数研究［M］. 重庆：重庆出版社，2020：60-63.

析后，结果显示，经济生活满意度对总体幸福指数的影响最大，预测作用也最大。这一切可能都源于当今国家以经济建设为中心，将经济发展作为第一要务，不断解放和发展生产力，使得人们对经济生活水平给予了前所未有的重视相关。人际关系满意度这一指标对总体幸福指数的预测作用位居第二，如前所述，中国人自古以来就重视人际关系，整个社会可以被看成是无数关系网络的集合，故人际关系满意度必然起着重要作用。对总体幸福指数预测作用排名第三的是健康状态满意度，追求健康是每个人的愿望，身心健康才能具有良好的效能状态，没有好的身体就干不好工作、过不上幸福生活，因此健康状态满意度也制约着城市居民的总体幸福指数。文化生活和政治生活方面对于城市居民虽然也很重要，但相对其他三个领域而言，幸福指数总量占比较小。主要因为文化源于精神，政治源于团体，二者与个体本身的紧密联系程度较少，虽具有现实依据但相对影响不大。

二、居民幸福指数的非经济特征

（一）年龄和城市居民幸福指数

现今，我们每一个人都在为获取幸福而努力，虽然在不同的阶段，大家对幸福会有不同的体验和感悟，但幸福在每个人生命的历程中仍有着非常重要的意义，且贯穿着我们的一生。总体而言，不同年龄段的个体会有不同的幸福体验。一方面，这可能与个体心理发展的年龄特征、人生历程中所面对的主要矛盾和主要问题有关。另一方面，幸福感可能与某些年龄群体或个体本身的独特经历乃至所面对的社会机会有关。个体在一生中会按年龄层级不断扮演社会所规定角色或经历生活事件，例如，工作、结婚、生子等。这些与年龄相关的转变会通过直接或间接的方式影响幸福感的强弱[①]。而特定年龄、特殊生活及特定的经历，都会对个体今后的幸福感带来影响。所以，年龄与幸福感之间的关系一直以来也都受到国内外学者的广泛关注。

主观幸福感在人的一生中很具有代表性，因其波动性较大，所以个体在一生的不同阶段的幸福感具有很大差异。如老人和小孩的幸福感就远高于中青年，人一生中的幸福感体验随年龄的变化呈“倒U形”曲线趋势。不同年龄段群体的幸福感影响因子有很大不同，中年和青年的主观幸福感差异最大，而整体比较老年人的主观幸福感反而较高。

除了人际关系满意度，年龄对居民的总体幸福指数、经济生活满意度、政治生活满意度、文化生活满意度、健康状态满意度和环境生活满意度均有显著影响，大致表现为年龄越大，幸福指数也随之增高。

18～24岁城市居民与其他年龄段的城市居民相比，幸福指数偏低。造成这一原因的可能是因为这个群体初入社会，逐渐开始寻求个体独立，但自我认知和社会经验尚不成熟；对物质生活期待比较理想化，过分重视自身需要的满足，但本身客观条件又尚未完全达到具备满足自身需要的能力；在社交生活方面较为丰富且花销较大，但往往又面临工作不稳定、收入较低、情感生活受挫的现实困境。以上这些都会在一定程度上影响该年龄群体的幸福体验。处在这一年龄段的个体在一定阶段大多都不能适应严峻的社会现实，对美好现实社会的预期没有达到，使其在很多方面都出现负面情绪，如愤懑不平、失落无助等，从而降低了其主观幸福感。

25～34岁的城市居民体验的主观幸福感最少。究其原因，可能是由于这个群体处于事业的起步期，对物质生活和社会地位具有较大期待，对社会公平和保障体系也有更多需求。在这个年龄阶段，个体将会面对许多转变，如

① 陈志霞，李启明. 不同年龄群体大五人格与幸福感关系[J]. 心理与行为研究，2014(5)：633-638.

面临着自我发展、职业规划、社会融合等多重发展任务，同时还要应对生活和工作中所带来的各种各样的事件。但由于工作时间较短，收入预期无法得到满足；积蓄较少，同时又要面对谈婚论嫁或生养子女的问题；该年龄群体在感受预期与现实之间心理落差的同时，还要面对因建立家庭所带来的各种适应压力。例如，角色身份的转变、责任负担、经济负担等。这些都可能在一定程度上影响本年龄段群体的幸福体验。

35～44岁这个年龄群体，是一个特殊的群体，在社会中处于一个比较重要的年龄段，在整个人生阶段中他们起着承上启下的作用。一方面他们经历了多年社会生活的磨炼，心态较为平稳也比较务实，并且基本上也完成了个人家庭角色转变的适应过程，自我认知也趋于成熟；同时在事业、家庭、生活等方面也都呈现出稳定上升的状态。这一系列的变化在一定程度上也增加了这个群体的幸福体验。但是在另一方面，该年龄群体往往要担负赡养父母、教育子女的责任，在精力和经济上都会产生不小的压力；同时这个年龄群体也正步入事业的发展阶段及关键期，所以，事业上的成功与否，也成为这个年龄群体最为看重的东西。随着生活和事业方面各种负面压力的出现，此时这个年龄群体的健康问题也逐渐出现，这成为这个年龄段人群不可回避的话题。

45～54岁年龄群体在家庭生活中居于主要地位，子女的长大成人不仅能给个体带来付出的回报与成就感，同时还能逐渐分担家庭的一部分经济和日常生活中的压力。同时，这个年龄群体个体职业发展步入稳定期及高峰期，看重家庭和睦和稳定良好人际关系[①]。事业的稳定和经济水平的提高可以增加该年龄群体的成就体验和快乐感受，这对于这个年龄阶段幸福感水平的提升具有重要意义，而且还会提升其对社会资源的掌控感，从而在一定程度上增

① 陈志霞，李启明 . 不同年龄群体大五人格与幸福感关系［J］. 心理与行为研究，2014（5）：633-638.

加幸福体验。

值得注意的是，55 岁以上年龄群体基本亲身经历了社会经济由弱变强、个人生活水平逐步提高的过程，在纵向比较中容易产生强烈的满足感。虽然该年龄群体较多地受到身体健康状况的困扰，但国内外研究均发现，对个体生活满意度影响最大的是对待身体健康问题的主观情绪和行为，而非客观患病情况。处于这个年龄段的绝大多数人快要离开工作岗位，或已经离开工作岗位，且大多数人都还具备充足的体力和精力，会更多地参与到各种社会活动中以及从事各种娱乐休闲活动，从而体验到更多的积极情绪和生活满意度。他们在物质需求降低、社会压力减小以及人生阅历积累的同时，逐渐形成了豁达的心态，能够更加成熟、通达、温和地看待自己、家人和生活，进而一定程度上增加幸福体验。

总的来说，城市居民幸福指数会随着年龄的不同而发生变化，不同年龄段的人们体验到的幸福感程度均有所差异。这样的结果提示，社会根据不同年龄阶段居民的生存状态，给予适当的政策支持，将有助于提升其主观幸福感。

（二）受教育水平和城市居民幸福指数

教育是培养和提升个人整体素质的一项社会活动，其前提和目的都是围绕人的幸福而展开的。个体的受教育水平与幸福、健康、长寿及社会经济地位是呈正相关的，受教育水平与主观幸福感之间的正相关在不发达国家表现得特别明显，不发达地区往往伴有教育水平低下和教育不公平的情况，生活在这些地区人们也都清楚，能接受教育本身就意味着今后的生活质量会随之提高，生活幸福感也会提高。

受教育水平对大部分国家和地区居民的幸福指数不仅具有一定的影响，还在幸福指数的各个方面有着不同的表现。从教育的社会经济意义而言，随着一个国家市场化进程的日益加快，教育回报已成为影响城市居民幸福感的重要因素。教育可以通过传播知识促进个体的身心发展，进而增加幸福体验。教育之所以能与人的幸福产生关联，那是因为幸福是一种客观性的主观存在，幸福在本质上是一种人的主观状态，而教育的本质为的是改造和建构人的主观世界、直接指向人的精神活动；教育之所以能对人的幸福有所作为，是因为教育有助于改善个体生存和发展的外在条件，从而助力提升个人的幸福能力。

受教育水平较高的居民在总体幸福指数、经济生活满意度和人际关系满意度上得分较高。究其原因是教育能促进个体成长，使其获得更多机会，同时也会改变个体的认识水平，进而提高其对幸福的标准。

（三）健康水平和城市居民幸福指数

随着人类行为方式和饮食结构的改变，身体活动及能量消耗逐渐开始呈下降趋势，从而导致了诸如冠心病、糖尿病、肥胖、高血脂、高血压、高血糖、暴食症、消化系统疾病等慢性疾病的高发；再加上空气污染、噪声污染、水质污染等危害居民健康的负面因素增多，使城市居民开始对身体健康状况产生了堪忧，进而进一步降低了城市居民的主观幸福感。由此可知，身体健康状况与人们的幸福感之间也存在着密切的联系。

在影响幸福感的诸多因素中，身体健康状况对城市居民的总体幸福指数有明显影响，健康状况被视为是影响幸福感的重要因素之一。很多城市居民都表现出了因身体健康而带来的诸多烦恼和困扰。不健康的身体除了在生理上给日常生活带来诸多不便外，同时还在心理上和经济上带来了很多烦恼，例如，自卑、受歧视、经济压力等。所以，综上所述，没有被健康困扰的居民各项平均得分均较高，而有被健康困扰的居民各项平均得分均较低。

由于年龄与身体健康状况存在一定的关系，所以我们以年龄和身体健康状况为自变量，以各幸福指数为因变量，进行多元方差分析，简单效应分析发现：25 ～ 54 岁的居民身体健康困扰越多，经济生活满意度和健康状态满意度平均得分越低；而 18 ～ 24 岁和 55 岁以上居民身体健康状况对其经济生活满意度和健康状态满意度无显著影响。由此推断，身体健康状况对不同年龄段居民幸福指数的影响程度不同，即相对两端年龄段居民（18 ～ 24 岁及 55 岁以上），中间年龄段居民（25 ～ 54 岁）的经济生活满意度和健康状态满意度受身体健康状况的影响更大。这是因为中间年龄段群体正扮演着社会、家庭核心支柱的角色，承担着相对更多的责任和义务，更需要健康的身体作为其为自己和家人拼搏奋斗的基础。同时，该群体的身体状况逐渐由盛转衰，器官功能、免疫功能趋于降低，此时个人的先天体质与后天锻炼对健康状况的影响逐渐凸显，所以身体健康状况的个体差异也较为明显。

在中间年龄群体中，选择没有健康困扰、只有较少健康困扰和有一定健康困扰的人数比重基本均衡，而两端的年龄群体分别是选择没有健康困扰或有一定健康困扰的人数比重更大。这种较大的个体差异也会使该群体在与同龄人比较时产生较大压力，尤其是老年人群体，身体机能持续下降，可能会受到阿尔茨海默病、骨质疏松、便秘、腰椎颈椎疼痛等多种疾病带来的困扰，进而影响其幸福体验。

总而言之，身体是自己的本钱，身体的健康不但是个人全面发展的基础，也和幸福感有着密切的关系。但是值得注意的是，人们对自己的健康状况分为主观评价和客观评价，个人对自己健康的主观评价与个人的幸福感相关；但医生给出的客观评价与幸福感的关系比较复杂，且与个人是否相信评价有关。同时，健康状况的主观评价与幸福感的相关性更容易受人格特质的影响。例如，高神经质的人可能痛苦地抱怨自己身体不健康，但他的身体状况其实很好。尽管客观的健康状况对幸福的影响不大，但许多证据表明，幸福可以通过免疫系统对健康状况产生积极作用。与不幸福的人相比，幸福且拥有积极情感的人免疫系统机能更强、生病最少，也更长寿。

（四）婚姻状况和城市居民幸福指数

婚姻是家庭的基础，家庭是社会的细胞，美满的婚姻被视为人们幸福生活中必不可少的一部分。婚姻的基本价值，不仅在于其对婚姻行为主体的苦乐体验意义，同样还在于它的社会意义。婚姻不只是男女双方结合的外在形式，也具有预示个体良好的社会适应和社会地位的功能。婚姻质量的好坏对心理健康、生活满意度有着重要的意义。

婚姻状态与幸福感的关系一直受到多个学科研究者的关注和讨论。近期一项大规模的中国综合社会调查发现，中国已婚群体的幸福感最高，未婚群体次之，分居、离婚群体幸福感较低，丧偶者幸福感最低[①]。为什么结过婚的人更加幸福？通常来说，已婚者比未婚者、离异者、丧偶者拥有更健康的身体、更长的生命、更健康的心理和更高的幸福感水平。

实际上，婚姻状况对居民的总体幸福指数、经济生活满意度、文化生活满意度和人际关系满意度均存在显著影响，而在政治生活满意度、环境生活满意度、健康状态满意度三个指标上不存在显著差异。

婚姻生活是幸福人生的重要组成部分，这一点已被国内外研究者反复论证。婚姻能够为个体提供工具性和情感性支持，从而实现维持个体心理健康和幸福感的保护功能。例如，经济学的资源理论认为婚姻可以通过带来伴侣收入、降低生活成本等从而在一定程度上减少经济负担，两个人结合成为一个经济体，可以共享居所等生活物资，分担生活成本。同时，婚姻代表着一种社会契约，可以提供持久的归属感和稳定的亲密关系，并且伴侣间的日常互动也有助于缓解心理压力，在一定程度上减少负面情绪，增加幸福体验。

城市居民在政治生活、环境生活、健康状态满意度上的无差异表现，似乎在暗示着人们结婚与否，在这些满意度方面并无明显变化。而造成这一结

---

① 池丽萍．中国人婚姻与幸福感的关系：事实描述与理论检验［J］．首都师范大学学报（社会科学版），2016（1）：145-156.

果的原因很可能与现有的政策导向、福利措施、民主权利等有关。在这三方面满意度中我们不难发现，只有健康状态满意度与个体是息息相关的。而健康水平对于满意度的影响更多取决于个体的生活作风、运动量、饮食习惯等，而其他两个方面对于婚姻状况的影响较小。

另外值得我们注意的是，所有的事物并不都是绝对的。随着当今社会的不断发展和变化，人们对于各方面的价值观也有了全新的认知，这也间接导致了社会中不良婚姻的产生。目前在有些地区已婚者的幸福感和生活满意度并不一定比未婚者高，这是因为在现今这种特殊的社会文化环境背景下，婚姻破裂的现象较为普遍。所以，婚姻对人们幸福感的影响还存在某些不确定因素，这主要取决于社会文化氛围对婚姻的态度。

和谐美满的婚姻会带来幸福，促进婚姻和谐美满最主要的因素包括以下三点。

第一，夫妻在态度、价值观上的相似性。和谐美满的夫妻总是在态度、价值观、兴趣爱好等方面具有很多的相似性，他们在恋爱时就被这些相似性所吸引，而随着时间的推移，这种相似不但不会减少，反而会增加。这是因为一对打算结婚的恋人会仔细考虑他们之间的相似和不同之处。往往态度、兴趣、价值观和政治见解相似的恋人或夫妻，对婚姻的满意度也更高，更愿意去积极维持这种亲密状态，为子女提供更稳定的家庭生活环境。

第二，个人的人格特点。有责任心、有能力管理并控制消极情绪的个体，一般很少会因家庭琐事与伴侣之间发生严重冲突。这类人群往往情绪稳定，做事细致果断，所获得的幸福感也较高。而对于比较自恋、悲观并患有焦虑、抑郁、神经质的这类人群，他们往往抗压能力较弱，自信心也不足，在婚姻生活与恋人的相处中往往表现得特别消极，不能很好地处理夫妻关系。例如，自恋的人总觉得自己优于他人，更倾向于来自他人的钦佩与爱慕，同时不愿意接受别人的合理建议，对批评很敏感，对他人缺乏同情心，并有一定的剥削性，经常会因为一些小事而乱发脾气。这类人群在婚姻中一般很难获得幸福。

第三，婚姻中问题的处理。夫妻意见不合在婚姻中是时常发生的事。对双方当事人而言，无休止的争论只会让彼此伤害更深。夫妻间的争论不是一场必须分出输赢的比赛，既不要争强好胜，也不要闪躲规避，更不要使用侮辱性、破坏性的语言或极端的方式去攻击对方。每当发生冲突时，双方都应放平心态，保持冷静，发现问题并解决问题，这才是最好的方法。要设身处地地从对方的角度出发去思考问题，多去想想彼此的付出，尽量做到相互理解、彼此信任。一个好的处理方式，不但能够化解冲突，还会让夫妻关系变得更加和谐。

三、居民幸福感的经济特征

（一）收入和城市居民幸福指数

收入增长的意义就是要提高民众的幸福感，让每一个生活在经济共同体内的个体获得更多的幸福体验。为调和幸福与收入这两种相互矛盾的结果，不同的学者提出了不同的理论，其中包括“收入拐点论”和“收入分类说”。

收入拐点论认为，收入与幸福感之间的关系存在着一个拐点，当收入低于这个拐点时，收入的增加会伴随着幸福感而增加；但当收入高于这个拐点时，即使收入增加，幸福感也是停滞的，甚至是下降的。大量的国外研究支持这一假说，认为收入与幸福感之间存在一定程度的正相关，这种相关关系在低收入人群中更为显著。这一结果包含了来自国家内部的研究与国际的比较。幸福感是可以伴随着收入的增长而提升的，只不过两者不是直线关系，而可能是一种曲线关系，即当收入增长到一定程度时，其对幸福感的提升作用相对减小。

收入分类说将收入分为绝对收入与相对收入，认为是相对收入而非绝对收入对幸福感产生影响。相对收入指的是个体的实际收入相对于某对照组时的个体所处的位置。目前，相对收入的度量方法有两种：第一，研究者选定某些特定的因素为指标定义参照组，如教育、年龄、地域等；第二，根据被试者主观感受到的自己相对地位进行的排名。

在任何一个国家，社会经济地位高的人往往比社会经济地位低的人更幸福。国内的研究给予相对收入对幸福感的影响以一定的关注，相对收入、地位对幸福感存在显著的影响，即相对收入越高，幸福感越强。在绝对收入对主观幸福感作用不显著的情况下，相对收入对主观幸福感影响显著。由于国内关于相对收入对主观幸福感的研究所采用的数据较为陈旧，且存在取样不够全面的问题，相对收入是否对我国居民幸福指数影响较大，仍需要进一步验证。

鉴于此，我们还需要参照考察收入与城市居民幸福指数的关系，以期为探究收入对幸福感的影响提供实证依据。

1. 绝对收入和总体幸福指数的关系

为了解我国现有居民目前的收入情况，可以先将居民目前的收入情况划分为不同收入层次，分别是 5000 元以下、5000 ～ 10000 元、10000 ～ 30000 元、30000 ～ 50000 元、50000 ～ 70000 元、70000 ～ 100000 元、100000 元以上。

为了对不同绝对收入与幸福感的关系有更直观的了解，探究两者之间的关系究竟是直线关系还是曲线关系，此处以不同的收入层次为自变量，对总体幸福指数进行了单因素方差分析。结果显示，绝对收入与总体幸福指数之间并不是简单的直线关系。当收入在 5 万～ 7 万元之间时，总体幸福指数是最高的。之后，伴随着收入的继续增长，总体幸福指数上下波动。但事后检验结果表明，当收入超过 5 万元以后，任意两组不同收入层次人群的幸福感之间的差异不显著，即既没有幸福感的显著提升，也没有显著下降，这在统计学上被认为是一种停滞状态[①]，这种关系与图 1.8 国民收入与幸福指数的关系逻辑相似。

目前对于我国居民的绝对收入与幸福感的关系一直没有明确的定论，有的学者认为两者之间是完全正相关，而有的学者认为两者之间并不是完全的正相关，而是曲线关系。收入的确是维持幸福感的一个重要因素，对于低收入人群尤其如此，但是，收入所提升的幸福感有一个最高极限，一旦达到这一极限，收入的增加将不会导致幸福感的变化。当收入水平较低时，绝对收入的增长可以提升幸福感，然而，当收入达到一定水平后，绝对收入对其作用会变弱。

我国居民人均收入与幸福感之间的关系与上述结论相符。必须指出的是，两者间为曲线关系并不能否认两者的正相关。同样，两者在统计学上表现为正相关时并不代表它们的关系一定为直线关系。正相关结论与曲线关系是不矛盾的。结论的不同，很大程度上是由于数据分析方法导致的，而将收入分层似乎是得出曲线关系的前提条件。收入与幸福感的关系之所以不确定，很大程度上是因为研究方法、研究年代差异所导致的。

2. 相对收入和总体幸福指数及领域幸福指数的关系

城市居民的总体幸福指数与相对地位以及欲望满足程度都呈显著正相关；领域幸福指数中经济、政治、文化、环境、健康状态满意度与两类相对收入指标也均呈显著正相关；而人际关系满意度与欲望满足程度呈正相关，与相对地位相关性不显著。

虽然绝对收入与总体幸福指数呈现为显著正相关，但幸福指数随绝对收入的变化并不是呈直线型的，而表现为一种曲线。总体幸福指数随相对地位的变化基本呈直线关系，相对地位越高，幸福感越高。当收入是当地平均收入的 3 倍以下时，收入的增长伴随着幸福感的显著增长；当收入是当地平均

① 黄希庭，程翠萍，岳童，等．城市幸福指数研究［M］．重庆：重庆出版社，2020：92-95.

收入的3倍以上时，幸福感虽然仍然随着相对地位增加而增加，但变化却已经不再显著。

收入对主观幸福感的影响取决于个体进行社会比较的标准和随时间变化的个体期望，即相对收入对幸福感的影响要大于绝对收入。和绝对收入相比，相对收入对主观幸福感的影响程度更大，相关性也更强。相对收入对幸福感的重要作用在于，幸福感随着相对收入的增加而增加，两者呈线性变化趋势，并且相对收入对幸福感的影响相对于绝对收入更大一些，当加入相对收入时，绝对收入对幸福指数的作用减小了。当控制了绝对收入后，相对地位以及收入欲望满足程度对总体幸福指数仍有很大的影响。

相对收入对幸福感的影响部分源于对自身收入水平相对地位的判定，即来源于与他人的社会比较。个体生活在社会群体的中间层会更幸福，而位于贫穷层幸福水平较低，下行比较使人们觉得更幸福；相反的，上行比较会降低幸福感。个体的幸福感与邻居的收入呈负相关，邻居收入越高，个体越不幸福；反之，邻居的债务越多，个体越幸福。在收入不平等但较低的年代，人们的幸福感要高于收入不平等但较高的年代，并且，收入不平等对幸福感的影响不是由于较低的收入引起的，而是由人们感知到的收入分配的不公平性以及对分配方式的不信任引起的。这种由收入不平等带来的感觉就是相对剥夺。相对剥夺越低，幸福感越高，即内心感觉良好、收入较高、地位优越的个体其相对剥夺感较低，从而主观幸福感较高。而减少收入不平等和由于收入不平等产生的相对剥夺感，对于提升幸福感具有非常重要的意义。

相对收入对幸福感的影响同时也来自自身的比较。个体把自己与多种标准进行比较，这些标准不仅包括他人，还包括自身的抱负、满意的理想水平、需要或目标等。个体期望收入与实际收入落差太大就会降低幸福感。期望收入与实际收入越接近，个体就越幸福，其对总体幸福指数的影响甚至要大于绝对收入与相对地位对总体幸福指数的影响。

由此可见，居民收入与幸福指数的关系相当复杂。在我国当前情况下，绝对收入对主观幸福感的影响的确存在一个临界值，收入低于这个临界值时，幸福感随收入增加而提高；收入高于这一临界值时，幸福感则会趋于停滞。此外，相对收入对总体幸福指数的影响要远远大于绝对收入，绝对收入对幸福感的影响可能是通过相对收入起作用的。换言之，收入之所以能够影响人们的主观幸福感，不是源于收入本身，而是源于社会比较以及欲望满足程度。社会比较可能通过使人们注意到收入不平等并因此产生相对剥夺感来影响主观幸福感，对于因过度比较而幸福感偏低的人群，应帮助他们树立正确的社会比较观；个体对金钱的欲望满足程度以及金钱欲望背后的消极动机对于总体幸福指数也有很大影响。

在国家层面，在发展经济、提高国民收入的同时，还应该减少收入不平等现象，从而减少国民的相对剥夺感。如果一个国家的低收入群体规模较大，此时增加收入会使国民产生强烈的幸福体验，进而导致整个国民幸福指数的显著提高。

基于我国国情，为提升国民幸福指数，当务之急是改善弱势群体的生存质量。自党的十八大以来，国家自上而下，按照精准扶贫、精准脱贫的方略谋划，进行了一系列的顶层设计，包括建立了中央统筹、省负总责、市县抓落实的工作体系；在财政、金融、土地等方面出台了一系列围绕贫困人口脱贫和贫困地区经济发展的相关政策等。

在个体层面，则应该培养个体自身对金钱的正确态度。由于存在攀比心理，个体的幸福指数在很大程度上还受他人收入的影响。因此正确的金钱收入观对幸福感的影响不容忽视，这些因素主要是通过人格、动机等中介变量对个体的主观感受产生影响，进而影响主观幸福感。形成积极的金钱动机，培养健全的人格品质对提高心理和谐、提高主观幸福感十分重要。

（二）住房和城市居民幸福指数

住房是财富的一个具象表现，也是一项基本人权。住房不仅关系国计民生，还关乎国民幸福水平。居民住房问题的核心在于如何实现“住有所居”的目标，而实现这一目标的主要途径就是买房或租房①。对大多数普通中国居民来说，住房问题对个体幸福感有很大影响，甚至拥有住房能够提高个体的主观幸福感已经成为社会的一种共识。

住房是影响城市居民幸福指数的保障性因素之一，家庭越早拥有住房，所带来的生活质量提高和其自身的资产增值效应表现得越充分，居民的幸福感越高②。房屋的居住属性（房屋房间数目、房屋人均使用面积和房屋已使用时间等）均对居民主观幸福感有显著的正向影响。

住房和主观幸福感的关系并非简单线性，而是存在一些不同的发展规律。平均而言，大产权住房给首次置业和二次置业这两个居民群体带来的幸福感提升幅度并没有显著差异。城市居民住房的绝对不平等影响了其幸福感，住房数量显著提高居民的主观幸福感，而住房面积对幸福感呈现“倒U形”的影响，居民住房的相对不平等对幸福感具有显著的负向效应。此外，排除家庭收入的干扰，人均住房面积对家庭生活满意度不具有显著的预测力。

鉴于住房和幸福感密切的联系，对城市居民的幸福指数和住房状况的关系进行深入研究很有必要。研究表明，不同住房状况城市居民的总体幸福指数和领域幸福指数之间均有显著性差异，自有住房的居民的获得感和满足感明显强于租房者，自有住房的居民可以在自有住房中进行符合自己要求的装饰和改动，居住更稳定，没有被迫搬家的困扰，同时，自有住房也是居民进

---

① 张翔，李伦一，柴程森，等．住房增加幸福：是投资属性还是居住属性？［J］．金融研究，2015（10）：17-31.

② 朱帅，郑永君．住房对农民幸福感的影响机制与效应——基于经济、居住和象征价值维度的实证［J］．湖南农业大学学报（社会科学版），2018（3）：66-71.

行投资理财的一种手段，有利于财富的积累和生活质量的提高。由此可见，自有住房的城市居民的总体幸福指数显著高于租房者。

住房情况对居民的幸福指数各方面均有显著影响，表现为自有住房居民的平均得分显著高于租房居民。收入类型和住房情况的交互作用对经济生活满意度和文化生活满意度有显著影响。通过进一步进行简单效应分析发现，对低收入居民而言，住房情况对其经济生活满意度和文化生活满意度都无显著影响。而对中、高收入居民而言，自有住房者相对租房者的经济生活满意度和文化生活满意度更高。

总体上，住房情况对居民的幸福指数各方面均有显著影响，表现为自有住房居民的平均得分显著高于租房居民；相对低收入居民，不同住房情况对中、高收入居民的经济生活满意度和文化生活满意度的影响尤为明显。住房不仅对我国居民的幸福指数影响较大，且对不同收入类型居民幸福指数的影响程度不同，即相对低收入居民，中、高收入居民在幸福指数的某些方面受住房情况的影响更大。出现这一结果，可以从居民的心理需要和客观存在的问题两个角度加以解释①。

1. 住房在国民心中具有超越满足居住需要的特殊意义

第一，"土地情结"是中国传统社会思想价值观念的重要内容。对住房的独特情感正是国民土地情结的一种直观的表达方式。住房投资不仅是经济投资，更寄托着国民的情感需求。在"居者有其屋"观念的影响下，国民明显偏好自有住房的居住方式，认为自有住房是具有归属感的象征，而租房只是经济实力不足的无奈之举，虽然当下的用房思维开始慢慢转变，但是自有住房依旧是传统的主体意识。

第二，"面子观"是中国社会行为的重要逻辑基础，人们十分看重面子背

① 黄希庭，程翠萍，岳童，等．城市幸福指数研究［M］．重庆：重庆出版社，2020：107-110.

后关乎个人身份地位的象征意义和符号资源，住房便是其中之一。住房作为家庭财产的重要组成部分，明显具有个人财富、权利、品位的象征意义，其质量常常成为人们进行社会地位评价和认定的重要依据。由此可见，自有住房有助于个体获得对自身有利的外界评价，进而满足人们对“面子”的需求，而租房则会被外界认为是个人能力有待发展、事业尚未成功等不利于自身面子的象征。综上所述可以发现，相对低收入居民，中、高收入居民的基本生存需要已获得较大满足，随之对高层次需要更加敏感和关注，相对更多受到上述“土地情结”和“面子观”的影响，对自有住房和租房赋予更广泛的象征意义，这都可能在一定程度上影响居民的幸福体验。

2. 住房问题在我国客观存在

我国不同收入类型的城乡居民所面临的困难基本相同，住房问题始终高居前三。随着我国城市住房供应制度的重大调整，城市居民的住房模式逐渐由福利分房向购买商品房或二手房转变。同时，由于房价涨幅明显，购房消费作为国民消费比重最大的项目之一，相应带来许多显性和隐性压力，对国民的幸福体验造成较大影响。

安居乐业是普通居民所向往的美好生活状态，住房是重要的民生问题。目前我国已初步建立起以共有产权房、公共租赁房等为主要内容的住房保障体系。然而，仍未能完全有效地满足居民的住房需要，保障体系各项建设既是当前影响民生的重要短板，也是实现全体人民住有所居亟须解决的关键问题。为此，不少研究者在住房保障这一领域进行了深入探索。例如，“共享住房”可以作为保障性居住资源生成与配置的新路，遵循这一路径政府部门能通过平台整合、网络交易、信用共享和系统监管等措施，优化潜在住房资源的配置效率[①]。也有研究者基于福利体制理论视角，统计分析发现住房保障支

① 王祖山，王竞．共享住房：保障性居住资源生成与配置的新路［J］．中南民族大学学报（人文社会科学版），2019，39（2）：101-106.

出与经济发展水平之间存在“倒U形”曲线关系。他们结合住房保障发展不平衡、不充分的表现和成因分析，从精准施策、完善绩效考核、多元供给和行政协同等方面提出优化住房保障制度的政策建议①。还有研究者重点关注低收入群体的住房保障问题，认为政府部门需要强化动态监管，兜牢“弱有所扶”的底线；落实政府主体责任，织实“弱有所扶”的密网；构建多元参与机制，健全“弱有所扶”的机制②。

总之，住房保障体系作为政府解决城市居民住房问题的重要手段，其政策效果关系到经济发展和社会稳定的大局，直接影响到城市居民的幸福感和获得感。

（三）区域和城市居民幸福指数

中国地域辽阔，各个区域不仅地理环境、历史人文、经济发展水平、民族构成不同，而且在文化传统、生活方式等方面也存在着较大差异，这些都在一定程度上影响不同区域居民的幸福指数。例如，城乡差异是中国地区发展不平衡的重要体现。经济发展水平以及生活方式存在差异是城乡相区别的重要特征，这种差异可能会导致影响两地区居民幸福感的主要因素不尽相同。在城市地区，住房问题（房价、产权、面积等）与居民幸福感密切联系，住房形势越严峻，幸福感越低；而在农村地区，较之于城市，住房问题并不严峻，因此对幸福感影响也并不大。再如，中国内陆和沿海地区的发展差异较大。内陆地区由于地理位置远离海洋，海拔高，气候不佳，交通不便，经济发展水平较为落后；沿海地区交通便利，气候宜人，发展起步早，经济贸易发达，人民生活水平较高。内陆和沿海之间的差异很可能对城市居民的幸福

---

① 张超，黄燕芬，杨宜勇．住房适度保障水平研究——基于福利体制理论视角［J］．价格理论与实践，2018（10）：20-25.

② 陈成文，黄利平．论住房保障与实现新时代“弱有所扶”［J］．城市发展研究，2019，26（3）：1-5.

感有影响。此外，南方和北方也有不同的风俗人情，不同的地理环境，导致了不同的文化和社会发展程度，城市居民的生活水平并不完全相同。我国的东部地区、中部地区、西部地区也存在明显的差异。目前，中部和西部地区的发展速度逐年提升，但生活在不同地区的人民所享受的环境、教育、医疗、养老资源差异较大，不同区域经济社会文化特色各异，人们的幸福体验也会不同。

为了探究幸福感的区域差异，此处对全国不同发展水平城市之间的幸福指数进行了系统研究，根据不同划分标准，分别统计了内陆和沿海地区，中、东、西部地区，华北、东北、华东、中南、西南、西北地区，一、二、三、四线城市的幸福指数的差异。

1. 内陆、沿海、南方和北方城市居民的幸福指数

沿海地区居民的文化生活满意度和健康状态满意度的平均得分显著高于内陆地区居民，其他方面均无显著差异。沿海地区的医疗水平较内陆更为发达，自然环境也更为优越，文娱活动丰富多彩，这些或许可以解释为什么沿海地区城市居民的健康状态满意度更高。

地理学上以“秦岭淮河”一线为分界线，将中国分为南方和北方，此处也采用此分法。除了人际关系满意度这一领域幸福指数，南北方城市居民的总体幸福指数和其他五个领域幸福指数均存在显著性差异。根据央视主办的《中国美好生活大调查》[①] 数据显示，北方的人幸福感高于南方，北方的幸福指数为47.62%，而南方的为43.48%。北方人性格更加豁达、奔放粗犷、热情外向，更容易感受到生活的幸福，南方人大多清秀、心思比较细腻，所以幸福感相对比较低一些[②]。

① 中央广播电视总台财经节目中心，国家统计局，中国邮政集团有限公司．中国美好生活大调查［R］．北京：中央广播电视总台，2021.

② 黄希庭，程翠萍，岳童，等．城市幸福指数研究［M］．重庆：重庆出版社，2020：113-118.

2. 东、中、西部地区城市居民的幸福指数

东、中、西部城市居民的总体幸福感水平大致相当，但在具体某些领域的幸福体验存在差别。这与过去的研究结果比较一致，东部、中部与西部幸福感均处于中上等水平，但三区域间幸福指数存在显著差异，东部与西部的幸福指数显著高于中部。究其原因，一方面在经济快速发展和社会急剧转型、各种社会问题凸显的时代背景下，城市居民能达到这样的幸福水平已经较好；另一方面，社会整体上较为安定、经济也在持续发展，人们的生活水平仍处于上升的趋势，城市居民的幸福感水平高于均值也是合情合理的。

3. 华北、东北、华东、中南、西南、西北地区城市居民的幸福指数

参照《中国行政区域划分》标准，也可以将中国分为华北、东北、华东、中南、西南、西北地区，此处也选用此分类。除政治生活满意度存在显著差异外，城市居民在总体幸福指数和其他领域幸福指数均无显著差异。结果表明，以这样的划分标准，中国不同区域的城市居民在大多数方面的幸福体验水平是相当的。

4. 一、二、三、四线城市居民的幸福指数

除了前面几种划分方法，还可以借鉴一、二、三、四线城市的概念，将其命名为不同发展水平的城市。此类将城市按照“一至四线”划分的方式，主要考虑了城市的经济发展水平，以及对政治地位、城市规模、区域辐射力等方面的考量，这一划分方式在房地产界比较流行。借鉴中国社会科学财政与贸易经济研究所和房地产业的划分标准，并以经济学领域中城市发展水平研究为参考，综合考虑近年来各城市所具备的政治地位、城市建成区的发展规模和对周边区域的辐射力，我们将全国城市划分为四个水平线，具体划分如下：一线城市包括北京、上海、广州、深圳；二线城市包括其他直辖市、副省级城市、计划单列市、部分经济发达省会城市以及经济非常发达的地级市，例如重庆、武汉、杭州、大连等共计 36 个；三线城市包括除一、二线城

市以外的其他省会城市、比较发达的地级市和在其省域单元具有较强影响力的以及具有战略意义的地级市，如银川、柳州、日照等共104个；四线城市包括一、二、三线城市以外的其他城市，包括其他地级市、县级市及某些较大的县城。对一、二、三、四线城市居民在总体幸福指数和领域幸福指数各维度上的得分进行单因素方差分析，结果显示，无论是在总体还是分领域幸福指数上，不同发展水平城市居民的幸福指数均存在极其显著的差异。

总体幸福指数与各领域幸福指数表现出了从一线到四线显著上升的趋势。进一步的检验发现，在总体幸福指数以及经济、政治、文化、人际、健康各领域幸福指数得分上，仅二线城市与三线城市间差异不显著，其余两两之间差异均非常显著；而在环境生活满意度上，表现出任意两种发展水平的城市间的得分差异均非常显著。这表明，不同经济发展水平的城市之间的居民幸福感有明显差别，但并非经济越发达的城市，生活得越幸福。恰恰相反，经济发展水平较低的城市的居民总体幸福指数和各个领域幸福指数反而更高。这一结果与之前的幸福城市的调查结果较为一致，经济处于全国领先水平的一线城市诸如北京、上海、深圳、广州等城市，并没有出现在幸福城市名单的前列。

总的来说，中国城市居民的幸福指数存在一些区域差异。大致表现为，经济中等发达地区城市居民、中部地区、北方城市居民的幸福感最高，东部沿海经济发达地区和西部经济相对落后的欠发达地区的城市居民幸福指数则相对要低一些。通过此项研究提供的信息，我们建议首先可以针对边远地区和区域进行重点援助，同时在规划和建设城市、城市群中要制定积极有效的财税、金融和产业政策，把重点放在对非城市群、城市群的边缘区的资助和扶持。同时，对于经济发达的地区，政策制定者应多关注弱势群体民生方面，尤其是注重房价和医疗卫生政策的调控。

第二节　居民幸福指数的影响因素

一、影响居民幸福指数的社会因素

追求幸福是人类永恒不变的动机。从某种意义上来说，人类文明史，就是人类不断追求自身幸福生活的历史。从我国传统文化来讲，不论儒释道，都十分重视对幸福的追求。如何“为中国人民谋幸福”更是得到国家的高度重视。在这种时代背景下，学界掀起了一股幸福研究和实践的热潮，并取得了丰硕的研究成果。

此处对一个国家城市居民的总体幸福指数（包括总体生活满意度、情绪、意义、横向纵向比较的满意度）和领域幸福指数（包括经济生活满意度、政治生活满意度、文化生活满意度、健康状态满意度、环境生活满意度和人际关系满意度）进行了系统性考察，发现了当前城市居民幸福指数的特征和现状，这对于国家民生政策的制定和社会经济的发展具有重要的参考价值。面对上述研究结果，我们还想进一步探明目前中国城市居民幸福指数背后的原因。因为只有了解了是什么因素引发了这一结果，才能有针对性地制定相关政策或措施来提升城市居民的幸福指数。此处综合前人的相关研究，对国家居民幸福指数的影响因素进行分析和探讨，达到更加深入地认识我们的研究结果的目的。

有很多因素可以影响城市中居民的幸福水平，可以从以下几个方面进行分析。一方面，城市作为众多异质性人口的聚集地，其政治、经济、文化、自然环境都会对居民的幸福水平产生影响，这也是城市居民幸福指数存在区域差异的重要原因，因此有必要从以上社会因素来进行宏观分析和探讨。另一方面，幸福也是一种个人感受、人生态度和一种能力，它会与外界社会环境发生复杂的交互作用。如果一个人没有获得幸福的能力，缺乏必要的物质基础，没有树立正确的价值观和生活态度，甚至本身就缺乏“幸福特质”，那么即使是身处令人满意的生活环境中，个体也会经常郁郁寡欢。在对中国城市居民幸福指数的现状进行分析时，个体因素也是必不可少的考虑对象。

综合来看，幸福指数的影响因素可以从系统论的角度进行整合分析，如此才能更为全面地认识人们的幸福。基于以上考虑，此处将分别从社会和个体两个角度探讨导致中国城市居民幸福指数现状的原因，在此基础上总结阐述幸福指数的系统观。

（一）政府调控因素

一个国家的政府会主导和影响一个国家的发展模式，国家的政策会通过政府的职能部门触及整个社会的每一个方面和角落，影响着每一个居民的生活，影响着整个社会的发展和前进。政府的行为和表态往往会极大影响居民的生活体验和幸福感知，所以提高居民的幸福感，以及如何提高居民的幸福感是各级政府工作的关键。

1. 国家公共支出对居民幸福感的影响

国家支出和经济转型有利于提高居民幸福感。居民幸福感下降的原因包括经济收入的不平等、波动性大、不确定性程度高及人们的期望水平不断上升等因素。同时，不断恶化并且质量和数量都得不到保障的公共物品也是降低居民幸福感的原因之一。计划经济阶段的公共物品基本都是免费的，而随着经济转型，资源不断减少的同时，公共物品的供应量也越来越少，且经常需要付费才能使用，导致居民可支配的收入减少，从而使居民幸福感受到影响。近年来，研究者开始关注居民幸福感受公共结构的影响，这也从侧面说明其对居民幸福感提升的重要作用。

为什么公共产品的提供能够提升居民幸福感？主要原因有两点：第一，个人的攀比通常会降低人们的幸福感，而政府支出实际上是重新配置税收收入，使人们将相互竞争的个人消费往大众共享的公共产品上转移，从而减少个人攀比行为；第二，更多公共产品的提供为居民生活提供了便利、节约了开支，使居民用于其他方面的消费能力提高，对提升居民幸福感非常重要。随着物质产品越来越丰富，人们对基本公共事业也有了更多需求，包括安全、健康、环保、教育等，这些都是提升居民幸福感的重要因素，也是体现政府以及社会组织能力的重要方面。

扩大公共支出可以提升居民的幸福感，但需要通过增加居民的消费才能实现，当消费受到限制时，公共支出对居民幸福感的影响会明显降低，主要原因有两方面：一方面，真正能够提升居民幸福感的公共支出是关于教育、医疗卫生、社会保障等社会性支出，其他支出基本不能提升居民的幸福感；另一方面，不同收入等级的居民对幸福感提升的需求不同。通常情况下，由于低收入人群的消费水平更低，对公共支出的依赖程度更高，因此政府的公共支出更能提升低收入人群的幸福感。这从另外一个角度说明了公共支出对居民幸福感的重要性。

鉴于以上的分析，笔者认为提升和扩大社会公共支出是增加居民幸福感的重要手段。在社会保险保障方面，城市社会中拥有社会保险的居民的幸福水平要高于没有社会保险的居民，而在农村社会中有无社会保险保障的两类人群中在幸福感上的差异并不是显著；在医疗方面，不论农村还是城市，医疗支出与居民的幸福感均成反比，即居民的医疗支出越高，其幸福水平越低，这说明医疗支出越高，生活费用和生活负担越高，同时也从一个侧面反映出身体健康存在问题也会影响个人的幸福水平。

2. 政府治理质量对居民幸福感的影响

在研究公共支出与居民主观幸福感的问题时，必须考虑制度因素。政府的治理水平较高，可以发挥公共物品的作用以弥补市场缺陷。总体来说，政府公正制度等维度的政府治理程度的改善能够显著增加居民主观幸福感。

综上所述，政府调控因素在居民的幸福感提升上的作用不可或缺，以人为本的政策是个体幸福感的必要前提。增强政府的服务意识，提升民众的幸福感是转型期政府下一步的发展目标。幸福国家的基本国策应该是：①注重公平分配，缩小收入差距，防止财富向少数人集聚；②健全公共服务，实行全民福利，消除特殊群体对公共资源的侵占；③推行集约经济，提倡节俭生活，改变浪费资源的生产方式和生活方式；④倡导情感关爱，改善人际关系，遏制损害他人的获利行为；⑤创建幸福文化，普及幸福知识，走出认知误区。

（二）经济发展因素

对很多国家和地区而言，经济发展也被认为是提高幸福指数的物质基础，但目前来看，经济中等发达地区城市居民、中部地区、北方城市居民的幸福感最高，东部发达地区和西部欠发达地区的城市居民幸福指数相对较低。

收入差距带给个体的负面心理影响是多方面的，具体包括：第一，收入差距会产生“相对剥夺感”，这在很大程度上能够削弱进而影响人的幸福感。“相对剥夺感”是指人们通过与参照群体的比较而发现自己处于劣势时所产生的一种被其他群体剥夺的负面心理体验，进而产生消极的感受。第二，一部分人采取了超越自己经济支付能力的消费方式。虽然居民收入在提高，幸福感却在不断降低。与此同时，金钱竞赛提高了人们对物质生活水平的期望，只有更快的绝对收入增长才能确保幸福水平不下降[①]。第三，人类与生俱来具有

① 吴英杰．中国现代化过程中的国民幸福变化与区域差异比较［J］．生产力研究，2015（9）：80-82.

社会偏好，正是由于人类与生俱来的收入不平等厌恶，从而使过高的收入分配差距对个体的主观幸福感产生负面影响。

综上所述，区域经济的迅猛发展或许在超过一定的水平后，并不会给其所在辖区的民众的幸福体验带来直接的效应。相反，由于整体经济发展水平的提高而导致的贫富差距的增大以及可能的金钱竞赛效应给居民带来的心理压力，在发达的经济体中生活反而会降低个体的幸福体验。这可能也是目前众多城市居民选择生活在二三线城市的一个重要原因。然而，这并不意味着经济发展不再重要，没有一定的经济基础不可能有真正意义上的幸福感。

（三）自然环境因素

自然环境的优劣也会给居民的幸福感带来很多影响，生存环境体验的优劣，对身体健康的担忧等会成为影响居民幸福感的重要因素。

城市居民的环境生活满意度不容乐观，表现为随着城市经济发展水平的提升而生活满意度却逐渐降低，且城市底层居民的感受更为明显。前人研究表明，对环境的满意度是影响居民总体幸福指数的重要因素。例如，杨玉文和翟庆国以我国东北地区的哈尔滨、长春、沈阳和大连四个省级和副省级城市为研究对象，探讨我国城市居民的环境满意度与个人幸福感的关系，结果发现环境满意度是个人幸福感最为显著的影响因素之一[①]。不仅如此，环境污染还会影响个体的身体健康水平。虽然经济的快速发展提高了人民的生活水平，但是居民的生存环境却不同程度受到影响，社会健康成本有所增加。在这种条件下，居民的幸福感水平势必难以提高。

接下来我们分别从主客观条件论述环境污染对个体幸福感的影响，并探讨环境污染影响个体幸福感的异质性问题。

① 杨玉文，翟庆国．城市环境对居民幸福感的作用机理研究［J］．生态经济，2016（3）：194-197.

1. 主观感知环境污染程度因素

人类是自然界长期发展和进化的结果，居民的生存环境（自然环境和社会环境）对主观生活满意度有重要的影响。良好的环境不仅对人类的身体有益[①]，还能让人的身心都达到良好的状态，减少诸如焦虑等负面情绪，提高人们的幸福体验。当人处于良好、优美的自然环境中，相较于处于普通的都市环境，幸福感会更高。相反，恶劣的环境会让人觉得痛苦，进而损害这一区域居民的整体幸福感水平。

2. 客观存在的环境污染因素

环境的好坏不仅会影响居民的主观感受水平，还会通过其他渠道来影响其幸福体验的高低。以空气污染为例，它主要通过以下渠道影响居民的主观幸福感：①空气污染危害居民的健康，污染或者含有有毒成分的空气容易引起居民身体出现各种疾病，尤其肺部的疾患，进而降低居民的主观幸福感。②空气污染给居民生活造成不便，进而对居民幸福感产生影响。③环境污染还会造成严重的社会问题。例如，道路通行效率下降。这些会带来种种社会冲突与矛盾，形成社会不稳定因素，使居民的幸福感受到影响。

3. 环境污染影响幸福感的异质性因素

研究空气污染与居民幸福感时必须考虑环境污染的不公平性问题。低收入人群居住的社区环境比较差，而且他们无力治愈因环境污染而患上的疾病，更加剧了环境污染对他们幸福感的负面影响[②]。社会不平等状态下的其他弱势群体，如病人、老年人、受教育水平低的人应对污染的能力也较弱，因空气污染承受的风险比一般人更大。关注环境污染的不公平性非常必要，若社会经济地位高者因排污行为获得的收益远大于付出的成本，而弱势群体成为主

① 黄永明，何凌云 . 城市化、环境污染与居民主观幸福感——来自中国的经验证据［J］. 中国软科学，2013（12）：82-93.

② 黄永明，何凌云 . 城市化、环境污染与居民主观幸福感——来自中国的经验证据［J］. 中国软科学，2013（12）：82-93.

要的受害者，势必会加大社会矛盾。

经济地位较高的群体享受了以环境为代价的大量福利，却利用其经济优势将环境影响后果和环境治理责任不对称地转嫁于贫困的弱势群体，而穷人相比富人规避环境污染的能力较弱，这种“环境收益—成本”的不平等将会对人们的幸福感造成相对剥夺，使得低收入群体承受更大的幸福感损失[①]。

综上所述，假设一个国家在严重依赖资源和能源消耗的城市化进程中造成了环境污染，那么居民将为此付出代价。这种代价不仅直接影响个体的主观生活满意度，还通过危害个体身体健康、生活便利性等方面间接降低个体的幸福感水平。为了实现增进国民幸福感的民生目标，治理环境刻不容缓。

（四）文化休闲因素

文化休闲活动作为人类不可或缺的生活方式，对于个体身心的放松、积极情绪的增加、焦虑的释放等方面都有着重要的意义。而休息、放松、品尝美食和业余活动这些方式都有助于提升幸福感的短期效应。例如，人们在参加业余活动和团体活动时都能够增强个体的幸福感，特别是在参与像舞蹈、音乐、义工或体育锻炼等活动时。总体来说，经济发展水平越高的区域，休闲文化越盛行的区域，居民的文化生活满意度也会越高。

很多国家在经济转型过程中，出现了很多新的问题，社会矛盾也越来越突出，情况也变得越来越复杂，这在一定程度上也间接降低了人们的幸福感。同时，部分不良的社会风气也让人们的心态开始发生变化，不仅浮躁，精神财富方面也出现了缺失，这也是幸福指数下降的原因。这让研究者明白了幸福指数的提升离不开精神文化建设，具体而言，要“以人为本”才能真正提升国民幸福感，并将国民幸福感的提升作为社会全方位发展的出发点和落

① 李梦洁．环境污染、政府规制与居民幸福感——基于 CGSS（2008）微观调查数据的经验分析［J］．当代经济科学，2015（5）：59-68.

脚点。

文化休闲生活对国民幸福指数的影响主要有以下三点。

第一，文化建设与经济发展是相互影响、相互促进的。文化休闲活动是需要通过经济来换取，同时也是通过经济参与可以被娱乐、被消费的“再创造性”社会经济形式。休闲经济不但刺激了国民消费，还推进了经济增长，主要体现在三个方面：①休闲经济加速了货币的回笼，从而使资本获得增值；②休闲经济创造了更多就业岗位；③休闲经济将国民经济进行了再分配，从而缩短了贫富之间的差距。在社会的不断发展过程中，休闲经济的作用会越来越大。经济水平的提高保障了公民拥有并享受休闲生活的时间和质量，而经济发展的最终阶段应该是人们的生活质量越来越高，生活品质得到有效提升，同时享有的休闲时间也随之增多。这也解释了我们所得出的研究结果中，为何居民的文化生活满意度与区域经济发展水平有如此高的关系。

第二，文化建设影响个体切身的幸福感体验。文化休闲活动主要通过两种方式影响个体的幸福感水平：①文化休闲活动可以提高个体的积极情感，同时也可以增进个体之间的交往，尤其是对兴趣爱好相同的个体，可以增进交流和能力的进步；②文化休闲活动可以改变或者调节个体的身心健康水平向更健康的方向发展。这是因为，存在健康问题的个体，需要在健康和养生方面投入更大的精力来维持自身的健康水平，不仅在生理上需要承受痛苦，还要在心理上承受着诸如指标恶化、身体出现更多问题的心理压力，甚至会降低个体在生活中的自信心和创造力，所以需要不断消耗更多的资源，这也同样让个体周围的家人和朋友承受着或轻或重的压力，并且个体难以从外界获得支持和理解。此时，文化活动给予个体的支持与归属感显得尤为重要。总之，积极参与文化休闲生活对城市居民的幸福体验有积极的影响，这也可能是重视休闲文化和精神生活的地区居民有普遍较高的文化生活满意度和总体幸福感的重要原因。

第三，文化建设可以通过弘扬积极的价值理念来提升幸福指数。文化建设可以促进民众形成正确的人生信念、人生观以及积极向上的价值理念，这对于幸福指数的提高具有重要的价值。以我国传统儒家和道家思想为例，儒家学说的价值观里更重视人际关系的和谐和家族家庭一体化的观念，把群体和家族的幸福放在首位，把促进整个群体的幸福作为个体的责任；同时儒家学说强调学思并重、反思自省，注重自我的磨炼和觉醒。道家学说的价值观主张人要返璞归真、回归自然，提倡无为不争、淡泊名利、知足常乐，以恢复人性原始、质朴的状态。

以我国为例，目前随着我国人民群众对精神文化生活越来越热衷和重视，国家也在大力开拓文化休闲项目。近年来，我国城市的公共设施建设正在逐渐完善，越来越多的人将在图书馆、博物馆、影剧院、体育场馆及展览会中体验知识与休闲带来的快乐。随着经济更高质量的发展和更人性化政策的制定，一定可以使居民更多地通过休闲文化活动提高自身的幸福感水平。

二、影响居民幸福指数的个人因素

人人都想过幸福的生活，但幸福感存在很大的个体差异。在日常生活中，我们不难发现，有的人即便身处逆境依然感到很幸福，有的人尽管处境优越却还是感到不幸福。综合来看，人们生活在社会环境中，其心理体验既受社会氛围的影响，也受自身生态系统的调节。在从社会层面分析了何种因素会影响居民幸福指数后，有必要再从个体层面来探讨具备何种特质和属性的城市居民更易于获得幸福体验，以期为今后制定居民幸福指数的提升策略和进行个体干预提供参考。

（一）人格因素

上文分别从不同的人口学变量的角度描述了居民幸福指数的特征，但是，这些变量对每个个体的影响是不同的。不同个体即使面对相同的外界环境，其反应倾向也会有差异，因此我们有必要分析人格特点是如何影响人们的幸福感的。

1.“大三人格”和幸福感

英国心理学家艾森克在对人格维度分析分类时提出了“大三人格”的理论，这个理论从神经质、精神质和内外倾三个角度来研究人格与幸福感的关系。幸福感可称之为稳定的外倾性幸福感中的一类积极情感，它与善于社交活动的性格有关，拥有这样的性格的人更容易与他人自然和谐快乐地相处。在某些特质中，如社会活动、与外界交往交流、充满活力时等，都会产生积极情感，另外一些特质如焦虑、担心、自卑、胆怯等，则会产生消极情感。而这两组特质群体分别具有较高的内部一致性，共同构成人格特质中的外倾和神经质。

2.“大五人格”和幸福感

所谓“大五人格”或“五因素模型”是由美国心理学家塔佩斯提出的人格理论。其中包含的五个人格是：外倾性、神经质性、开放性、宜人性和责任心[①]，下面逐一解释。

外倾性（Extraversion）：表现出热情、社交、果断、活跃、冒险、乐观等特质。

神经质性（Neuroticism）：难以平衡焦虑、敌对、压抑、自我意识、冲动、脆弱等情绪的特质，即不具有保持情绪稳定的能力。

开放性（Openness）：具有想象、审美、情感丰富、求异、创造、智慧等

① 彭聃龄．普通心理学［M］．北京：北京师范大学出版社，2012：67-69.

特质。

宜人性（Agreeableness）：具有信任、利他、直率、依从、谦虚、移情等特质。

责任心（Conscientiousness）：显示胜任、公正、条理、尽职、成就、自律、谨慎、克制等特点。

在“大五人格”中，外倾性、神经质性与幸福感的关系重复验证了“大三人格”与幸福感的研究结论，即外倾性与积极情感存在正相关，能够提高幸福感，而神经质性与生活满意度和积极情感存在负相关，与消极情感存在正相关，会降低幸福感。开放性同时与积极情感和消极情感存在正相关，宜人性和责任心与幸福感的关系模式是一致的，即与生活满意度和积极情感存在显著正相关，与消极情感存在显著负相关，因此能够提高幸福感。

外倾导致积极情感，神经质性导致消极情感，主要是由于气质的作用。外倾者比内倾者更易高兴和活泼，而情绪不稳定的个体更易于产生消极情感。开放性能同时增强个体对积极和消极情绪的体验，对幸福感具有经验性的作用。宜人性和责任心通过创造使人快乐的环境及生活事件而对幸福感具有工具性的作用，这些工具性的人格特质引导人们去面对特殊的生活事件从而影响幸福感[①]。

3. 健全人格和幸福感

健全人格也被称为理想人格或完美人格。健全人格者能以辩证的态度看待世界、他人与自己，过去、现在和未来，顺境和逆境，是一个自爱、自立、自信、自省、自强的幸福进取者。由此可见，培养幸福进取者是健全人格养成教育的目标。

---

① 张兴贵．人格与主观幸福感关系的研究述评［J］．西北师大学报（社会科学版），2005（3）：99-103.

（1）自爱与幸福感

自爱是个体对自身及其特征的悦纳和珍重的品格。自爱的人对自身及其身体、智慧、品格、名誉、地位和前途等都是悦纳和爱惜的。他不会因为自己的缺点和弱点而自暴自弃，也不会因为自己的优点和成就而傲视他人，而是努力发展真实的自我。

自爱是一个人生存和生活的基础。如果一个人不自爱，不喜欢自己，觉得自己没有价值而嫌弃自己，这种自卑感会严重损伤自己的心理功能。有这种自卑感的人内心常常紧张和不安，一方面担心自己不够完美而不为别人所重视，同时又很内疚，常常采用各种自我防卫机制，如否认、压抑、反向作用来缓解内心的紧张和不安，造成严重的心理压力，甚至导致心理疾病。

自爱的人爱惜自己的身体，不会无端地把自己暴露于危险之中，而是会养成良好的健康行为习惯。自爱的人珍重自己，不仅悦纳自己的身体和外表，还珍重自己的品格、名誉、地位和前途。他们会努力谋求自身的发展，使自己趋于完美。但世上并无完人，每个人都有优点和缺陷或弱点，其中有些缺陷或弱点可能是无法弥补的，或者只能做有限的改变。因而自爱的人会安然接受自己的某些缺陷，不会感到羞愧和不安。这样他们就无须花精力在他人面前去掩饰自己，或采取其他自我防卫机制来排解内心的内疚，而会集中精力发展自己，实现自己的人生价值。

自爱的人还懂得自我约束。他们能克制自己，不饮食过度、不抽烟、不滥用药物或酒精等，他们自爱且爱人、乐于助人，有正常的休闲和锻炼活动，保持身体健康。自爱的人会以社会允许的方式调节自己的情绪反应，使自己的情绪表达不与社会交往相冲突，从而保持心理平衡。自爱的人知廉耻、惜名誉，奉公守法，勿以善小而不为，勿以恶小而为之，洁身自好，幸福乐观，从而提高自身幸福感。

（2）自立与幸福感

自立就是个体不再依赖其他事物，而是具有自己行动、做主、判断、履行自己的承诺、为自己的行为负责的独立人格。我国传统文化非常认同自立的品格，是个体的人格特征，也是健全人格的重要组成部分，能够保护个体的心理健康。具有自立人格的人通常会更加乐观、积极、对生活充满希望，能够有更多心理资本去体验到更多的幸福感。介于自立人格和主观幸福感的是感恩，其原因是自我的概念与自立程度有着非常密切的关系，通常一个人越自立，其自我概念越强。自立人格的好处是其能够利于并预测社会支持，同时社会支持也会影响一个人的感恩心。因此，通常一个人自立人格越高，越能感受到他人帮助，越怀有感恩心；而感恩他人会让人产生更多正性情感，并减少个人的负性情感，那么个体的生活满意度和主观幸福感也会随之上升。

（3）自信与幸福感

自信是指对自己的信任，对自己身体、心理和社会行为的信任，表现为有信心、不怀疑。自信是在社会成功取向多元化的背景中，个体成功和幸福的基本保障。

成功的人都是非常自信的人。一个自信的人，通常可以将平庸转化为神奇，将渺小转化为伟大。一方面，信心能够让人们走出困境，积极面对困难，直到理想的实现，就算遇到人生低谷，自信也能让人们保持不断奋斗的乐观状态。因此，任何事情的成功都离不开自信。另一方面，自信的人往往人生观更加积极，看人行事更加感恩和乐观，因此可以维持较好的人际关系，更能获得外界的支持并心怀感恩。这种积极的社会资源可能使高自信者更容易感受到幸福。

自信可以促进个体的健康水平，主要体现在生理和心理两个层面。在生理上，当信心不足时，消极的情感反应会对免疫力产生影响，其途径主要有以下三种：①中枢神经和免疫组织之间的神经纤维会受影响，导致免疫功能下降；②消极的情绪会对中枢神经系统产生作用，从而产生肾上腺素和皮质醇等激素，这些激素随着血液循环与免疫细胞的感受器接触，关闭了细胞的保护功能，从而降低机体免疫能力；③当个体情绪消极时通常会容易做出不理智的决定，比如饮食不规律、休息失衡等，这些不健康的行为都会对人体的免疫力产生影响。在心理层面，自信能促进个体的心理健康水平，如降低抑郁水平，促进个体采用更多的积极应对方式等。

自信会影响一个人的主观幸福感。幸福感是人的主观感受，通常解决问题能力越强、判定自我胜任能力越强的人越能获得幸福感，这也是自信能让人产生更积极的情绪，提高人们对生活满意度的原因。判断能力较差的人往往会执着于搜寻他人信息、丧失决策权并对他人的评价过于在意，久而久之就会产生对生活的无力感、焦虑甚至产生抑郁情绪。而自信中包含的自我判断力也是个人获得自己价值的重要因素，所以自信能使人获得更高的幸福感。

（4）自省与幸福感

自省就是自我反省，其目的是提升自我，不断进取。孔子说：“见贤思齐焉，见不贤而内自省也。”是说通过自省，发现自己与贤人的差距，要以贤人的标准来要求自己，向贤人学习，争取做一个贤人；发现不如自己的，要及时警示自己，千万不要学不贤的言论和行为。这也是要求我们经常反思自己，并在自省中净化心灵提高自己的精神境界，不断进取。善于自省的人才能在事业上获得成功。人世间，人与人之间在事业的成就上有很大差别：有的人事业有成，有的人在事业上举步维艰、一事无成。其原因是多方面的，但是一个重要的原因是，个人是否善于反思自己，正确认识自己，发挥自己的优势。正确认识自己并不容易，我们往往通过与别人相比较来认识自己，从别人的态度来了解自己，借助于学习成绩和工作成果来了解自己。借助这些途径认识自己时都离不开自省，善于自省的人会经常反省自问，通过经常的反省，人们才能逐步认识自己，了解自己的优势和劣势。

此外，善于自省的人有融洽的人际关系。自省的首要前提是勇于认错，主动接受批评和自我批评。善于自省的人可以认真反省自己的缺点，更容易得到他人的信任，更容易赢得真正的朋友。善于自省的人能与时俱进，幸福进取。

（5）自强与幸福感

作为健全人格的重要组成部分，自强是指个体为达到自我修养的理想境界而不断开拓进取，实现人生意义的人格特征。自强就是锐意进取、自强不息的奋斗精神。无论是脑力劳动或是体力劳动，都包含着自强不息的奋斗精神，而这种自强不息的奋斗精神都会给人带来幸福和愉悦。

（二）人际关系因素

在所有的幸福维度中，城市居民对自己周围的人际关系最为满意。在社会关系中，角色责任的实现、建立和维持人际和谐、促进团体（如家庭）财富和福利的增长是东方人幸福感的核心。

1. 婚姻关系和幸福感

婚姻状况对居民的总体幸福指数、经济生活满意度、文化生活满意度和人际关系满意度均有显著影响。婚姻使人们感到幸福，一方面，婚姻能提高个体的积极情感，尤其是在婚姻的早期阶段；另一方面，已婚者对下面这三个因素的满意度水平都高于其他人，它们分别是工具性满意、情感满意和友谊满意。

经济学的资源理论认为，婚姻能够为个体提供工具性和情感性支持，从而实现维持个体心理健康和幸福感的保护功能。例如，经济学的资源理论认为婚姻可以通过带来伴侣收入、降低生活成本等从而在一定程度上减少经济负担，两个人结合成为一个经济体，可以共享居所等生活物资，分担生活成本。这些都有助于使人更容易走出生活困境，得到情感和经济方面的帮助等，所以婚姻关系是影响幸福感的重要因素。同时，婚姻代表着一种社会契约，可以提供持久的归属感和稳定的亲密关系，并且伴侣间的日常互动也有助于缓解心理压力，在一定程度上减少负面情绪，增加幸福体验。

2. 家庭关系和幸福感

家庭幸福是总体幸福感的最主要内涵之一。家庭关系影响居民的幸福指数，这是因为家庭功能是家庭系统中家庭成员之间的情感联系、家庭规则、家庭沟通以及应对外部事件的有效性，它可以反映家庭的亲密度、适应性，家庭系统是随着家庭环境和家庭不同发展阶段出现问题的应对能力，以及家庭成员的信息交流情况。家庭内部关系的和谐对于社会整体幸福感是有帮助的，社会其实是由无数个家庭组成的，如果社会是一个身体，家庭就像是这个身体内的一个个细胞，这些细胞保持和谐健康，那么社会这个身体就会向健康良好的方向发展，社会上的个体就会感受到更多的幸福感。反之，就会向不好的方向发展。

3. 朋友关系和幸福感

朋友间健康良好的友情关系是产生幸福感的一个重要来源，快乐时与朋友分享、忧伤时有朋友倾诉，是生活满意度和总体幸福感的构成要素，这会让个体产生很愉悦的生活体验感受，从而显著提高个体的幸福感。一方面，朋友间的良性关系最有助于提高个体的积极情感，它是积极情感最普遍的一种来源。当个体与朋友在一起时，大家表现出来的积极情感最旺盛。朋友可以参与到与个体共同感兴趣的事情中，一起共情，一起互动，虽然这些活动看起来微不足道，但可以给个体带来巨大的愉悦感。另一方面，良好的朋友关系同生活满意度和幸福感关系十分紧密。个体拥有朋友的数量、挚友的数量、朋友之间互相探望或电话交流的频率、共同活动的次数等也同生活满意度和幸福感呈现出相关关系。

健康良好的朋友关系对幸福感的产生和维护非常有益。要想得到良好亲密的朋友，个体需要不断提高自我表露的能力，向对方表达自己的观点和想法，亲密的朋友经常有着相似的信仰、兴趣、观点等特质，对相同问题往往有着相似的态度和观点，有相似的情感和性格等，这样大家相互分享，提高自尊水平，进而提高幸福感。另外，拥有朋友的人际网络关系还可以形成一个内群体，这对于保持个体的自我认同和自尊，提供帮助和社会支持都非常重要。

4. 社区关系和幸福感

对社区关系的研究，最初多是探讨关于乡村或城市居住环境的满意度。结果发现人们一般对其居住环境感到满意，即使是居住在较差环境的个体也这样认为；而且乡村的居住者对其环境感到幸福或满意的人数比例高于城市的居住者。

一种观点认为，对社区关系感到满意的个体拥有较高的幸福感。影响个体对社区关系满意度的一个重要方面是生态学因素，除此以外，对社区的满意度还受到一系列客观和主观因素的影响，如年龄、收入、受教育水平、家庭大小、迁居态度、迁居状况、社会参与程度、住宅的活动性、对住宅的满意度、社区中朋友的比例、社区中知名人士的比例、社区成员的组成形式、社会或精神满意度、对社区服务的满意度、居住期限等。

另一种观点则认为，对社区的依恋程度是研究社区关系与幸福感的重要途径。对社区的满意度和依恋程度都同幸福感有联系。社区满意度和社区依恋的双变量相关显著，同样各种控制变量同幸福感的相关也达到显著水平。同时，社区满意度和社区依恋对幸福感有显著的预测作用。对社区满意度水平和依恋水平更高的个体表现出更高的幸福感，而收入、家庭所有权关系、参加活动、社会支持等也提高了个体的幸福感。

（三）生物遗传因素

1. 幸福感的遗传基础

个人的幸福水平由三个方面所决定，分别是幸福设定点、个人的境况、个人目的性的活动。其中关于个人幸福设定点的差异，有一半可以用人格因素来解释，而人格有一部分是由基因决定的。基于以上理论，笔者认为基因和遗传等生物学因素对幸福感具有重要作用。从一个人的生命诞生之初，独特唯一性的基因等遗传因素就决定了个体在世界上存在的独特性。这些遗传因素会一直存在于我们的体内，并且一直伴随和影响我们的一生，对我们的成长和发展都有决定性的影响，甚至在潜意识中还影响着我们对整个世界的认知和判断。

从生理学的角度来说，个人的幸福和快乐本身是一种认知和情感的综合反应，在很大程度上受到神经系统的影响，而个人的神经系统的一部分是先天的。于是更多的研究者开始通过遗传率的行为进行基因研究，来检验基因对主观幸福感的影响。

基因对逆境的保护性反应是指在面临长期压力、威胁和不确定性的条件下，循环免疫细胞的基础性表达谱会发生比较重要的变化，如炎症基因高水平表达，而抗病毒和抗体基因低水平表达。一方面，一些个体注重人生意义和自我实现，重视自我挑战和自我潜能的发挥，他们的炎症水平呈现出有利的基因表达，即炎症基因低水平表达，而抗病毒和抗体基因高水平表达；另一方面，一些个体注重自身欲望的满足，追求快感和避免痛苦，他们拥有不利的基因表达，即炎症基因高水平表达，而抗病毒和抗体基因低水平表达。

2. 幸福感的神经基础

在一定程度上，基因决定了大脑的结构和功能，而大脑是人类行为和情绪体验的生理基础。大脑的神经活动也与幸福感有紧密的关系。最近，越来越多的研究者开始从生理基础的视角关注幸福与大脑的关系，并且进行了很多的实证探索。

（1）快乐体验的神经基础

快乐感是个体一瞬间的积极体验，是构成幸福感的重要情绪组成部分。能够给有机体带来快乐感的来源有很多，当前，对快乐感的神经基础研究所使用较多的初级刺激物是美味的食物。这是由于美味的食物是人类生存的最基本需要，并且用其来做研究简单可行。此外，作为次级刺激物，金钱在研究中用得也比较多，这是由于其可以方便量化。其他刺激，比如婴儿面孔、音乐等也经常被用作刺激材料来研究人的快乐系统。

快乐感看似简单，其实它包含了很多复杂维度和心理过程，不是一个单一的过程。快乐情绪过程至少包含了三种心理成分或阶段：追求、体验和学习。追求就是快乐刺激没有到来之前追求快乐的状态，体验就是即时的快乐的体验，学习就是基于过去经验对将来快乐感的预测、表征和联结的能力。快乐的不同阶段，如期待和体验，各自对应不同的神经生物基础。对快乐刺激的预期主要是由腹侧纹状体参与，预期快乐刺激的强度越大，腹侧纹状体激活强度越强。

（2）特质幸福的神经基础

快乐感是幸福感的核心内容，但是快乐感不是幸福感的全部。幸福感是一个复杂的建构，还包含了很多其他成分，如自我调节、意义感和浸入感等。所以，尽管人们已经对大脑快乐系统取得了很多认识，但是在目前对大脑快乐系统的研究中，尚无法揭示幸福感与大脑关系的全貌。以往的研究只是简单地把幸福体验还原成了快乐或者不快乐，而快乐或者不快乐只是幸福体验的一个基本成分或维度。目前，一些研究者采用脑成像技术对长时间稳定的特质幸福与大脑的关系进行了有益的探索，以探讨那些幸福感体验更频繁的个体的大脑活动模式。

从基于任务的功能磁共振成像技术来探讨特质幸福感神经机制的研究中

不难看出，这些研究只是研究了高幸福感个体的情绪加工或者情绪维度，而没有全面研究幸福感与大脑的关系。由于传统的任务态脑功能磁共振成像技术存在一个主要难题，即很难设计出一种合适而又得到学术界普遍公认的任务来诱导出“幸福感”这一复杂的心理现象。随着脑成像技术的进步，多模态如静息态、结构态等脑影像技术得到了快速发展。特别是静息态功能磁共振技术恰好解决了这一难题。该技术只需要实验参与者在磁共振机器里休息几分钟，不需要做特定的任务，研究者就能够得到个体在静息态状态下大脑神经活动的模式，而这些大脑神经活动模式已经被证实具有较高的稳定性，能够很好地预测个体差异。近年来，静息态功能磁共振技术已经成功被应用于抑郁症、精神分裂症等心理疾病的治疗上。低幸福感个体的大脑静息态在局部一致性上存在较大差异。高幸福感个体要比低幸福感个体在前额皮层、内侧额叶和压后皮层上的局部一致性要高；而相反的是，高幸福感个体比低幸福感个体在背外侧前额皮层和丘脑的局部一致性要低。

除了静息态技术之外，也有研究将脑结构与幸福感联系起来。在脑结构研究中，基于体素的形态学分析（Voxel-based Morphometry，简称 VBM）是一种常用的脑结构磁共振成像（Magnetic Resonance Imaging，简称 MRI）的技术。它能够对大脑结构进行基于体素的自动、全面、客观分析。

总的来说，尽管近些年已经有一些研究让我们对幸福感的神经基础有了更深入的认识，但目前得到的结果还是初步的，我们还需要用更多的技术手段、更深入的问题研究来探索幸福神经科学这一领域。

三、居民幸福指数影响因素的系统观

从系统论的观点来看，人的心理是一个开放、动态、整体的系统。它是在与环境进行各种能量交换，特别是在信息交换中实现有序化的自组织系统。从这一角度来看，我们不仅能从社会和个体角度分析居民幸福指数的影响因素，还可以从系统观的视角进行分析，以达到对这一问题的全面认识。

（一）居民幸福指数影响因素的整体性

任何一个动态开放系统都可以对它进行整体性分析。整体性分析是指从整体上看幸福是否存在某个或某几个指标，这某个或某几个指标是否能够反映我们所研究的幸福的全貌。例如，有的研究者以快乐为指标来研究幸福，有的研究者以生活满意感为指标来研究幸福，还有的研究者以意义感为指标来研究幸福。

值得关注的是，不论我们怎样对幸福的概念进行全面和谨慎的界定，或者用客观的角度使用各种指标来进行界定，都会出现例外和不协调的情况。每一类幸福研究者的想法都是不统一的，就算我们自身也会出现对幸福界定前后意见不同和想法不一致的情况。由此可见，幸福感是一个非常复杂、开放动态的系统性概念。但可以肯定的是，不论何种形式的幸福，其带给个体的感受都是愉快的生活、投入的生活和有意义的生活。

（二）居民幸福指数影响因素的结构性

结构性分析是指影响居民幸福指数的诸多因素是排列有序的。上文中从宏观和微观层面所分析的居民幸福指数的影响因素，都可以视为影响幸福指数的子系统。政治、经济、文化和环境等会从宏观的社会角度影响城市居民的幸福感，而人际关系、人格和生物遗传等会从微观的自我角度影响个体的幸福感。

政治、经济、文化和环境等宏观子系统之间是相互联系的。例如，从宏观角度来讲，社会保持稳定，经济、政治、文化的发展才能保持稳定，环境才有希望向更好的方向发展，这些社会因素都保持健康状态，整个城市的幸福指数才会上升。人际关系、人格和生物遗传等微观子系统之间也是相互联系的，例如，从微观的角度来讲，个人的人际关系、人格和生物遗传等决定了其能感受幸福的多少，拥有良好的人际关系能让个体获得更多的满足感，并且从良好的人际关系中培养出优秀的人格，从而逐渐走上幸福之路。影响幸福指数的宏观子系统和微观子系统之间又是彼此联系的，例如，在幸福的社会大背景下，个体更容易通过自身努力来获得幸福。这些子系统可以联系起来组成一个整体系统，并在整体系统中共同影响居民幸福指数。仅仅单独研究一个子系统，只能提供关于幸福的片面知识，研究居民幸福指数或国民幸福指数时应将它看作一个整体的系统，进行多维度的综合研究[①]。

幸福感可以被视为一种多维度、多层次和有机整体的心理现象，有着等级结构性。另外，上文中的各子系统，还可以再分为次级子系统，例如，宏观层面的文化子系统对居民幸福指数的影响包括了两方面，即文化硬件的影响和文化软实力的影响。

总体来说，幸福指数的影响因素是一个多维度、多层次的组织结构，各个子系统和次级子系统之间有纵向联系和横向联系。次级子系统共同服务于子系统和更高层次的系统，高层次系统则统合子系统和次级子系统，它们之间共同影响，共同作用于个体的幸福感受。

（三）居民幸福指数影响因素的动态性

如果将人类的幸福视为一个系统，就这个系统而言，静态是相对的，而动态是绝对的，所以幸福也是动态的，是发展变化的。幸福的发展变化不仅反映在纵向比较上（时间的变化），也体现在横向比较上（如主观参考框架的不同）。

---

① 黄希庭，李继波，刘杰 . 城市幸福指数之思考［J］. 西南大学学报（社会科学版），2012，38（5）：83-91.

1. 纵向比较

（1）幸福感的时间评价轨迹

从个体的角度来看，每个人都要经历青年、中年和老年阶段。从个人成长的时间维度来看，在不同阶段人们的幸福感受是不一样的。幸福是动态发展的，而不是一成不变的，因此在探讨幸福指数的影响因素时，应当以一种动态的视角来进行。

（2）时间因素与幸福感提升的关系

时间充裕与个体幸福呈正相关，时间紧缺则与幸福呈负相关。

第一，利用更多的时间与合适的人在一起。研究认为，参加社会性的活动会比个体单独活动带给个体更多的幸福感，而且，参加的社会活动越多，个人越能得到更多的幸福感的体验。个体单独活动的幸福感不如与他人在一起得到的幸福感多，而且与什么样的人在一起活动也会影响个人的幸福感，所以需要尽量寻找合适的人一起活动，合适的人包括朋友、亲属、家人或者是与个体有合作关系且亲密的人，与他们在一起活动会给个体带来良好的交流体验，个人不需要过多警惕他人带给自己的威胁，会呈现出更多真实的表现；而和同事、老板，上级等活动中则更多的是竞争和服从的关系，个体的警惕性会更多，幸福感的体验会相对减少，这些都有损于个体的幸福感[①]。

第二，拓展个体的时间。时间是宝贵和稀缺的，每个人每天都是只有24个小时，有较多的可以自由支配的时间能够增加个体的幸福感。正因为时间是宝贵和稀缺的，所以时间具有高价值性，它的稀缺性和它的价值也是双向的：时间越稀缺，它的价值就越高；价值越高，个体就会感觉到时间越珍贵和稀缺。如果总是感觉到时间不够用，生活匆忙压力大，那么个体的幸福感就会减少。

① 李继波，黄希庭．时间与幸福的关系：基于跟金钱与幸福关系的比较［J］．西南大学学报（社会科学版），2013，39（1）：76-82.

第三，避免将时间定价。劳动力的工资和报酬其实是以金钱的形式把个体自己的时间卖给雇主，也就是当下社会中的用钱来衡量时间，例如计时工资，快递服务等，需要对时间长度和完成速度进行考核。当个体用经济价值或者金钱来作为衡量时间的唯一标准时，他们往往会忽略其他难以用经济和金钱来衡量的活动。而且在调查过程中，个体会认为那些没有获得金钱报酬的个人时间都是无用或者是被浪费的。所以，用金钱来衡量时间，不利于个体幸福感的提高。

2. 横向比较

个体幸福水平也因主观参考框架的不同而发生变化。看到周围的人比自己更幸福，可能会降低自己的幸福感；看到周围的人比自己不幸，可能会提高自己的幸福感。这一点在个人收入对幸福指数的影响方面表现最为明显。

虽然个人收入水平对中国城市居民的幸福指数有重要的影响，但是两者之间的关系非常复杂。具体而言，虽然绝对收入与总体幸福指数呈现为显著正相关，但幸福指数随绝对收入的变化并不是呈直线型的，而是表现为一种曲线。绝对收入对主观幸福感的影响存在一个临界值，收入低于这个临界值时，幸福感随收入增加而提高；收入高于这一临界值时，幸福感则会停滞。综上所述，在考察经济收入这一变量对城市居民幸福指数的影响时，需要考虑绝对收入量值及个体心理量值的综合影响。

基本收入是幸福的首要条件。低收入居民的总体幸福指数、经济生活满意度和人际关系满意度的平均得分较低，中、高收入居民在绝大多数方面无显著差异。国民幸福指数与大多数居民基本需要（如食品、衣物、住房、卫生、交通和健康等）的满足程度显著相关。发展中国家的贫困居民所界定的幸福感强调基本生理需要的满足，而较为富有的居民则更多关注非物质或高层次的需要（如人身安全、社会地位、内心的宁静等）。由此可见，经济状况无论对欠发达国家还是贫穷个体的幸福指数均有较大影响，只有当基本需要得到满足后，这种影响才会因为关注高层次需要而逐渐减小。

当个体的经济收入超过一定水平后，绝对收入对城市居民幸福指数的正向预测作用会慢慢减小，其作用开始被相对收入所取代。这种现象反映了经济收入水平及个体由此而产生的心理活动能够相互作用，以此会影响个体的幸福水平。相对收入对幸福感的影响也来自个体自身的比较。

一方面个人收入水平对幸福感在总体上有积极的促进作用，这就要求作为个体，要增强自己的综合实力，在自己所属行业内努力奋斗，提高自身的经济收入水平，为自己及家人创造良好的物质条件；另一方面，形成积极的金钱动机、培养健全的人格品质对于提高心理和谐度、提高主观幸福感十分重要。个人应该培养自身对于金钱的正确态度，不至于因消极的金钱动机而影响自身的幸福感水平。

第三节　居民幸福指数的指标体系

一、幸福指数指标体系的构建原则

幸福指数指标体系的构建原则包括不重复原则和全面性原则、可量化原则、可比性原则、简洁性原则、层次性原则与内涵对应性原则。

第一，不重复原则和全面性原则。就是对研究对象而言，既不能重复也不能缺少幸福指数指标体系中的每个统计指标反映的内容。内容重复就会使统计的工作量增加，每个指标的独立意义就不准确，更严重的情况会导致评价信息的不准确。如果信息遗漏则不能全面反映出所有内容，容易让人产生认识偏差，因此设计指标体系时既要全面，又要独立。

第二，可量化原则。考虑到数据的可得性，需要将能够量化的指标都以数字形式呈现出来，部分主客观指标可以用量表呈现，这样才能有据可依的统计和分析相关资料，这也是构建幸福指数指标体系的目的之一。

第三，可比性原则。现阶段，每个地区都只对自己地区的幸福指数有所研究，搭建的幸福指数指标体系差异非常大，因此地区与地区之间很难进行横向对比，这样的好处是能够更好地反映每个地方的本土化问题，但对整体幸福指数的研究却帮助不大，因此需要加强相互之间的可比性。

第四，简洁性原则。主观幸福感涵盖的内容非常广泛，过多指标既难以进行实际操作，又会导致难分主次，无法体现出主要矛盾，使人们的判断力降低，而简洁性原则就是以研究幸福指数指标体系的主要目标为基础，从多重指标中筛选出最具代表性的指标集中解决。只有当信息越来越多后，增加了新的有效信息才会增加指标。

第五，层次性原则。幸福指数指标体系的构建可以根据分类的原则将其分为三个不同的层次，分别是幸福指数指标的整个体系、其下的各个子系统、子系统下的具体指标。层次性原则是为了将指标体系层次分明、清晰明了体现出来。

第六，内涵对应性原则。幸福指数指标体系的指标内容应该反映出政府公共政策是如何提高人们生活质量的，并让国民对相关政策提出参考建议。

二、幸福指数指标体系的构建要点

评价幸福指数指标体系的标准有两个：一是指标的有效性，也叫指标效度，就是指标概念与反映的内容是否一致；二是指标的可靠性，也叫指标的信度，是指通过反复观测，观察指标值的结果是否一致。

幸福指数指标体系内容的构建过程中通常会出现指标有效性的问题，因为指标高度有效性的研究和论证需要一定时间，在这个过程中，人们的认识能力在不断提高，社会经济情境也在不断变化，导致指标内容也在发生变化，难以确保已经构建的指标体系或正在构建的指标体系是高度有效的，所以不断完善指标和指标体系的任务是长期性的。

三、幸福指数指标体系的类型划分

幸福指数指标体系的构建可以根据研究的目的不同进行适当的分类，主要分为三类，如图 2-1 所示。

研究范围	研究对象	研究内容
· 分为某国、某省市的幸福指数指标体系，并且按照地域的特征可以调整选取相应的指标。它的优点是可以突出地方本土化的特点，但是不便于地区之间的横向比较。	· 可以对感兴趣的某一群体构建幸福指数指标体系，调查某一群体的幸福指数。比如对于某一区域的在校大学生的幸福指数进行研究或者对于一个地区的妇女幸福指数研究，可以建立相应的幸福指数指标体系。	· 分为生活幸福指数指标体系和工作幸福指数指标体系等。

图 2-1　幸福指数指标体系的类型划分

四、居民幸福指数指标体系的指标筛选

构建幸福指数指标体系主要是借鉴马斯洛的需求层次理论来筛选指标，在第一章已有介绍。按照马斯洛的需求层次理论，人的需求按从低级到高级的顺序分为五个层次：生理需要、安全需要、归属和爱的需要、尊重的需要和自我实现的需要。

与马斯洛的需求层次理论不同，幸福指数指标体系主要划分为三个层次，如图 2-2 所示。

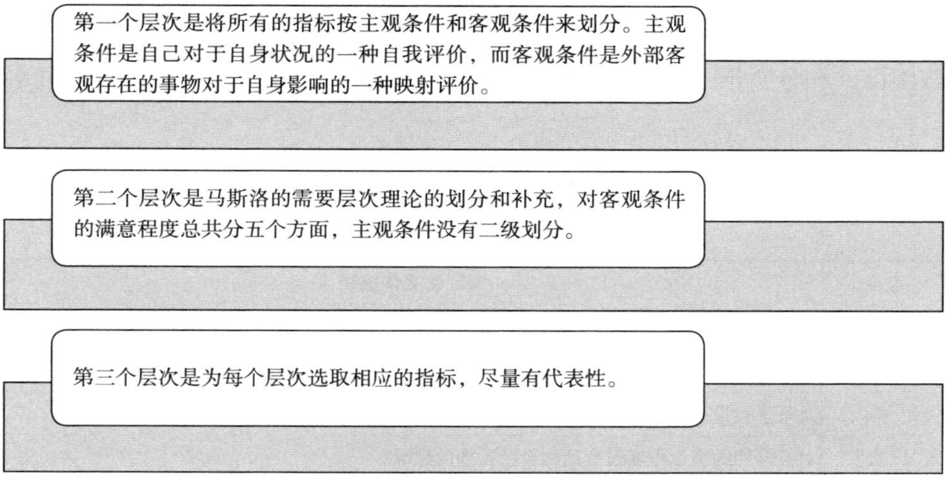

第一个层次是将所有的指标按主观条件和客观条件来划分。主观条件是自己对于自身状况的一种自我评价，而客观条件是外部客观存在的事物对于自身影响的一种映射评价。

第二个层次是马斯洛的需要层次理论的划分和补充，对客观条件的满意程度总共分五个方面，主观条件没有二级划分。

第三个层次是为每个层次选取相应的指标，尽量有代表性。

图 2-2　幸福指数指标体系层次

五、居民幸福指数指标体系的指标量化

构建幸福指数体系的主要目的是获得更可靠的幸福指数。因此，在构建一套幸福指数指标体系后，有必要对指标体系中的具体指标进行量化，以获得幸福指数。这主要指市场调查中顾客满意度菜单里顾客态度的测量方法，衡量幸福指数指标体系中的具体指标，用数字衡量人们的主观幸福感。首先，应该量化评估指标，因为在生活中很难通过直接询问或观察来衡量人们的幸福感，所以必须使用一些特殊的态度测量技术进行量化处理，这将客观、方便地表达和衡量“态度”。在这个系统中，影响幸福感的指标被转化为一些可以通过自身主观判断的描述。本体系的量化方法主要使用李克特量表法[①]，一般采用五级态度：非常满意、满意、一般、不满意、非常不满意。在幸福指

① 李克特量表：属评分加总式量表最常用的一种，属同一构念的这些项目是用加总方式来计分，单独或个别项目是无意义的。该量表由一组陈述组成，每一陈述有“非常同意”“同意”“不一定”“不同意”“非常不同意”五种回答，分别记为 5、4、3、2、1，每个被调查者的态度总分就是他对各道题的回答所得分数的加总，这一总分可说明他的态度强弱或他在这一量表上的不同状态。

数指标体系的调查中，主要采用“5 分制”和“10 分制”，便于指标体系的总体设计和分析描述。它们的评价特征以及赋值方式见表 2-1、表 2-2 和表 2-3。

表 2-1　各指标评价特征表

态度	特征的具体描述
非常满意	对某事物的满意程度与预期相吻合或超过自己的预期标准。
满意	对某事物的预期基本可以达到自己理想的标准，比非常满意的程度稍微差些。
一般	对某事物没有进行下意识评判，也没有感官上的影响。
不满意	对某事物的满意程度没有达到自己预期的标准。
非常不满意	对某事物感觉非常不符合自己的心情或根本没有达到自己预期的标准，觉得很恼火。

表 2-2　常见的等级评分表

分制	态度				
	非常满意	满意	一般	不满意	非常不满意
5 分制	5	4	3	2	1
10 分制	10	8	6	4	2
100 分制	100	80	60	40	20

表 2-3　幸福指数指标体系等级评分表

分制	态度				
	非常满意	满意	一般	不满意	非常不满意
5 分制	5	3.75	2.5	1.25	0
10 分制	10	8	6	4	2

六、居民幸福指数指标体系的指标权重

确定权重的方法有很多，通常包括主观定权法、层次分析法、因子分析法等。主观定权法主要取决于专家的权重，层次和因子分析法是使用一些数学领域的分析方法来确定权重。它可以严格进行逻辑分析，尽可能消除主观

因素，以满足客观现实。幸福指数指标体系的建立是根据样本数据采用客观的定权方法实现。

第一，主观定权法。主观定权法是基于长期从事某项研究的专家积累的经验，根据每个指标在整个评价体系中的重要性确定相应的权重。

第二，层次分析法。层次分析法是系统工程中定性和定量分析相结合的重要方法，是定量分析和描述主观判断的重要方法。该方法将无法完全量化的复杂问题分解为几个层次系统，在简化的层次上对其进行分析、比较、量化和排序，最后逐层对其进行排序和综合，以获得每个层次因素相对于总体目标的重要性排序值。

层次分析法的基本思路是将评价因素构造成一个递阶层次系统，将复杂性的、难于量化的评价概念简化为有条理的、有序的层次因素结构。通过对各层次的元素按两两比较的方法判断相对重要性以构成判断矩阵。再经过运算求得各因素的权向量，从而对末级层次上的因素（方案）进行总排序。其主要的分析步骤为建立因素的递阶层次结构模型、构造判断矩阵、计算指标权重、一致性检验等。

第三，因子分析法。因子分析中公共因子所反映的变量间的内在联系，正表现了评价指标对评判对象的相对影响程度，因而可以利用该方法从样本中直接定权。其主要思想是因子负荷可以理解为是公共因子对变量的重要系数，与权值意义相符。

七、居民幸福指数指标体系的计算方法

居民幸福指数指标体系的计算，首先要计算综合得分。综合得分根据所设计系统的总体结构和相应的具体指标计算综合得分。其主要思想是给整个系统中的每个指标一定的分数，然后根据具体指标的相应权重综合每个个体的分数。在计算综合得分时，人们通常遵循公认的习惯，例如使用百分制、

十分制或五分制作为满分，这要求我们在设计指标时要把握全局，从而为每个指标安排一个合适的位置，这是统计学中非常常见的方法。

在计算综合得分后，下一步是合成幸福指数。与综合得分相比，综合幸福指数相对客观。其思想是首先量化幸福指数指标体系中的每个指标，然后根据更客观的方法确定每个指标在整个体系中的权重，然后根据每个指标的重要性来综合幸福指数，它的计算方法如下：

$$h = \sum_{i=1}^{n} \beta_i x_i \qquad (2-1)$$

公式中：h ——幸福指数；

x_i——纳入幸福指数指标体系中的各项指标；

β_i ——各项指标的权重。

八、居民幸福指数指标体系的评价标准

根据幸福指数指标体系的设计以及相应的评分标准，可以归纳出如下的评分标准表，见表 2-4。本表采用了两套分析方法，分别是综合得分法和合成指数法。

表 2-4　评价标准表

方法	非常不幸福	不太幸福	比较幸福	非常幸福
综合得分法	0—40	40—60	60—80	80—100
合成指数法	2—5	5—7	7—9	9—10

第三章　居民幸福感测评体系的构建

第一节　居民幸福感测评的标准与方法

一、居民幸福测度标准

居民幸福测度遵从四个衡量标准：可靠性、有效性、一贯性及可比性[①]。如图 3-1 所示。

可靠性	有效性	一惯性	可比性
·测度幸福同一维度的不同方法时，需要确保它们可以相互验证或者有较高程度的比较性。此外，还需要确保对于同一调查对象在不同时间测量的结果具有稳定性。	·为了确保设计的指标准确度，需要考虑被调查者回答问题时所表达出的真实感受。	·测度指标所衡量的个人幸福与其他对同一现象的观察结果之间的互相验证程度。	·由于自述幸福会因文化差异而产生一定的误差，所以测度结果要能够在不同文化、不同国度、不同地域进行比较。

图 3-1　居民幸福测度标准

① 吴静．社会发展进程中居民幸福测度与实证研究［M］．杭州：浙江工商大学出版社，2013：28-33.

二、居民幸福测度方法

（一）结构方程模型法

1. 结构方程模型的概念与步骤

结构方程模型是探究理论与概念之间关系和结构的统计方法，结构方程模型可以将一些想要研究但却无法直接观测的问题作为潜变量，通过一些可以直接观测的变量进行反映，从而建立起潜变量之间的结构关系。结构方程模型整合了因子分析、路径分析和多重线性回归分析的思想方法，是统计学、管理学、经济学、心理学、社会学和教育学等多领域中探索现象之间关系和测量因果关系的一种有效方法。结构方程模型包括测量模型与结构模型。测量模型测度观测变量与潜变量之间的关系，结构模型测度潜变量与潜变量之间的关系。

模型中各变量之间的关系可表示为下述三个矩阵方程式：

$$\eta = \beta\eta + \tilde{A}\xi + \zeta \tag{3-1}$$

$$y = \ddot{E}y\eta + \varepsilon \tag{3-2}$$

$$x = \ddot{E}x\xi + \delta \tag{3-3}$$

公式中：η——内生潜变量向量；

ξ——外生潜变量向量；

β——内生变量影响系数矩阵，反映内生变量之间的关系；

$\tilde{A}$——外生变量影响系数矩阵，反映外生变量对内生变量的影响；

ζ——随机误差项矩阵；

x——外生指标矩阵；

y——内生指标矩阵；

$\ddot{E}x$——外生指标与外生潜变量之间的关系，是外生指标在外生潜变量上的因子负荷矩阵；

Ëy ——内生指标与内生潜变量之间的关系，是内生指标在内生潜变量上的因子负荷矩阵；

δ 、ε ——随机误差项矩阵。

方程（3-1）是结构模型，它通过 β 和 Ã 系数矩阵以及误差向量 ξ 把潜在变量之间联系起来。方程（3-2）和（3-3）是测度模型，通过这两套线性方程连接观测变量与相应的潜在变量 η 和 ξ。

结构方程要估计的参数包括：外生潜变量与内生潜变量的结构方程系数；观测变量与潜变量的测度方程系数；反映剩余误差大小的观测变量误差项估计；反映观测变量之间关联的误差项与误差项之间协方差的估计；外生潜在变量的方差。

结构方程模型分析的主要步骤如图 3-2 所示。

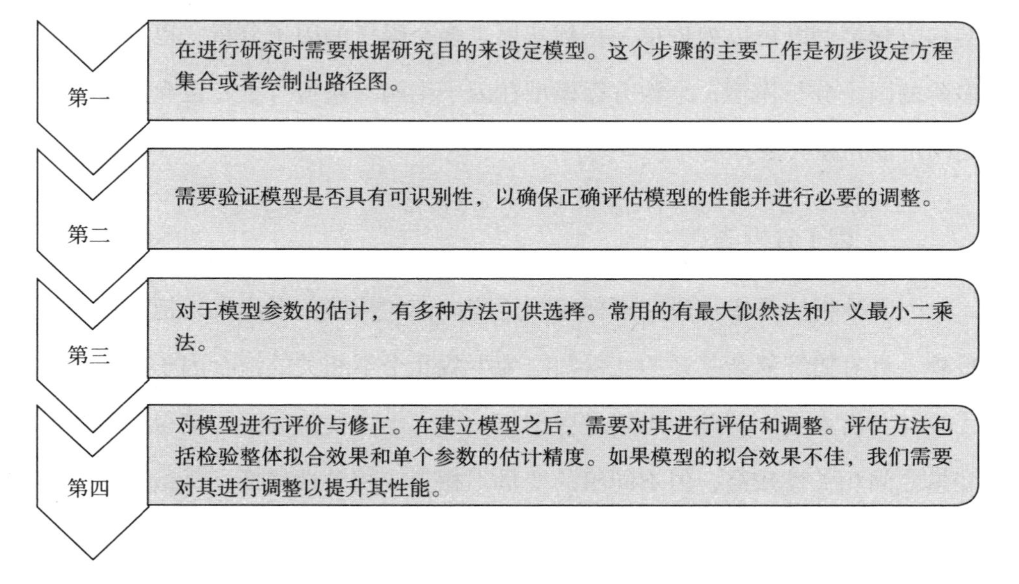

图 3-2　结构方程模型分析步骤

2. 结构方程模型的主要特征

结构方程模型的主要特征有以下四点。

第一，允许回归方程的自变量含有测度误差。对于经济学、社会学和心理学等社会科学领域的研究课题，结构方程模型所涉及的自变量常常不可观测，结构方程模型将这种测度误差纳入模型，能加强模型对实际问题的解释。

第二，可同时处理多个因变量。在经济学、社会学和心理学等社会科学领域，因变量常常有许多个，类似问题运用结构方程模型便可轻而易举解决。

第三，可在一个模型中同时进行各个潜变量的测度，探索潜变量之间的关系。在结构方程模型中，允许将因子测度和各因子之间的结构关系同时纳入模型予以拟合，这不仅可以检验因子测量的信度和效度，还可以将测量信度的概念整合到路径分析等统计推论中。

第四，允许更具弹性的模型设定。结构方程模型中限制相对较少，例如，结构方程模型既可以处理单一指标从属于多个因子的因子分析，也可以处理多阶的因子分析模型；结构方程模型在因子结构关系拟合上，也允许自变量之间可能存在共变方差关系。

（二）因子分析法

因子分析法是指从研究指标相关矩阵内部的依赖关系出发，把一些信息重叠、具有错综复杂关系的变量归结为少数几个不相关的综合因子的一种多元统计分析方法。其基本思想是根据相关性大小把变量分组，使得同组内的变量之间相关性较高，但不同组的变量不相关或相关性较低，每组变量代表一个基本结构即公共因子。

1. 因子分析法的主要步骤

因子分析法的主要步骤如图 3-3 所示。

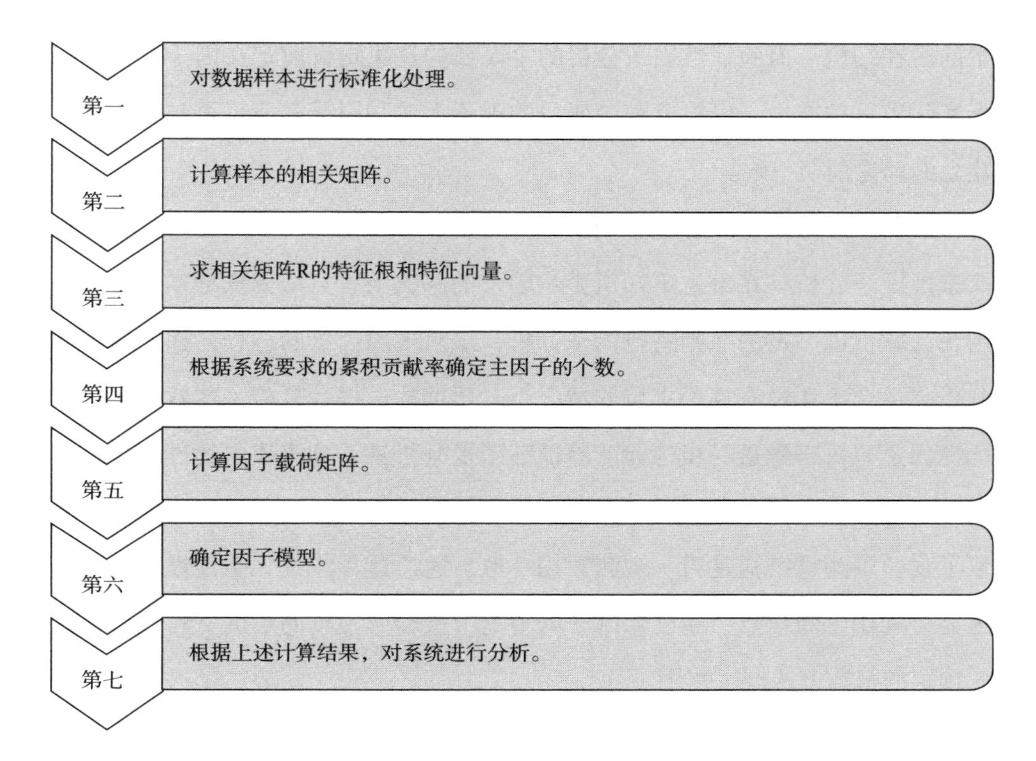

图 3-3　因子分析法步骤

2. 因子分析法的类型划分

因子分析包括探索性因子分析和验证性因子分析两种方法。

探索性因子分析主要应用于三个方面：探求数据基本结构、简化数据、发展测度量表。

验证性因子分析允许研究者将观测变量依据理论或预先假设形成测度模式，之后对该因子结构与理论界定的样本资料间的符合程度予以评估。验证性因子分析主要应用于三个方面：①对测度量表的维度、有效因子结构进行验证；②对因子层级关系进行验证；③对测度量表的信度、效度进行评估。

现分述探索性因子分析与验证性因子分析的差异及特征。

第一，探索性因子分析主要是为了找出影响观测变量的因子个数，以及各个因子和各个观测变量之间的相关程度，以便揭示出一套相对比较大的变量的内在结构。而验证性因子分析的主要目的是决定事前定义因子的模型拟合实际数据的能力，以检验观测变量的因子个数和因子载荷是否与基于预先建立的理论预期一致。

第二，探索性因子分析没有先验信息，而验证性因子分析有先验信息。探索性因子分析是在事先不知道影响因子的基础上，完全依据样本数据，利用统计软件以一定的原则进行因子分析，最后得出因子的过程。探索性因子分析更适合于在没有理论支持的情况下对数据的试探性分析。这就需要用验证性因子分析来做进一步检验。验证性因子分析基于预先建立的理论，该理论要求预先假设因子结构。其先前的假设是，每个因子对应于特定的指标变量子集，以测试结构是否与观测数据一致。通过这种方式，验证性因子分析还充分利用先验信息，在已知因子的情况下检验所搜集的数据资料是否按事先预定的机构方式产生作用。

第三，探索性因子分析与验证性因子分析的步骤不同。探索性因子分析的主要步骤：收集观测变量，构造相关矩阵，确定因子个数，提取公因子，因子旋转，解释因子结构，计算因子得分。

验证性因子分析的主要步骤：定义因子模型，收集观测值，获得相关系数矩阵，拟合模型，评价模型，修正模型。如果模型拟合效果不佳，应根据理论分析修正或重新限定约束关系，对模型进行修正，以得到最优模型。

运用因子分析主要进行居民幸福测度量表的项目分析，以及居民幸福测度指标体系的探索性、验证性分析。

（三）决策树模型法

决策树模型基于概率论，并利用树形结构进行事件、决策分析。具体而言，它将决策问题转换为决策点，并将可选方案作为分支。方案的可能性会以概率分支的形式表现出来，同时计算不同方案在不同结果条件下的损益值。

根据这些结果，决策者可以做出最优的决策。

当面临风险决策时，通常采用决策树分析方法。这种方法利用树形结构展示不同方案可能带来的收益。在制定决策时，人们会以期望值为主要参考标准。由于未来的情况难以预测，决策者需要考虑多种可能性。虽然无法准确预测未来状况，但可以基于以往的经验和资料来推断出不同情况出现的概率。通过这种推断，可以计算出在未来发展过程中，每种方案可能获得的经济收益。

决策树模型使用的概率是自然状态下该事件出现的概率，以这个概率获得的期望值可能和未来发展过程当中实际的收益不同。决策树模型制作出的决策主要有两种：①单级决策，是指决策树的根部具有的决策点数量是一；②多级决策，是指决策树的根部及决策树的中间都存在决策点。

通常情况下决策树是从上而下建成的。不论是事件或是决策都可能产生相应的效果，从而导致最终结果有所差异。正是由于这种特点，最后得到的决策图像类似于一棵具有很多枝条的树，因而被称为决策树模型。在进行居民幸福因素分析的过程中，可以使用这种模型。

（四）其他统计分析方法

居民幸福测度方法还可以采用平均数比较、应对分析、相关系数分析和可靠性分析。

第一，平均数比较。可以使用T检验[①]的方式对不同组别中影响幸福指数的变量具有的差异进行检验。

第二，对应分析。该方法的基本思想是将列表中不同行和不同序列中的元素的比例结构转换为点的形式，以便在低维空间中显示。然后分析由定性

① T检验：T检验分为3种方法：单一样本T检验是用来比较一组数据的平均值和一个数值有无差异；配对样本T检验是用来看一组样本在处理前后的平均值有无差异；独立样本T检验是用来看两组数据的平均值有无差异。

变量组成的汇总表，比较一个变量的不同类别之间的差异，以及所有类别中不同变量之间的对应关系，并使用视觉定位图显示没有特定关系的数据。该方法主要用于分析和比较不同维度居民的幸福感。

第三，相关系数分析。这种方法可以将居民幸福总指数和居民幸福单项指数存在的关联系数计算出来，通过计算可以获得居民幸福单项指数是否重要的结论。

第四，可靠性分析。这种方法主要是分析居民幸福测度量表是否可靠和有效。

第二节　居民幸福感测评量表的编制

根据幸福测度理论基础、测度标准、测度方法、指标体系的确立原则及以往的研究经验，确定 37 个单项指标来编制居民幸福感的评价量表，以 10 级正向计分的方式，将各单项指标分为 10 个刻度，以中国城乡居民生活满意度为度量指标，1 代表非常不满意，10 代表非常满意。量表设计步骤如图 3-4[①] 所示。城乡居民幸福测度量表指标要素见表 3-1。

① 吴静 . 社会发展进程中居民幸福测度与实证研究［M］. 杭州：浙江工商大学出版社，2013：35-36.

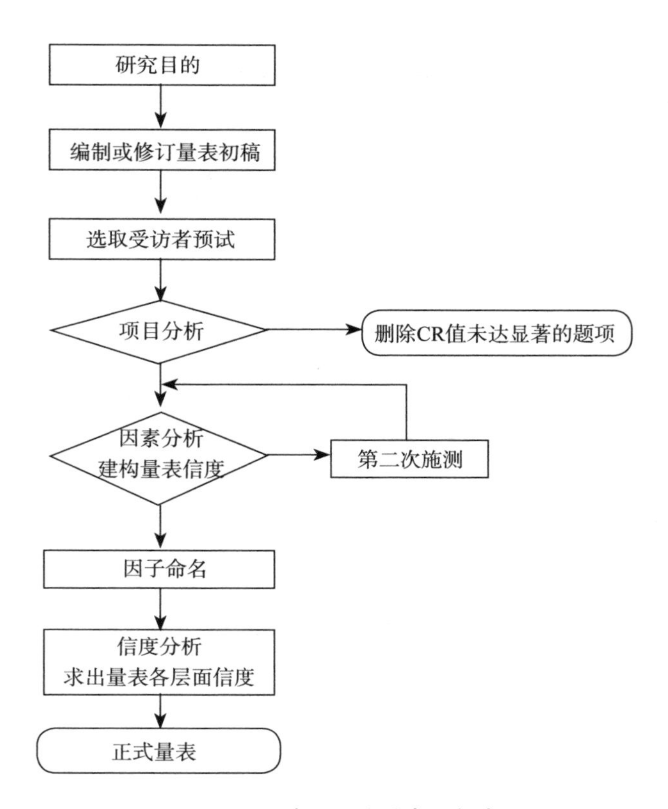

图 3-4　居民幸福测度量表分析步骤

表 3-1　居民幸福测度量表指标要素

测评指标	变量序号	测评指标	变量序号
身体健康	1	亲朋关系	6
心理健康	2	同事关系	7
个性性格	3	闲暇娱乐	8
家庭生活	4	教育程度	9
家人关系	5	工作职业	10
发展机会	11	环境保护	25
职业声望	12	资源配置	26
收入报酬	13	政治稳定	27
社会保障	14	收入公平	28
医疗服务	15	法制健全	29

续表

测评指标	变量序号	测评指标	变量序号
家庭财产	16	社会公正	30
住房条件	17	政府效率	31
居住环境	18	社会发展	32
生活便利	19	公共服务	33
出行安全	20	经济发展	34
社会治安	21	国际地位	35
食品安全	22	快乐预期	36
物价稳定	23	幸福预期	37
房价调控	24	—	—

第三节　居民幸福感测评的主要方式

考虑到因子分析方法具有操作简单且实用性强等特征，以及在分析与解释复杂经济问题时的优势，所以在综合分析城市居民幸福感的现状特征时采用因子分析方法来实现。因子分析方法确定六个主因子的分类标准，分别是：经济状况满意度因子、身心健康满意度因、职业状况满意度因子、家庭生活满意度因子、基础设施满意度因子以及社会环境满意度因子，然后分别从各单一指标维度对城市居民幸福感进行评价。最后，根据六个主因子的贡献率，并利用加权求和的方法计算得出城市居民幸福感的总得分，进而对城市居民幸福感进行综合测评。各主因子的组分得分系数矩阵见表 3-2①。

① 王慧慧 . 中等城市居民幸福感测评与提升对策研究［M］. 北京：经济科学出版社，2017：124-137.

表 3–2　组分得分系数矩阵

组分	主因子					
	1	2	3	4	5	6
B01	0.173	−0.008	0.151	−0.055	−0.070	−0.051
B02	0.229	0.006	0.101	−0.021	−0.044	−0.120
B03	0.232	0.070	0.077	−0.037	−0.064	−0.147
B04	0.201	0.045	0.058	−0.065	−0.024	−0.071
B05	0.107	−0.108	−0.009	0.050	0.112	0.121
C01	0.153	0.040	−0.002	−0.093	0.000	0.064
C02	0.042	−0.216	−0.034	−0.039	0.056	0.254
C03	0.050	−0.152	−0.130	0.007	0.048	0.233
C04	0.060	−0.011	−0.162	0.109	0.056	0.066
C05	0.101	−0.029	−0.111	0.092	0.037	0.061
D01	0.112	0.024	−0.026	0.096	0.024	−0.066
D02	0.084	0.003	−0.138	0.052	−0.016	0.017
D03	0.135	0.008	−0.004	−0.051	−0.007	0.044
D04	0.054	0.173	−0.080	−0.125	−0.151	0.019
D05	−0.011	−0.068	−0.019	0.183	−0.024	−0.044
E01	0.016	−0.033	−0.081	0.190	0.045	−0.014
E02	−0.017	−0.078	0.041	0.107	0.386	−0.112
E03	−0.047	0.030	−0.016	0.312	0.075	−0.032
E04	0.029	0.253	−0.023	0.008	−0.072	−0.008
E05	−0.031	0.165	0.000	0.238	−0.083	−0.015
E06	−0.014	0.008	0.082	0.249	−0.086	−0.023
E07	−0.022	0.048	0.067	0.173	−0.064	0.147
F01	0.026	0.165	0.023	0.046	−0.125	0.112
F02	0.028	−0.116	0.271	0.105	0.120	−0.128
F03	0.003	0.155	0.009	−0.055	0.171	0.070
F04	0.029	0.043	0.162	−0.059	0.145	0.024
F05	−0.019	0.130	0.002	0.050	0.175	0.096
F06	0.023	0.211	−0.007	−0.039	0.068	0.088

续表

组分	主因子					
	1	2	3	4	5	6
F07	0.026	−0.042	0.235	−0.004	0.014	−0.002
F08	−0.006	0.196	−0.053	0.037	−0.054	−0.063
G01	0.017	0.023	0.214	−0.028	−0.022	0.014
G02	0.011	−0.024	0.145	0.014	0.039	−0.006
G03	0.012	−0.043	0.029	−0.078	0.364	−0.019
G04	0.010	−0.053	0.160	−0.151	0.078	0.269
G05	0.004	−0.046	0.105	−0.096	0.078	0.285
G06	0.004	0.012	−0.015	0.047	0.004	0.103
G07	−0.053	−0.004	−0.104	0.030	−0.024	0.192
G08	−0.030	0.054	−0.023	−0.022	−0.074	0.255

一、城市居民幸福感的单一测评举例

测试城市居民幸福感的维度包括：经济状况满意度因子、身心健康满意度因子、职业状况满意度因子、家庭生活满意度因子、基础设施满意度因子以及社会环境满意度因子的综合测评得分，来对城市居民的经济状况满意度、身心健康满意度、职业状况满意度、家庭生活满意度、基础设施满意度以及社会环境满意度进行评价。下面就其中两点进行举例说明。

（一）城市居民经济状况满意度评价

效度检验结果显示，第四个主因子在收入水平、收入公平、物价水平、家庭财产以及消费能力等评价指标上具有较高的载荷，命名为经济状况满意度因子（Z4）。根据成分得分系数矩阵，测算出城市居民经济状况满意度因子的综合测评得分，具体测算公式为：

Z4 = 0.055 × B010.021 × B020.037 × B030.065 × B04+0.050 × B050.093 × C010.039 × C02+0.007 × C03+0.109 × C04+0.092 × C05+0.096 × D01+0.052 × D02−

0.051 × D030.125 × D04+0.183 × D05+0.190 × E01+0.107 × E02+0.312 × E03+
0.008 × E04+0.238 × E05+0.249 × E06+0.173 × E07+0.046 × F01+0.105 × F02-
0.055 × F030.059 × F04+0.050 × F50.039 × F06-0.004 × F07+0.037 × F080.028-
× G01+0.014 × G02-0.078 × G030.151 × G040.096 × G05+0.047 × G06+0.030 × G
070.022 × G08

利用上述测算公式计算得出城市居民经济状况满意度因子的综合测评得分，并绘制相应的直方图，如图 3-5 所示。

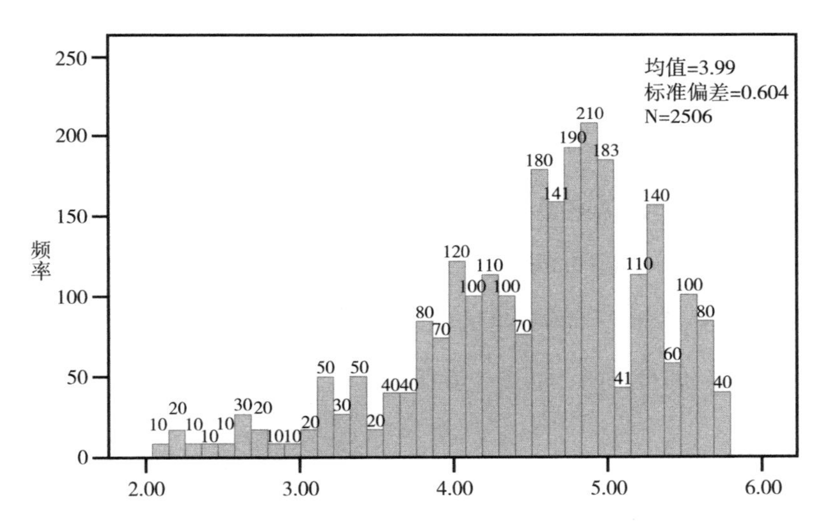

图 3-5　城市居民经济状况满意度因子综合测评得分直方图

从图 3-5 中可以看出，城市居民经济状况满意度因子综合测评得分呈正态分布态势。其中，综合测评得分均值为 3.99；综合测评得分高于 4 的居民人数占比 58.06%；处于 3 ～ 4 之间的居民人数占比 33.96%；处于 2 ～ 3 之间的居民人数占比 7.98%；而低于 2 的居民人数为 0。综合比较可以看出，城市居民经济状况满意度平均水平处于比较满意的状态，只有少数居民对其经济状况表示不满意。

（二）城市居民身心健康满意度评价

效度检验结果将第二个主要因子命名为身心健康满意度因子（Z2），并且在身体健康、心理健康、个性性格、个人心态以及自我价值等评价指标上具有较高的载荷。根据成分得分系数矩阵，测算出中等城市居民身心健康满意度因子的综合测评得分，具体测算公式为：

$$Z2=-0.008\times B01+0.006\times B02+0.070\times B03+0.045\times B04-0.108\times B05+0.040\times C01-0.216\times C02-0.152\times C03-0.011\times C04-0.029\times C05+0.024\times D01+0.003\times D02+0.008\times D03+0.173\times D04-0.068\times D05-0.033\times E01-0.078\times E02+0.030\times E03+0.253\times E04+0.165\times E05+0.008\times E06+0.048\times E07+0.165\times F01-0.116\times F02+0.155\times F03+0.043\times F04+0.130\times F05+0.211\times F06-0.042\times F07+0.196\times F08+0.023\times G01-0.024\times G02-0.043\times G03-0.053\times G04-0.046\times G05+0.012\times G06-0.004\times G07+0.054\times G08$$

利用上述测算公式计算得出城市居民身心健康满意度因子的综合测评得分，并绘制相应的直方图，如图 3-6 所示。

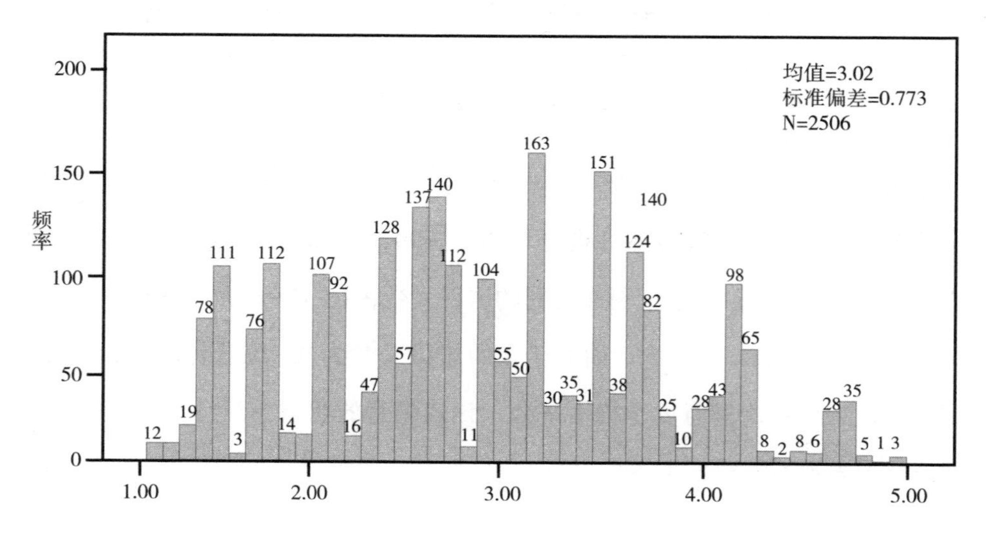

图 3-6　城市居民身心健康满意度因子综合测评得分直方图

从图 3-6 中可以看出，城市居民身心健康满意度因子综合测评得分呈正态分布态势。其中，综合测评得分均值为 3.02；综合测评得分高于 4 的居民人数占比为 13.17%；处于 3 ～ 4 之间的居民人数占比为 35.95%；处于 2 ～ 3 之间的居民人数占比为 41.50%；而低于 2 的居民人数占比为 9.38%。综合比较可以看出，中等城市居民的身心健康满意度平均水平处于一般性状态，身心健康满意度平均水平为非常满意或很不满意的居民数量较少。

以上是进行城市居民幸福感测评中两个重要维度的举例，经济状况和身体健康是居民在生活中最受关注的两个领域，关乎生活质量和生存体验，也是最能影响幸福感的两个领域，非常具有代表性。其余几项也按照此类方式进行，最后汇总后用加权求和的方法计算得出城市居民幸福感的总得分，从而可以对城市居民幸福感进行综合测评。

第四章　公共文化视域下城市居民幸福感的测评与提升

第一节　公共服务满意度的测量及其对居民幸福感的影响

公共文化可以为居民精神文化的发展提供支持，满足居民在精神文化方面产生的需求。公共文化主要是以国家为主，同时借助于社会中的其他力量，共同为社会中的居民提供有关文化方面的设施支持、产品支持、服务支持。除此之外，公共文化的存在是后续开展公共文化服务工作的前提，公共文化主要依托于博物馆、社区文化馆等载体。对公共文化进行考核时主要参考的标准是：居民展现出的对社会公共文化活动的主动性、社会中有关公共文化设施的完善性、公民在公共文化方面享有的权益性。

公共文化服务的主要供给者是政府，但是也会有社会中其他组织个体的加入，公共文化服务的主要目的是为社会中的全体居民提供可以满足他们需求的文化服务，让公民享有的文化生活权利得到保障、业余生活更加丰富。公共文化服务包括文化产品和服务制度、服务系统，它除了涉及服务设施、服务内容、公共文化市场资源外，还涉及公共文化人才队伍的建设、公共文化法律法规机制的建设、公共文化服务技术的建设资金的支持等方面。公共文化服务显现出的特性主要有：基础性、公益性、共享性及容易获得性。公共文化服务的建设可以明显提高整个城市居民的幸福度，因此，可以通过居民文化生活水平及居民文化生活质量来反观和推测居民整体生活的幸福程度。

一、公共服务满意度的测度与结果解读

（一）测度指标体系的建立

世界上很多国家都在积极为民众提供让民众真正能够受惠的公共服务，在测试公共服务满意度时，也开始广泛运用满意度理论及满意度模型。借鉴顾客满意度理论可以构建公共服务满意度统计评估模型，模型中涉及很多因果关系以及很多潜在变量，通过模型的建立可以探索出公共服务满意度评价指标体系及评价满意度。使用的评价方法，在进行公共服务满意度统计的时候需要统计真实和准确的数据，才能统计测度最终的公共服务满意度[①]。

在研究公共服务满意度时，需要站在宏观的层面调查整个社会中公众对于当前公共服务的满意程度，在确定这个目标后，可以确定要使用的调查方案，然后设计调查问卷，接着按照步骤展开预调查、项目分析以及信度和效度分析等过程，最终建立适合的公共服务满意度测度指标体系。

测度量表主要针对教育、医疗、就业、公共政策、社会保障、基础设施、交通环境服务体系等方面，让公众从主观角度评价政府当前的公共服务，评价使用10级分制，其中1分代表对当前的服务非常不满意，10分代表对当前的服务非常满意。在评价后，需要通过因子分析方法，对公共服务满意程度的相关影响因素进行探究，使用结构方程模型可以研究不同因素间的关联与作用，然后完成公共服务满意度统计测度模型的建设。建设出模型后，分析公共服务满意度的相关系数均值，也可以进行满意度、重要度矩阵的分析。

---

① 吴静．社会发展进程中居民幸福测度与实证研究［M］．杭州：浙江工商大学出版社，2013：104.

真实记录下当前城镇及乡镇中居民对公共服务的满意程度，从整体的角度思考，如何让公共服务为居民带去更多好处。另外，在完成满意度重要性矩阵分析的前提下，测定出满意度和重要度的关系，分析出关键因素存在哪些不足之处，这样就可以提出真正有助于居民发展的公共服务意见和建议。

（二）公共服务满意度的测试因子解读

对于公共服务满意度来讲，基础设施保障因子的作用很重要，涉及安全、居住、交通、医疗、教育保障等，原因是基础设施是所有公共服务需要的基础条件，基础设施的建设直接为国家公共教育、医疗、生活等领域活动的正常开展提供了保障。同时，基础设施带来的回报非常高，会比投资额高出几倍，基础设施的完善程度对经济的持续稳定发展也有重要影响。

第一，对于基础设施保障来讲，政策制度的影响非常重要，政策制度也会间接影响社会安全、居住、交通、教育及医疗。政策制度是所有公共服务满意度得到提升的保障，制度是国家层面进行建设的，可能是法律法规，也可能是规章制度。国家制定的政策本身的完善度会影响到国家发展和社会的稳定和谐，也会有利于公共服务工程的开展。

总体而言，为了完善公共服务，让居民拥有更高的满意度，必须要不断探索和研究如何在基础设施建设层面及政策制度建设层面进行完善，这两方面对公共服务满意程度产生的影响非常大，意义也非常深远。公共服务涉及科学、教育、文化、卫生等方面，它属于政府工作的重要内容。政府在开展教学工作时，基本依靠相关政策指导与基础设施建设。在基础设施保障因子和观测变量之间的关系中，文化、卫生、基础教育等方面的设施建设直接对基础设施保障产生影响，这也从侧面说明公共服务事业当中基础设施保障是基础和根基。以基础设施建设的保障为基础可以成为后续政策制度的保障。政策制度保障在资源、法治、效率监督等方面发挥的作用是以基础设施建设保障为前提，政策制度保障可以引导居民更多地利用公共资源，有效提升公共资源的利用效率。

第二，社会安全保障满意度层面，居民主要关注物价及公平性。例如，个人所得税起征点发生变化、房产税的改革等，这为居民生活提供了更高的保障。所以，居民更关心当前收入分配的管理状况及分配是否公平。除此之外，安全问题一直是居民关注的重点问题，物价的水平是居民们广泛关注的内容，会对居民生活产生直接影响。

第三，居住交通保障满意度方面，居民主要关注自己居住地区的政府对环境建设所做的努力。居民之所以关注自己的地区，是因为它直接影响到居民生活，而且当居民生活条件有所改善后，也会更加注意自己的居住环境，对自己的居住环境提出更高的要求。

第四，教育服务保障方面，居民主要关注基础教育的管理问题及教育公平公正的管理问题。我国大力推进义务教育、职业技术教育与大学教育，这些教育类型的推广在一定程度上推动了基础教育及教育公平发展。目前，我国在义务教育方面提供的服务一直在不断快速提升，服务水平也显著提高。

社会公平正义的实现需要公共服务体系建设步伐的加快，公共服务体系建设步伐的加快可以从一定角度避免社会中出现财富初次分配带来的不平衡。而且，提升公共服务体系的建设速度可以对初次分配产生更正面的影响，可以在一定程度上减缓社会中由于利益分化受到抑制而产生的社会矛盾。公共服务体系的优化和完善最重要的一点是做到整个社会公共服务体系的完善，做到公共服务的普及，实现整个社会公共服务权利的均等，避免地区之间存在公共服务不公平现象的出现。与此同时，还应不断健全和完善公共服务体系平台，平台的建设在一定程度上可以提高公共服务总体效率，更好更快地促进社会公平公正，保障权利平等。

二、公共服务满意度对居民幸福感的影响

下面以城市社区公共服务为例，研究公共服务满意度对居民幸福感的影响。

（一）城市社区公共服务

城市社区是生活在城市范围内的居民组织，具有一定规模，社区内部有着较为紧密的联系，居民之间能形成有组织的互助合作。社区是继单位和街道之后的新型城市基层单位，居民的参与感更强，随着改革开放的不断深化，我国已经由“街居制体系”逐渐转化为“社区制体系”，并不断完善和优化。

社区是社会的组成单位，社区公共服务是社会服务的分支，以社区为单位提供的公共服务与社会服务既有相似点也有不同点。社区公共服务由政府或社区居委会组织开展，其他社会组织也会参与其中，为居民需求提供服务，社区公共服务没有经营性和商业性，属于公益福利性活动。

1. 城市社区公共服务的分类

第一，工具性和情感或认知服务。这种划分方式以为居民提供的服务是物质方面还是精神方面进行划分的，物质方面的服务属于工具性服务，精神方面的服务属于情感或认知服务。

第二，硬件类和软件类服务。这种划分方式根据提供的服务是否有物质形态的呈现而定，有物质形态表现的服务属于硬件类公共服务，反之即为软件类公共服务。

第三，公共服务和商业服务。这种划分方式根据提供服务的主体划分，由政府提供的是公共服务，由市场提供的是商业服务。

第四，一类和二类公共服务。这种划分方式涉及社区对服务的独占性，二者在社区服务中相互辅助。一类公共服务是指所有社区都可享有的服务，其服务于所有社区成员；二类公共服务是指不向所有社区开放，而是针对某一

个社区及其成员提供的服务。

第五，行政性、自治性、互助性、市场性公共服务。这种划分方式通过公共服务的供给模式而定。

第六，以公共服务的具体内容进行细分的划分方式，社区公共服务包括但不限于安全、文化教育、环境美化、就业和社会保险、医疗卫生等。

2. 城市社区公共服务的供给主体

我国社会公共服务的供给主体，主要是政府机构、市场和社会组织。根据供给主体的不同，供给模式也有区别：政府机构作为供给主体采用行政化供给模式，市场力量主体采用市场化供给模式，社会组织采用社会化供给模式。

根据社区公共服务的供给主体以及供给方式，将我国社区公共服务发展历程划分为三个阶段：1987 ～ 1993 年为第一阶段，即探索阶段；1993 ～ 2006 年为以效率为导向的第二阶段，即产业化阶段；2006 年至今为兼顾公平效率的第三阶段，即均衡发展阶段。

社区建设的开展在市场经济体制确立后步入正轨，其伴随着单位制的逐渐瓦解。社区建设的开展需要得到政府的支持和引导，公共服务的推行涉及多方利益，同时也要有一定需求需要政府的支撑，因此在公共服务的规划和制定及供给上，政府扮演着重要角色。而且大众对于政府的信任度更高，更倾向于由政府提供的公共服务。虽然社区服务工作是政府牵头开展的，但在开展社区公共服务时，应切忌过于行政化。

公共服务市场化需要以公私合作的形式进行，引入市场机制可以提高社区公共服务的效率，能降低供给成本，按需提供资源更灵活，实现居民的需求和资源供给之间的平衡。公共服务市场化有利于推进政府治理现代化，实现治理责任共担。虽然公共服务市场化有诸多优势，但是也不能忽略其存在的许多问题，如供需双方的缺陷和空心化、碎片化等。

社区组织在了解和满足居民多元化需求方面更具灵活性，对吸收社会资本和促进社会融合也有重要作用，能够有效化解过度行政化的困境，符合社会治理的发展轨迹，即多元主体共同参与治理的社会发展，在这种趋势下，社区组织的重要性日益凸显。

社区公共服务的社会化有助于开展社区活动和服务运营，社会化能使社区公共服务的运营更加专业高效，也能有效提升居民参与社区活动的积极性，有利于在资源配置、运行管理、服务监督等方面实现社会化。

社区公共服务的多主体形态必将导致公共服务的多种模式共存：政府为公共服务主体的行政化公共服务供给，即政府主导型；市场为公共服务主体的市场化公共服务供给，即市场活跃型；社会组织为公共服务主体的社会化公共服务供给，即社会组织参与型。上述三个公共服务主体共同进行社会公共服务工作，三种服务模式并存能够发挥各自优势，形成优势互补的多元供给结构。

在社区公共服务的主体组成中，除政府机构、市场力量和社会组织外，公民也是重要的一员。公民不仅是社区服务的享有者，同时在社区建设中也具有责任和义务，在新公共服务的理论中对此也有著述，将服务的享有者列为供给的重要角色。公民是公共服务的参与主体，是重要的服务供给者，在服务供给过程中以合作生产者的角色发挥着重要作用。合作生产包括计划、设计、运转、管理、供给、评价和反馈等，在整个公共服务的过程中，合作生产贯穿其中，发挥着重要作用。

3. 城市社区公共服务的供给对策

社会公共服务在服务信息、流程和方式上都呈现出碎片化的趋势，社会公共服务的碎片化源于政府职能的碎片化和利益划分的碎片化。根据碎片化的现状，针对社区公共服务从政府层面进行协调分配，从整体着眼治理。

以社区治理为模板进行研究，利用“互联网 +”的模板集合政府、运行管理平台、服务企业、第三方运营及外部环境共同构建“互联网＋公共服务”的社区供给模型，由此考察社会公共服务，深入了解社区公共服务现状。

公众参与能够完善社区治理，多元利益的主体参与到社区公共事务中能够推动社区居民的自治主动性和自治能力的提升。社区居民的需求得到满足，并在此过程中实现公共利益的创造，加之对社区居民需求的了解，在公共参与社区治理中，社区居民的需求得到满足并创造了公共利益，能够提升居民与社区治理工作的黏性，促使其持续参与到社区治理中，完成对社区的精准治理。

（二）城市社区公共服务满意度对居民幸福感的影响机制

1. 对居民幸福感的直接效应

城市社区公共服务满意度对政府工作至关重要，这是社区居民对获得的各种社区公共服务的满意程度之一，是社区居民对满足自身生活需要的公共服务质量主观感受的评价。因此，城市社区公共服务满意度离不开当地政府的公共服务，城市社区公共服务满意度是当地居民对基层政府绩效水平的直观反映。

随着城市化发展速度的不断加快，社会治理完善程度也在不断深入。在城市发展的过程中，现阶段要做好的关键工作就是社区治理。社区居民的幸福感如何，是衡量社区服务水平的关键因素，既是衡量个人对于自身生活的满足程度，也是对自己所处客观条件的事实判断。和谐有序的社区，可以促进居民的幸福健康，这是社区治理的最大价值追求和城市发展的最终目标。

在社区公共服务的内容中，服务的种类多种多样，它们能够满足社区不同居民的各种需求。社区的基本生活设施要完善，保障社区居民的日常生活，提供大家所需的基本物质资源，让大家享有安心的外部安全保障，为社区居民提供舒适的居住环境，满足社区居民各层级的生活所需。

社区内的交通情况也是影响居民幸福感的关键因素。在日常活动中，社区居民的出行需要便利的交通条件，其中社区的建筑设施要合理，比如，需定期检查道路的车辆情况、交通情况；检查是否有不规范停车现象，电动自行车的充电配置和停放处是否安全合理，有没有安全隐患等，以防止居民的日常生活受到影响。居民的幸福感存在于社区的每个角落，当他们感受到被关心，感受到自己对爱和归属感的需求得到了满足，幸福感也会大幅度提高。

积极参与社区公共事务，不仅有利于社区民众的个人利益，还有利于维护社区民众的共同利益，满足社区内居民的“被尊重”和“被重视”的需求。根据马斯洛的需求层次理论的论述，当社区居民的需求被充分满足时，个体的幸福感就会增加。生理需求的满足保证了当地居民的生活能够正常进行，从而让居民有了感官维度的幸福感。满足居民的安全需求可以帮助当地居民处在一个安全的心理状态中，可以确保居民的生命和财产安全，可以让居民在社区生活中获得强大的安全感，也收获更多的幸福感。

满足居民爱与归属感的需要，可以让社区的人彼此之间更加信任，让居民能够产生对所生活的社区的归属感，在社区中构建和谐的人际网络。生活在这种环境下的居民，能够感觉到自己是被关心、保护和接纳的，从而在内心产生充足的幸福感。社区要满足居民的尊重需要，居民在社区中的正常行为都应该被大家所认可，要让居民感觉到被尊重，鼓励个人积极参与到社区工作中来，支持社区工作顺利进行下去，这样在社区生活中，居民就可以更加自信，可以获得尊重，让个体自我实现的需要得到满足，从而产生更多的幸福感。这属于居民自身的高层次需求，当地社区居民在生活中充分发挥潜力，为当地社区的发展做出贡献，然后实现自己的价值，产生长远的幸福感。

公共服务是政府的一项关键职能。居民对公共服务的满意度不仅能够反映政府公共服务绩效水平，还能反映公众对政府质量的评价，这也能够侧面反映行政质量水平。在理论上，政府应该实施一系列社会保障政策，让居民能够享有充足的公共服务，政府要从多方面入手，保障社会上所有人民的基本权益。政府质量是国家福利政策达到有效性的重要前提，政府质量影响着人民幸福感，对其发挥着重要作用。

政府服务绩效也与公众满意度息息相关，两者之间是正相关的关系，在评价政府公共服务质量时，公众满意度是一个重要的衡量指标。政府质量与对经济增长的贡献相比，政府质量的影响更大，政府为公民提供的公共服务，可以极大提高居民幸福感。高质量的政府服务意味着政府对公民利益会更加重视，同时，也会更加愿意维护司法公正，希望能够为居民提供更好的健康和教育服务，并致力于创建平等的社会，让生活在这个国家的公民能够拥有较高的幸福水平。

与政府规模相比，政府质量会更直接地影响居民幸福感，其影响作用比政府规模更大，技术质量与幸福感的相关系数也会更高。在居民享受社区公共服务的过程中，治理理论强调多方参与，这种方式能够让交易成本变得更低，治理能力变得更高效，公共服务的方式更多元化，能够满足社区居民多样化的需求，让社区能够健康地运营下去。

优质的社区公共服务和完善的社会支持网络有利于居民主观幸福感的产生。当地居民对社区基础设施、社区公共设施、生活环境的满意度都会影响居民自身的幸福感。在社区中，良好的生活环境非常重要。社区需要质量好的自然环境，氛围好的人文环境，这些都可以显著提高居民在这个社区里的幸福感。社区内可兴建配备全民健身设施的公园、公共图书馆等设施，能够大幅提高社区居民的生活满意度。

2. 社会支持的中介作用

社会支持是一种重要的社会关系，一般理解为社会个体为了能够满足其精神或物质需要，可以通过社会网络获得的一切支持。通过社会支持，个体能够极大缓解自身压力，拥有健康的身体和积极向上的精神，保持身心健康。首先，在社区中，居民拥有了社会支持后，内心就有了被保护的感觉，行为处事会更加安心。其次，社会支持有利于社区居民的情感体验变得更加充实。社会支持主要可分为以下两种情况：第一种情况是得到了社会支持，这主要是指个人接受的社会支持，个人在社会上得到的任何具体支持；第二种情况是感知到的社会支持，感知社会支持主要是指个体对通过感知社会支持这一心理现实，从而影响着个体的行为和发展，更能表现出对个体心理健康的增益性功能。两者虽然理论上不同，但在现实情况中也有一定的联系。

社会支持的内容包括：①客观支持，是指个人在社会上实际得到的支持。②主观支持，是指个体在自己的主观方面，能够从社会上感知到的情感支持，如一个人感受到了自己被人尊重，在行动上是被人认同和鼓励的等。③支持利用度，这主要指个人在日常生活中，使用社会支持资源的程度。在人的一生中，个人的身心健康一直都被社会支持所影响。不仅如此，社会支持会不同程度地影响人的信心和内心的驱动力，它还会通过影响个体的抗病能力来影响人体的免疫系统功能，并改善个体的健康。

社区的公共服务能够满足个体所需的多种社会支持，既能够为居民提供物质支持，也能够为居民提供精神支持。社区内需要有完善的公共服务设施，让居民能够良好有序地进行日常生活。社区也要为居民提供良好的居住环境，为当地居民开展日常活动提供各种看得见摸得着的实际支持。一系列社区基本社会保障服务不仅为社区人民提供了精神上的帮助，也为社区弱势群体在物质上做出了保障。与此同时，社区多样化的文化和体育活动也为社区居民创造了与其他人联系的契机，大幅扩大了居民人际交往的机会，使他们能够获得更多情感支持。社区还需要开展各类福利公共服务，旨在提高社区居民的能力，构建一个和谐的社会支持网络，保障社区居民的权益，帮助社区居民保持身心健康，在活动中获得他人的认可和尊重。

在社会资本理论的内容里，组织中不同的成员之间会形成相互支持，这是社会资本的重要组成部分。良好的社会支持可以帮助人们放松自己紧张的精神状态，有利于解决自己的心理障碍，改善身体健康状态，更好地感知幸福，变得积极乐观，会主动拥抱和认可美好的社会。个人对生活的满意度更高，情感体验也更美好。

社会支持还可以影响社会中很多群体，例如，可以通过学习环境的提升、交流平台的优化、创业政策的扶持等影响大学生的社会幸福感，也会通过收入提升、权益维护、福利提升等影响农民工的幸福感，也可以通过医疗下乡、农村环境治理、老年关怀等提升农村地区老年人的主观幸福感等。在城市中，大家的日常生活活动场所大多在社区中，公共服务既可以为居民提供客观物质支持，也可以为居民提供主观心理支持，对当地居民的幸福感有显著影响。

3. 社区归属感的中介作用

社区归属感的概念来源于城市社会学和社区心理学等学科，其内涵是通过主观感知的方式表达出社区个体和社区之间存在的关系。社区归属感也是一种情感纽带，存在于社区居民和社区之间产生的内在关系，主要来源于社区和社区居民之间双方的良性互动。一般来说，社区居民对社区的归属感和满意度会随着生活时间的增加而不断增强。

为社区居民提供高质量的社区公共服务主要包括两个方面：一方面是让社区居民的基本物质需求得到满足；另一方面是营造和谐的社区氛围，让社区居民之间友好相处，创造良好的人际关系网络和社会关系网络，让社区居民的社区归属感和认同感不断增强。一定程度上，社区居民对所在社区的认同感、满意程度以及归属感代表了他们对当地政府提供公共服务的评价。在影响社区个体归属感的因素中，污水管理满意度、治安情况满意度以及垃圾回收满意度是影响最大的因素。同时，社区提供给居民个体的公共服务质量和水平对他们的社区归属感也有一定影响，建设和谐社区是社区居民衡量社区公共服务水平的重要标准。在城市中，城市居民对城市公共服务的满意程度越高，表明他们对该城市政府的信任程度和城市认同感越高。群体存在的根基和本质特征是群体成员共同的归属感。人是社区活动的主体，因此，建设和发展社区的重中之重是不断提升社区居民的幸福感和归属感。

社区居民个体幸福感与社区归属感之间相互依存、相互影响，表现为正相关关系。人类的需求是多样化的，爱与归属感是其中重要的需求之一，当社区居民对社区存在较高的依赖程度、喜欢程度及认同程度时，他们便会积极主动地融入社区网络和社区共同体中，对社区的信任感也不断增加。社区居民个体在向社区共同体融入时，社区让他们的归属感和社交需求得到充分满足，社区居民个体同样感受到了被爱和被认可的幸福感。

4. 链式中介作用

如何衡量社区公共服务的优劣好坏，一方面是要对社区内的基础公共设施不断建设和完善，为社区居民创造良好的生活环境；另一方面是要建立良好的平台，加强社区居民和社区及居民之间的交流和互动，提高居民参加社区公共服务的积极性。从社会支持的角度来说，高质量的工具性和情感性是社区公共服务提供给社区居民的重要内容，如此一来，社区成员的需求得到满足，还整合了社区成员身份和自身社会身份之间的关系。

社会组织支持感的提高有利于增强社会居民组织的认同感，也就是说，社区对社区居民的社会支持感越强，居民对社区的认同感和归属感就越强。社会认同理论的观点认为，如果社区居民在使用社区服务的过程中，感受到了社区所传递出的支持，则会用友好和谐的态度回馈社区，并增加在以后的社区公共事务中的积极性和主动性。

社区居民在参加社区活动时，能够加强与社区中其他邻居的联系，拓展自己的交际网络，随着与其他社区居民的沟通交流不断加深，能让其与社区居民之间产生紧密的联系，增强其对社区的喜爱程度和归属感。社区居民对自己所处的社区环境产生了归属感和认同感后，会更容易和其他社区居民发生更加紧密的联系，主要表现为和谐良好的人际交往关系和较少的矛盾、冲突和攻击。同时，当社区成员之间的往来越来越频繁和密切，他们对社区的归属感也在不断增强，彼此之间的信任程度也随之增加。如此一来，社区个体成员的利益需求更容易得到满足，幸福感也会显著提升。

5. 公共服务动机的调节作用

近年来，很多学者开始将公共服务动机作为重要研究内容，这也让公共管理学领域中的公共服务动机成为当下的重点研究内容。第一，从理性角度来说，在公共服务中个体发挥更多主动性，也是为了维护自身的利益，实现利益的最大化，这与自身追求和效用的考量并非毫无关联，其中，涉及的自身利益主要包括在参与公共服务活动中收获到的精神收益和物质收益。第二，从规范的角度来说，个体积极主动参与到公共服务中，不仅是为了践行自身的义务，也是为了实现自身对国家和公共责任做出的承诺。每个个体在参与社会活动和社会化的过程中，都会受到道德规范、社会伦理及法律法规的束缚，这些条条框框不仅促使个体主动积极参与到公共服务中，还要求他们以身作则，积极为社会公共利益事业奉献自己的力量。第三，从情感的角度来说，个体积极参与到公共服务中，将个体的情感感知能力和公共利益或公共事业之间形成相互联系、相互依存的关系。这表示，在这个过程中，个体的心理感受和情感体验上能得到更加正能量的反馈，是以内心的情感喜好作为基础做出的行为，而不只是为了获得自身利益，也不仅仅是社会道德规范驱动下做出的行为。

公共服务动机具有调节功能，将影响个体的幸福感，公共参与吸引、公共价值承诺和同情心及自我牺牲等因素会影响到个体参与公共服务工作的幸福感。也可以说，个体的公共服务动机较高，在工作中就会有更好的抗压能力。

单位或组织与工作产生的潜在社会影响决定了公共服务动机和员工之间的幸福感程度。

对于个体和公共服务组织来说，他们幸福感的高低和参与公共服务的行为、公共服务动机、社区归属感、社区责任感有密切关系。

社区治理观点认为，在社区公共事务的治理中，应该让多元化的社区主体参与其中。与公共服务动机较低的社区个体相比，较高的社区个体参与社区公共服务的积极性和主动性更强，更愿意共同努力，致力于提升社区公共服务的水平和质量。对于个体来说，激发他们不断参与公共服务事业的主要价值观念是为他人服务、推动发挥民主作用和建设美好安全的社区。

公共服务动机的本质属性是利他属性，自我决定的相关观点认为，个体具有自我实现的需求，这种需求与其内在的动机紧密相连，一定程度上能够预测到个体的幸福感。如果个体拥有较高的公共服务动机，那么他对社会活动的参与性和积极性更高，也更愿意在日常生活中帮助他人。社区公共服务中的重要主体和参与者是社区居民，如果社区居民在社区活动和社区公共服务方面有较高的参与性，他们更愿意在参与社会公共事务的过程中将自己的公共服务需求和想要实现的社区公共价值表达出来，让自己在不同层次和维度的幸福感和满足感得到提高。所以，在治理社区中，要充分发挥社区公共服务动机的调节变量作用，以及社会归属感和社会支持的中介变量作用。

第二节　公共文化视域下居民幸福感的测评与提升对策

一、公共文化视域下居民幸福感的测评体系建设

（一）测评指标体系的创建思路

随着对构建指标的重视，学者们开始通过各项评价指标对公共文化视域下的居民文化幸福指数进行了深入探索，建立了更加科学合理的指数指标体

系。通过各方面数据研究与借鉴，为构建指标发展打下了坚实基础。其中，主观幸福感是从自身的生活常态及未来发展的感受体现的，整体的满意度和幸福感等均具有主观性。

下面从整体居民主观性方面进行研究分析，居民文化幸福指数指标体系在公共文化视域下的整体满意度是通过整体生活质量及整体生活体验来体现的，更多地侧重于居民的情感，其快乐感、愉悦感、幸福感均属于个人情感。目前，文化幸福指数指标体系与公共文化服务绩效评价指标体系是相互联系和相互影响的。幸福指数指标也是经过多方借鉴、分析、研究才确定的，其存在一定的实践性与科学性。在进行居民文化幸福指数指标体系确立时，可以邀请不同领域的专家参与进来，通过共同研究商讨，对相关要素进行了确定，整体构建出符合实际需求的居民文化幸福指数评价指标体系。

（二）测评指标体系的拟定

文化幸福指数不仅包含了对居民日常文化生活质量的整体评价，同时还有对客观文化事业水平的整体评测，涉及生活中的方方面面。在测评时，各项指标不仅具有主观性，还具有一定的宏观性，属于一个统一体。因此我们在进行文化幸福指数体系拟定过程中需要从不同角度分析。通常情况下，我们可以将公共文化视域下的居民文化幸福指数分为两种：第一种是主观幸福指数，其更多侧重于居民内心的感知与感受，是生活文化中的幸福感；第二种是客观文化幸福指数，此类幸福指数更侧重于依托文化事业条件，需要公共文化的保障，存在一定的客观性。在对公共文化视域下的居民文化幸福指数指标体系进行研究分析时，主要侧重主观性和客观性。

（三）测评指标体系中的测评模型构建

测评模型构建过程中需要以居民文化幸福指数指标体系为基础，在后期指数测算过程中获取数据时会更加直接。但是，在使用对应指标体系进程中，如何可以测算得更加准确，如何让数据、指数等更加客观，这就需要建立科学的评测模型，让居民文化幸福指数更加准确。

1. 居民文化幸福指数指标的无量纲化处理

在计算居民文化幸福指数时，需要对相应居民文化幸福指标体系进行量化，同时标准化的指标体系方可提供更准确的数据。不同指标体系中的指标系数所代表的含义存在很大差别，表现形式也不尽相同。当然，在确定指标体系时，不仅需要从定性指标和定量指标两方面进行考虑，同时还需要确定计量单位及其数量核算等，便于后期比较，不同方式与表现在对其进行处理时也需要采用不同的处理方式。

（1）对客观指标进行更加标准化的处理对于居民文化幸福指数指标体系来说涉及的指标更侧重于定量，而且在测量指标时会出现不同的量纲，需要让指标的评价数值更倾向于实际数值。因此，需要对此种类型的指标再次进行处理，多为无量纲化处理，即机制变化法。

机制变化法需要对比相应的数值，常见的有实际值与调查值对比，这样主要是为了进一步评价不同指标。采用此种方式进行无量纲化处理可以直接影响数据的准确性，具有众多优势。

（2）对主观指标进行一定量化处理工作对于居民文化幸福指数指标体系来说，其指标更侧重于定性指标。常见的定向指标有满意度、愉悦度和影响度等，比如文化活动满意度等，这些数据在获得时多为问卷调查。调查问卷过程中需要提前进行问卷等级划分、问题确定、群体确定等。问卷设计过程中可以将其分为五个等级，其中包含了很满意、满意、一般、不满意、很不满意。在调查过程中也需要根据调查对象主观感受来进行填写，根据实际情况进行问卷调查，后期进行数据统计方可更加准确，最终的数据更具说服力。

2. 居民文化幸福指数的评价标准

在进行居民文化幸福指数评价标准制定过程中，各项指标反映的居民幸福水平不同，因此在进行指标计算时也需要根据不同指标性质进行。简而言之，评价标准便是将其分为不同等级，不同居民文化生活水平有不同的目标，不同阶段生活水平下，目标也会发生变化。因此，不仅需要对不同地区居民的整体生活水平进行调查，同时还需要对其进行分析、对比和改进，这样方可及时为其解决问题，提升居民幸福感。

3. 居民文化幸福指数指标的权重确定

指标权重分析过程中存在很多程序，主要通过层次分析法的程序进行论述。

第一，构建整体层次结构模型。不同研究对象其属性不同，在分解归类过程中也必然存在差别。后期对其进一步进行分组后，相同组别的元素基本类似。通常情况下，会将其分为高层次元素和低层次元素，而对应的低层次元素在一定程度上受高层次元素控制。

第二，在进行权重确定过程中建立判断矩阵。判断矩阵主要特点是比较不同层次元素，更侧重于元素重要程度的对比。建立判断矩阵过程中需要对其进行行向量和列向量分析，共同构建判断矩阵。

第三，根据所建的判断矩阵进行权重计算。在进行层次指标权重计算过程中需要以判断矩阵为基础。

第四，对其进行一致性检验。此处的一致性指矩阵的一致性，在判断一致性时需要判断不同矩阵的重要程度。

在进行居民文化幸福指数指标体系指标分析及权重确定过程中，需要综合考虑公共文化视域下居民文化水平。不同指标的影响会随着居民文化生活的不同发生改变，因此在确定幸福指数指标权重时，需要根据不同指标进行分析，其是否合理也会影响整体测算的结果。

在确定居民文化幸福指数评价指标体系过程中，会采用层次分析法进行，但是在此之前也有很多工作需要进行，比如权重设计、意见咨询和统一指标等。通常情况下进行意见征询时会涉及高校教师、文化广播管理局人员、各岗位专家等，征询其意见后会进一步评分，最后确定权重，在权重确定以后方可使用前文所提到的层次分析法。

二、公共文化视域下居民幸福感的提升对策

以上海市宝山区为例，进行公共文化视域下居民幸福感的提升对策研究分析。

（一）公共文化的有效供给

上海市宝山区区域广阔，居民的生活水平不同，为了满足大家的需求，政府推出了各种各样的公共文化产品，进而满足不同生活水平居民的需求，提升居民文化水平。

就供给角度来看，政府在供给公共文化产品时处于主导地位。就需求角度来看，加强公众和公共文化之间是相互生存发展的关系。政府要发挥主导地位，为大家提供高质量的公共文化产品。就整体而言，公共文化具有公共性的特点，其发展需要政府大力支持，政府不仅需要负责产品开发的启动工作，还需要创造良好的环境。在公共文化的开发与发展中，政府在激励合理化开发的同时，也要监督对文化资源的保护。

随着公共文化服务管理模式的不断创新与发展，以及现代科技信息的高速发展，社会公众对公众文化服务的需求也发生了变化，他们比较看重物质和服务给人们带来的体验感受及满足社会大众的各种需求，因此就需要培养社会公众与公共文化相互生存发展的关系。就目前来看，公共文化服务管理主要是根据社会福利的发展作为公共文化的成绩评估和基本要求，这一做法可以建立公平公正的社会文化观念。

近年来，宝山区的许多文化场馆都在免费向公众开放，这一做法是在为

社会公众提供文化福利，同时博物馆和社区定期共同举办活动，让大家了解历史文化发展的变迁，从而增强人们对历史文化的了解和认识，在认识和了解历史文化与现代文化的过程中，使人们更深入地了解这座城市的文化。

（二）公共文化的产品消费环境优化

政府需要加大对公共文化的资金支持，将公共文化产品逐渐推广到有购买能力的群众中，这样不仅可以提高普通居民的文化消费水平，还可以进一步了解公共文化产品。

政府为了让大家进一步了解公共文化，将公共图书馆、文化站及美术馆免费向大家开放，但是一些有更深层意义的展览和场馆采取了低价票的优惠政策。政府为了实现公共文化服务的全免费，就需要调整相应的政策，让大众积极地参加公共文化服务及文化活动。与此同时，政府应该将重点放在如何提高居民对公共文化的消费水平上，居民都有自己的文化消费水平，想要改变不是一蹴而就的，需要坚持不懈地努力。公共文化产品的推出需要创作、市场、反馈、调研、营销等多方面的共同努力，通过政府及机制的创新等环节的相互协作，才能正式推广公共文化产品，由此形成了“市场—消费—市场”的循环体制。

（三）公共文化的服务财政投入加大

近年来，上海市投入专项资金致力于上海公共文化事业的发展，目的就是为了提高人民的公共文化生活水平。政府的专项资金用于建设纪念馆、展览馆及博物馆等公共文化设施。文化场馆是非营利的机构，其主要资金来源是政府的财政拨款。由此来看，公民、民间组织及企业应该积极投身于公共文化建设中，通过加大资金投入力度，让公共文化的发展越来越好。

上海市宝山区（下文称宝山区）在公共文化的发展中，将文化发展资金投入到文化品牌项目中，努力培养文化品牌，重点发展文化品牌。宝山区通过与宝山文创产业的对接，建立了文化品牌的合作发展机制。以建立宝山文创产业基金为基础，政府主导配合社会参与，为宝山区文化品牌的建立创造了良好的条件。

（四）公共文化的人才队伍建设与培养

宝山区注重培养文化方面的人才，将全区的优秀教师资源用到培训文化人才上，努力培养出有文化特长、文化水平高、文化品牌管理知识丰富和文化品牌开发能力强的高素质教师品牌队伍。

着眼于引进优秀人才，通过宝山区文化管理人才的扶持政策，宝山区旨在将国内外的优秀人才吸引到这里来，这样就可以有创新的设计思想和专业的人才。为了留下专业的人才，政府可以通过薪资奖励、在岗补贴、所得税的减免、落户及子女教育等方面给予一定的优惠政策。宝山区为了文化品牌创新型人才的发展，给创新型人才相应的政策鼓励和法律保障，为文化品牌的人才创造了良好的环境条件。

公共文化的发展离不开志愿者的参与，志愿者在公共文化服务活动中是大众与员工沟通间的纽带，是为了公共文化和谐发展而存在的。所以，公共文化的人才队伍建设与培养，要调动社会志愿者及公众参与公共文化建设的积极性。

（五）公共文化的宣传推广渠道拓宽

公共文化服务的宣传方式不仅要在书刊报纸、小区的公告栏及广播电视等传统媒体上进行，还要在微信、政府机构网站及微博等新型媒体上进行。宝山区公共文化服务不仅加大了宣传力度还改变了宣传方式，主要目的是调动居民对公共文化服务参与的积极性。通过 App 及公众号的大力宣传，增加市民对公共文化服务的关注度，进而让居民更深入了解公共文化。

第三节　社会层面下城市居民幸福感的提升对策

一、社会层面下城市居民幸福感的改善

城市幸福指数不仅反映了城市居民生活的主观满意程度，也反映了社会健康和社会发展进步的程度。城市幸福指数现在已经成为各级政府制定政策的重要参考和依据，它不仅有重要的理论价值，还有重要的应用价值。

提高城市居民幸福指数，可以从社会宏观层面与微观层面上改善居民幸福感。从宏观层面上强化社会规范意识、大力培育集体主义价值观、强化居民情感性交往、多种渠道促使居民互帮互助，从微观层面上提高社会各领域的公平性、确保食品安全、尽最大努力减少环境污染等，就一定可以在社会层面为城市居民创建良好的社会环境，为提升城市幸福指数奠定基础。

（一）社会宏观层面下城市居民幸福感的改善

1. 强化社会规范意识

社会规范是人们在社会生活交往中，应该自觉主动遵守的一般行为准则。这会对维护社会秩序，保障社会和谐稳定起到关键作用，是一个社会向前发展的基本道德要求。

首先，加强民众公德教育。目前，国内各级部门正大力主抓公民的公德教育工作，在公德行为和公德意识方面不断进行宣传和教育，并组织志愿者队伍深入基层和民间向公众进行宣讲和示范。不断提醒人们在公共区域要时刻注意自己的行为，心中要常有公德意识，培养公民在公共区域活动时遵守

公共秩序，以及不给社会或者其他人带来麻烦的意识。

其次，依法依规，加大处罚力度。在宣教的同时，我们也意识到只靠单纯的宣传教育这样的“软形式”，对增强公众的整体公德意识效果是极为有限的。应采取软硬兼施的方式方法，对影响恶劣，不遵守并恶意破坏公共准则的行为还需要进行“硬约束”，加大对这种行为的监管和处罚力度。明确以法促德，才能标本兼治。

2. 大力培育集体主义价值观

强化和提倡集体主义价值观，弱化个人主义价值观是增强人们幸福感的最佳有效途径之一。

加强对集体主义精神的认真领悟和思考，重新认识和把握集体主义的内涵。科学合理安排培育方式，认真思考和探索具有时代特征又兼具符合人们心理需求的培育方式和方法。要积极倡导和弘扬公而无私的集体主义精神，同时也要承认和尊重集体主义之内个人利益不受侵犯，要在集体主义原则下实现个人与集体关系的和谐统一共融，最终实现集体利益和个人利益的共同发展。

集体利益与个人利益获得有机结合。在明确集体主义的当代内涵之后，如何创新社会管理，在具体的社会实践中使个人利益与集体利益有机结合起来，并建立有效的转化机制，便显得十分重要。

第一，使人们在集体生活中的个人正当利益得到保护，个人的价值、尊严和荣誉得到合理的实现，个人的物质财富和精神生活不断得到提高，使人们产生集体归属感。

第二，采取切实措施，使人们可以从集体中获得切实利益，体验到“获得感”。让人们相信依靠集体能够改善自己的生活，彻底改变人们“依赖于集体和奉献于集体不能够给自己带来物质利益”，以及“当今社会的集体对自己的生活已不再重要”的一系列想法。

第三，集体利益必须最大限度覆盖个人利益，而且要把集体的根本利益尽可能最大限度地转化为个人的具体利益，使集体利益目标实现的同时，个人的利益目标也同时获得实现。

3. 强化居民情感性交往

建立广泛的社会团体并引导人们积极参与到其中，这样更有助于增强人们的幸福感。因为社会关系网络是指日常生活中邻居、同事、同学、朋友或者同乡之间通过亲密交往结成的关系网络，具有持续性强、情感性强的特点，而这样的关系网络的建立有助于提升人们的幸福感。另外，社团成员拥有共同的兴趣爱好或者价值观，能够遵守共同的道德规范，并产生相同的行为方式，在强化彼此之间相互信任的同时，也为幸福感的产生奠定了基础。

社会信任对人们的幸福感具有一定的正向影响，在建立信仰共同体方面，前面所述的社团建设及激励人们积极地参与社团是一个有效途径。社团成员之间横向的社会互动往往浸透着信任，社会互动越是密集，相互之间的信任越得以加深。因此，社团参与可以为普遍信任的产生提供“茂盛生长”的土壤。

4. 多种渠道促使居民相互帮助

居民互帮互助，有助于提升居民之间的凝聚力，进而提升居民个体的幸福感。社区工作人员为进一步促使居民之间的相互帮助，可以采取以下措施。

第一，加强社区中介组织建设。社区中介组织是联系社区居委会与居民，以及居民与居民之间的桥梁，一方面可以为社区居民提供一个了解信息的平台，另一方面又能承接从政府部门中剥离出来的部分社会职能，如困难救助、物业管理、就业指导等，还能为社区居民提供交流的机会。

第二，开展多种活动，让社区居民相识相知。完善社区各种文化娱乐设施，定期开展丰富多彩的社区活动，并调动社区居民积极参加。社区活动能够让社区居民尽可能多接触、多了解，给社区居民提供相识相知的机会。

第三，关注弱势群体。通过邻里服务和组织志愿者等形式，在居委会的指导下，有针对性地对弱势群体提供帮助，解决他们的衣食住行等基本生活需求，这样既可以在一定程度上解决他们的生活困难，又能够增加邻里情感，从而增强社区凝聚力。

（二）社会微观层面下城市居民幸福感的改善

1. 提高社会各领域的公平性

对于个人来说，社会公平是一种心理感知，是人们针对各种社会现象所体会到的主观感受[①]。在现实生活中，社会公平主要体现于社会资源的分配过程中，一般包括分配公平、程序公平、人际公平与信息公平（即“四个公平”）。要实现分配公平、程序公平、人际公平与信息公平，经济的稳定发展及权威性的制度建设是首要前提[②]。

第一，实现“四个公平”，经济的稳定发展为首要前提。经济发展是解决所有问题的关键。

第二，实现“四个公平”，必须加强法律制度的建设，强化法律制度的权威性，大力实施依法治国方略。法律制度是民意的体现，因此严格依法办事，人民群众的权利才有可能得到充分保障。

第三，实现“四个公平”，必须让权力在阳光下运行。充分保障人民的知情权、参与权、表达权、监督权，权力所到之处都向人民公开，让人民监督，才能有效减少权力滥用。

2. 确保食品安全

食品安全不仅关乎国民的身体健康，更关乎人们与相关的企业组织和政府组织的关系，对食品安全的高度重视更有利于促进社会和谐和社会经济的

① 张云武．社会转型与人们的幸福感［M］．杭州：浙江工商大学出版社，2016：217.

② 张云武．社会资本与组织信任的实证研究［J］．中共浙江省委党校学报，2013（4）：99-105.

稳定发展。

第一，食品安全的重要性是亟须被全社会重视的。要全面提高社会人群对食品安全重要性的认识，以及对食品安全的重视，明确食品安全的不达标会对人民生活造成严重危害。同时，应该对食品行业的经营者、管理者和一线从业人员进行食品安全教育和培训，在增强其业务能力的同时，更要提升其基本道德素质的水平。政府的相关部门应该把食品安全问题放在头等重要的位置上，明确食品安全问题是与保障人民健康、增强人民体质、提高人民生活水平和保证社会稳定等同等重要的大事。

第二，健全和完善食品安全法规、条例和标准。参考国际上高标准的食品安全法规，结合我国当下的实际食品市场现状，进行修订、补充和完善设计食品安全的国家和地方性法规和条例。在食品制作方面，参考国际上先进和严谨的标准和条例，结合我国自身情况制定出可以保证我国食品安全的法律法规。与此同时，食品安全监督管理部门要严格执法，加大整治和实施力度，对不顾人民群众食品安全的不法食品制造窝点进行严肃惩处或予以取缔。

第三，加快推行并完善质量标准（Quality Standard，简称 QS）认证管理体系。先进的质量标准认证是我国当下解决食品安全问题的一项重要举措，也是维护食品安全的强有力保障，质量标准认证制度的有效性必须以强制执行和全面推行完善管理为前提。

3. 尽最大努力减少环境污染

我国在环境保护方面已经制定了许多的法律法规，执法部门在进行环境污染的执法工作时，务必依法行政，坚持有法必依、违法必究、执法必严的执法理念。

各级环保部门应建立内部与外部相结合，多种监督手段相结合、相互运用的监督机制，鼓励和支持社会力量参与环保事业的维护与监督，充分发挥新闻媒体与公众舆论的监督作用，建立环境突发事件的应急机制和管理措施。

为了做好环境污染的防治工作，公民必须努力增强环境意识。一方面要清醒地认识到人类在开发和利用自然资源的过程中，往往会对生态环境造成污染和破坏；另一方面要把这种认识转变为自己的实际行动，以“保护环境，人人有责”的态度积极参加各项环境保护活动，自觉培养保护环境的道德风尚。

二、个人层面下城市居民幸福感的改善

（一）提升个人幸福感

提高城市居民幸福指数，不仅需要政府提高执政效率和提升执政能力，更要靠民众个人的努力奋斗。从个体层面对城市居民个人幸福感的提升途径提出建议，并阐述维护健康、调控情绪、保持心态平衡、建立友谊和温馨家庭、提高工作效率以及养成健全人格等对于提升居民幸福感的作用。

1. 维护健康，幸福保障

当今世界，健康已被公认为社会进步的一个重要指标和潜在动力。健康是我们一切活动的基础。健康不仅是免于疾病和虚弱，更是要保持身体、心理、社会的完美状态。接下来我们将从养成健康行为和拒绝危害健康行为两个方面来讨论保持健康之道。

（1）养成健康行为。健康行为就是人们为了增强或保持健康状态所采取的行为。此类行为不仅有益于心身健康，而且延年益寿。健康行为涉及面很广，应该养成如下健康行为。

第一，合理饮食。选择我们自己喜欢的健康食谱，能够帮助我们更好地坚持良好饮食习惯。如果觉得单调，也可以选择在正餐之间吃一些健康的水果和小吃。不健康的饮食习惯是亚健康和疾病的主要来源之一，通过对不良饮食习惯的改变，能够帮助我们在短时期内提升健康状况。

第二，有氧锻炼。有氧锻炼可以调节和加强心肺功能，提高机体对氧的利用率。所有的有氧运动都具有高强度、长时间、高耐力的特点，如慢跑、游泳、跳绳等。有氧运动能够提高心肺功能、增加体力、优化体重、加强或保持肌力、提高软组织的灵活性、降低或控制高血压、提高胆固醇质量、提高糖耐量、提高应急耐受力，可以明显延缓衰老和死亡，尤其可以推迟由于心血管病和癌症所引起的死亡。

第三，预防意外事故。意外事故是可以预防的主要死亡原因之一。要加强对驾驶员遵守交通规则的教育，严禁酒后驾车，驾乘人员都应系安全带；自行车和摩托车的驾驶员要戴头盔。家庭事故中的“意外中毒”和“跌伤”是 5 岁以下儿童死亡和伤残的主要原因，应引起家长的重视。

第四，预防癌症。科技研究发现癌症是由多种因素促使发生的，属于一种具有共同特点的疾病的总称。研究认为，所有的癌症都是由于 DNA 功能障碍引起，因控制细胞生长和增殖的部分程序异常，引起异常细胞的过度生长和增殖。目前发现，多种癌症只要及早发现及早治疗，治愈率还是很高的。

第五，控制体重。肥胖是导致心血管疾病、糖尿病和癌症等疾病的潜在危险因素。控制好体重，可以帮助我们规避很多种疾病的发生，所以控制体重是关系到个体身体健康的一项重要工作。当下，评价肥胖的常用指标包括体重指数和腰围。体重指数是一种把身高和体重结合起来评价肥胖的指标。

第六，建构积极“身体自我”。健全人格者首先能够接纳欣赏自己的身体。“身体自我”是个体对于自己身体的自我意识，它包括对身体的认知评价（身体自我概念、身体自我意向），和由此产生的对身体的满意度及个体对身体的管理等方面。

第七，起居有常，睡眠充足。人们需要尽量采用规律的学习、工作、休息、睡眠时间，顺应人体生物钟的要求，这是既经济又有效的保健方法。经过一天的工作学习后，想要恢复体力，同时不断增长智慧，保证身体健康，就需要好的睡眠。睡眠是机体自我保护的重要生理功能，在睡眠过程中可以高效清除身体中的代谢废物，使个体通过睡眠恢复活力，维持良好的精神状态。内分泌系统中的一些激素如生长激素和松果体素，在我们进入深度睡眠时会变得更加活跃，而免疫系统则会在熟睡中得到强化。通过睡眠，能够帮助我们得到全身心的休息、恢复和调整。

（2）拒绝危害健康的行为。危害健康的行为是指那些有损于我们当前或将来健康的行为，其危害性大小不等。许多危害健康的行为会形成习惯，因此对于危害健康的行为，我们要坚决杜绝。充分认识不健康行为的危害性，对有涉及不健康行为的青少年要抓紧进行家庭干预和学校干预。

健康行为习惯受早期社会化影响很大，父母应当潜移默化地影响孩子，使孩子从小养成健康的行为习惯，例如，定时刷牙，吃饭要细嚼慢咽，每天要吃早餐等，使其成为自动化的习惯行为。身教重于言教，父母的健康行为是孩子学习的榜样，对孩子的影响很大。父母还可以利用各种机会让孩子形成健康的行为习惯，例如，坐车时系好安全带，过马路时要看红绿信号灯。当儿童进入少年期时，父母对子女健康行为的养成管教更不能放松，因为这时他们会结交伙伴，可能会尝试不良行为。学校中的教师还应特别关注学生的行为，还可以利用家访的机会加深对学生的了解和关爱。

2. 调控情绪，心态平和

（1）情绪及其调控能力

情绪是一种体验性和表现性的心理活动，按需要是否获得满足，可将情绪分为积极情绪和消极情绪。情绪与人的需要之间的关系也很复杂，某事物可能满足人的一种需要，而不能满足另一种需要，甚至与第三种需要相冲突。因此，不少事物可能会引起很复杂的甚至互相矛盾的情绪。

情商是一种情绪调控能力，是指人们用来加工自己和他人情绪信息的能力。情绪调控能力既有助于个体实现自己的目标，也制约着个体做出适应性的应对。这种情绪调控能力分为以下内容。

第一，情绪感知能力。情绪感知能力是指识别自己和他人情绪的能力。能否准确识别自己和他人所表达的情绪及其相关的需要，能否区分准确和真实的感受或是错误和扭曲的感受。此种能力强的人，能够从所在的环境中获取更多信息，因而能更好地适应环境，能够觉察到各种细微的表情变化。情绪感知能力强的人在社会交往中更容易觉察到人的表情的微妙变化，从而调节情绪，把冲突消灭在萌芽状态。

第二，情绪理解能力。情绪理解能力是指了解情绪含义的能力。情绪理解能力强的人对情绪的理解比较全面。

第三，情绪运用能力。情绪运用能力是指个体根据情绪的特性在思考时，对这种特性加以利用的能力。这种从多角度看问题的能力，可以促进人创造性地解决问题。所以情绪波动性大的人通常都具有较强的创造性；而对情绪波动性大小的调控则取决于情绪管理能力。

第四，情绪管理能力。情绪管理能力是指监控自己和他人情绪的表达能力。情绪管理能力强的人会以开放的心态去仔细体验情绪，经过反思，留住或摆脱某种情绪状态，使情绪得到合理的表达。优秀的情绪管理者会运用自己的情商来增进自己和他人的健康和幸福。

总之，人们在情绪调控的总能力以及在情绪感知能力、情绪理解能力、情绪运用能力和情绪管理能力上都是有差异的。

（2）心态平和

情绪的起伏变化，能使人们更好地适应生存环境，也使人们的生活更加丰富多彩。生活要有所克制，我们的情绪表达要适度与平和，要有意识地调节自己的心态。强化管理正面情绪，合理减少负面情绪。减少负面情绪并不是完全没有负面情绪，适当的负面情绪也对我们具有适应的意义。正面情绪的增强也不是越多越好，关键在于保持平和的心态。我们可以采用以下方法来减轻负面情绪对日常生活的影响。

第一，学会转移注意力。当我们为琐事烦恼时，要学着合理消除自己的烦恼，把心思转移到生活或工作中亟待解决的问题上。当我们生气时，可以尝试做一些其他的事情或者转移当前的话题，以缓解我们紧张的情绪。

第二，学会宣泄自己的情绪。生活中难免会产生一些负面情绪，如果我们不采取一些合适的方法加以发泄和调节，则会对身心健康产生不利的影响。因此，如果我们在生活中遭遇困惑或者委屈，不要一个人在那里闷闷不乐，多跟亲朋好友倾诉，或者找心理咨询师进行交流来排除自己的困惑和痛苦。

第三，学会自我安慰。当我们在生活中遭遇失利或遇到挫折时，首先要学会降低对自己的失望感，要学会合理归因，认真考虑自己和他人在一些行为上因为出现了哪些问题导致了失败或者挫折，不要急于把一切失败的责任都归结到自己身上。同时，也要明确自己的亮点和优势，不要全盘否定自己，要保持自信。

第四，自我语言提醒法。当我们情绪非常激动时，我们在心里提醒自己，学会合理控制自己的愤怒，不要随便生气。可以暂时转移注意力让自己冷静下来，尽量不要让自己总处于一种亢奋的状态中，只有冷静下来才可以客观地思考问题，更好地解决问题。

第五，愉快回忆法。遇到负面情绪时，尝试着想想以前生活中遇到过的开心事，或者是取得成功时的喜悦心情，尤其回想一些与当前负面体验有关联的过去的正面体验。转移注意力，让自己先处于回忆里美好的情绪中，利用美好的情绪慢慢化解负面情绪。

第六，提高认识和修养水平。一个有修养的人，能够管理好自己的情绪，做到自我调节。所以，我们可以尝试提升自己的内涵，丰富充实自己的内心，进而管理好自己的情绪，愉悦自己的心情。这一方面内容可选择的方式比较多，例如琴棋书画等不同的艺术形式，可以提升自己的艺术和文化水平，拓宽自己的视野和格局，认识不同的思想和流派，让自己的认知和境界丰富和多元，或者安排各种不同形式的旅游，领略不同地域的风光和景色，感受不同的自然和人文魅力。

积极向上的情绪可以帮助人在困难的境况中勇敢地走出来，使我们在生活中体验到更多的幸福。保持乐观向上的情绪是培养积极健康心态的首要任务。在大多数情况下能够影响好坏和决定事物成败的关键点，是我们对待事物的态度和看问题的角度。学会正确自我评价，用积极向上的眼光看待问题，懂得以正确的归因来调控自己的情绪，保持平和的心态，来提高我们的主观幸福感。

3. 真挚友谊，温馨家庭

（1）真挚的友谊

重义之友就是真诚相待的朋友，即真挚的友谊。在现代人际关系中，“义”依然起着很重要的作用。以“义”为基础的人与人的交往亲近且自然，人与人之间的感情真挚且长久。从某种意义上讲，“义”作为人际关系的道德范畴比其他道德范畴更贴近人，更容易使人们和睦相处。这是因为今天我们讲“义”，就是提倡做人要正直公道，提倡维护社会公平正义，提倡对全社会共同利益和国家利益的高度负责。因此，以“义”为基础的友谊是真正的友谊，是最可贵的友谊。

人格魅力和美好的人际关系都是可以培养的，只要做到以下三点就可以成为有人格魅力的人。

第一，加强为人处世的性格修养。性格决定命运。性格也称为品格，主要是后天养成的。人际魅力在很大程度上是由待人处世的品格决定的。具有豁达大度、谦和热情、正直诚实等优良品格的人，人际关系好、人缘好。因此，加强待人处世的品格修养，克服待人处世中的不良品格，对于搞好人际关系、结交朋友、团结同事、做好工作十分重要。

豁达大度是最值得推崇的品格。豁达，即性格开朗；大度，即气量大。我们在待人处世时，要气量大，要有能够容人的胸怀。谦和热情是文明礼貌的基本品格。谦和，即谦虚和蔼；热情，即情意深厚。我们在待人处世时，要表现出谦和热情的传统美德。正直诚信是一个人值得信赖的、最基本的品格。正直，即公平坦率；诚信，即诚实、守信用。在人际交往中，我们看一个人是否可以信赖，主要是考察其言行是否正直诚信。

第二，培养良好的兴趣爱好。兴趣和爱好两个词虽然应用很广泛，但一般把兴趣视为“某种认知心向”所体验到的愉悦体验，爱好是指对“某种行为心向”所体验到的愉悦体验。其实，无论是兴趣或是爱好都是与动机紧密联系在一起的，兴趣和爱好都是动机的专注。因动机而产生行为，行为之后获得满足时，个体即对使之满足的目的物产生兴趣和爱好。之后同样情景再出现时，该目的物所引起的个体反应的内在动力，既可视为动机，也可视为兴趣和爱好。

共同的兴趣爱好会使我们有更多志趣相投的朋友。业余爱好不仅是结交朋友的一条途径，而且还可以发掘我们在完成本职工作之外的潜能。例如，练习写毛笔字不仅能结交喜欢书法的朋友，学会书法技能，还能体会到祖国书法文化的博大精深。多读好书，可以丰富自己的知识，也可以改进人际交往能力，成为见闻广博的人。总之，培养自己的兴趣爱好有助于结交朋友，体验到更多的幸福。

第三，努力建立良好的第一印象。第一印象也称为首因效应，是指对人最初获得的信息比后来获得的信息影响更大的现象。第一印象一旦建立起来了，它对后来获得的信息的理解和组织，就会有着强烈的定向作用，人们会按照先入为主的第一印象来解释他人的行为。

（2）建设温馨家庭的重要因素

家庭是社会的经济、政治、社会生活的中心，婚姻是建立社会关系的主要途径。家庭具有两个重要功能：一方面为社会网络功能，社会网络功能涉及家庭成员的社会关系；另一方面为个人需要功能，个人需要功能是家庭成员的生理需要和情感需要。无论从哪个角度看，家应该是一个充满爱和呵护的地方。不管遇到什么风雨，家是一个避风港，是一个安全的地方。当我们迫切需要帮助时，家就是我们强大的后盾。家所给予我们的不应该是烦恼、斥责和争吵，而是爱、同情和鼓励，温馨的家庭一定会有良好的家庭氛围。

根据我国传统的家风建设，以下三点是很重要的。

第一，家和万事兴。“和”包含和睦、和美、和乐、和气、和洽、和善、和婉等意思。“家和万事兴”，首先夫妻要和睦相处，其次是与家中的其他家庭成员和睦相处，与邻居和睦相处，与社区和睦相处等。

第二，诚信传家宝。诚实守信是立身之本，是每个人必须具备的道德素质和基本品格。只有诚信，才能保证人生幸福顺利。

首先，诚实守信的理念要从孩提时开始培养，通过父母和老师的赏罚和教诲逐渐形成。总之，家庭管教就是要孩子从小谨守“勿以善小而不为，勿以恶小而为之”的原则。赏罚分明，言出必行。

其次，给晚辈树立好榜样。诚信之所以能成为传家宝，还依赖于父母的榜样作用。

最后，诚信的养成需要自律与他律。父母是孩子人生的第一任老师，父母对孩子的影响意义深远，培养孩子诚信意识的关键是培养孩子的自律精神，善于管理自己。所以，父母应该让孩子在日常的生活中养成诚信的习惯。孩子诚信的养成，既要靠他律，又要靠自律，每个人都希望得到他人的尊重和信赖，而他人对我们的期待也就是诚信养成的他律条件。

第三，家国情怀的教育。家国情怀是指一个人对自己家庭和自己祖国所表现出来的深深的爱，是对家庭和国家所表现出来的责任和担当，把自己的事业和理想与我们国家的发展相结合，以及为了国家好、民族好、人类好而奉献自我的精神。

要养成以家为事业的品格。家庭是孩子的第一所学校，父母是孩子的第一任教师。家庭教育关系到孩子的健康成长，家庭的幸福关系到我们民族和国家的未来。因此，我们必须养成以家为事业的品格。这种品格应当从孩子懂事的年龄开始抓起，让他们逐渐了解家中每一个成员都有义务使自己的家更加美好。要使我们的家更美好就需要父亲、母亲、自己、兄弟姐妹以及所有成员（如祖父、祖母等）的共同努力，大家都热爱这个家并承担起自己的责任。

以家为事业，坚持勤俭持家。随着现代化社会的进程和人们生活水平的不断提高，越来越多的现代化设施及高档消费品都在吸引消费者。改善我们的生活必须从自己的条件出发，用平常心来看待生活，不要过度追求物质享受。

以家为事业，必须坚持仁爱慈善。从一个家庭来看，行仁施爱，首先要从家长做起，只要家长有一颗仁爱慈善的心，关爱他人，家庭其他成员才能仿效。这个家才会充满温暖、关怀和理解的仁爱慈善之风。这是我们幸福生活必不可少的条件。家庭是亲情扎根的地方，夫妻相爱，一家人都会充满爱。家庭中的爱不能偏心，要让每个人都觉得自己在家庭生活中是不可替代的。教育孩子必须有一些基本规矩，例如尊敬长辈，爱护同伴，文明礼貌，行为要遵纪守法；教育孩子时要平心静气，注意方法，即使孩子多次犯错，也要循循善诱。

要树立把家庭事业作为国家事业、人类事业一部分的观念。以家为事业，就是把家庭的幸福与国家的繁荣昌盛、人类的福祉紧密联系在一起。家庭是社会的细胞，家庭成员的责任尤为重要，家庭成员除了在家庭事业中肩负责任外，对一个国家的繁荣昌盛，甚至对全人类的稳定发展也有着同样的责任和意义。

事业对于一个人来说是一种对自身价值的追求，工作和家庭其实都是事业的一部分，也是实现我们人生价值的毕生“事业”，当我们心甘情愿为家庭献出自己毕生的精力时，当我们能够从家中获得最大的幸福和愉悦时，当我们把爱家、爱国、爱人类作为统一的整体时，我们就已经把家作为真正的事业了，这样的家会给我们带来幸福美满的人生。

4. 高效工作，享受生活

（1）高效工作与幸福。幸福都是奋斗出来的，全靠我们努力工作而达成。全身心投入工作所带来的那种精神充实与创造性成果能让人们享受到无比的幸福。高效工作不仅是一种工作方式，更是一种个人的特质和能力的表现。高效的工作方式也为我们赢得了更多的休闲时间。一个幸福的人，既能适应工作中的紧张和压力，又可以享受休闲生活中的点点滴滴。

（2）高效工作的建议。当今社会的生活节奏越来越快，需要人们提高自己的效率，这样才能跟上时代的步伐。每天要在有限的时间内，保质保量完成工作，既强调工作速度，又保障工作质量。

第一，做事有计划，提高自己的规划能力。凡事预则立，成功的人做事高瞻远瞩，规划的步骤循序渐进，计划有条不紊，合理紧凑，所以他们的时间更充足，能够在有效的时间内去高效地完成工作；做事情不光要有长远的计划，更要脚踏实地，不能好高骛远。

长远的计划需要细分到年度计划、月计划、周计划、日计划。工作计划一经确定，就应按计划行事，每日考核工作计划的完成情况，总结工作中的不足。只有具体的计划才是人行为最有效的动力，只有扎实迈好每一步，才会离成功越来越近。

第二，遇事分轻重缓急，最重要的事情先做。工作中有些事情不是必须立即完成的，但有些事情是不做不行的。所以遇事要分清主次和轻重缓急，依次解决每件事情，每天上班之前学会先将自己要完成的工作按照重要程度排序，然后从最重要的开始完成，每天下班之前都回顾一下当天亟须完成的工作是否都已经完成。

第三，抗拒干扰，保持专注的工作状态。高效的工作需要专注度，在工作时间为了集中注意力，尽量屏蔽干扰源，不被工作以外的事情干扰。工作中，应避免和同事探讨琐碎的话题，同时要保持安静的工作环境，避免嘈杂的环境。

第四，提升自己的专业能力。能力是解决问题的保障，拥有专业能力，可以提高工作效率。自己的专业能力越强，经验越丰富，做一件相同的事情比别人消耗的时间就越少。

第五，学会和领导同事沟通。工作效率的提升需要学会沟通，每天花一定的时间与同事、上级沟通，以排除不必要的误解和重复，并且能够获取良好的外部环境支持和资源。保持良好的沟通心态，并且学会倾听，相互帮助，共同推进工作的开展，这对提升工作效率有很大的作用。

第六，注意劳逸结合。工作是一项漫长的马拉松，从繁重的工作中解放自己，做一次彻底的放松才能更有精力去工作。和朋友聊天、散步、锻炼、听音乐、旅行等，所有能让自己放松的方式都是恢复精力的有效方法。在长时间的工作之后，一定要给自己放松一段时间，把所有的工作放在一边，这是为自己下一个阶段更好地工作积蓄能量和精力。

时间有限，精力有限。当今社会，工作节奏加快，工作压力增大，而“高效工作，快乐生活”就是平衡工作与生活的秘诀所在，人们既要学会合理安排时间，通过高效的工作方法解决面临的难题，也要学会通过转变生活态度和改变生活方式让自己的生活得更快乐，使自己体验到更多的幸福。

5. 健全人格，幸福进取

（1）健全人格的基本结构我们可以用三个同心圆来表示。健全人格的因素结构，如图 4-1 所示：第一个圆的是正确的价值观，这是健全人格的核心；

第二个圆是积极的自我观，这是健全人格的基础；第三个圆是追求未来梦想的优良品格，属于相对表层的要素。

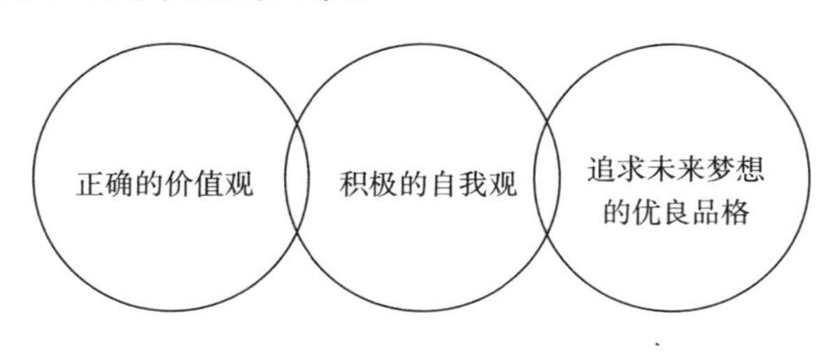

图 4-1　健全人格因素结构

（2）优化人格的途径。人格是一个人自身稳定的行为方式及其内心活动。稳定的行为方式是指个体差异，同时这种个体差异具有跨时间、跨情境的一致性。人们的个体差异有多种多样的表现，例如，表现在情绪稳定性、外倾性、经验开放性、宜人性和责任心上的个体差异，表现在价值观与性格优势和美德的分类体系上的个体差异，也表现在价值观、自我观和追寻理想品格上的个体差异等。这些个体差异，有的主要是遗传的结果，有的主要是环境造成的，而绝大多数则是遗传与环境交互作用的结果，我们的人格特征绝大多数是可以后天优化的。从自我发展的理论来看，人格优化主要是通过自我教育和自我监控而实现的。

自我教育与优化人格，要善于主动地进行自我教育，如多读书和读好书不仅可以增加一个人的知识素养，而且可以陶冶情操，优化人格。

自我监控与优化人格。陶冶情操、优化人格都需要长时期的磨炼。良好性格的养成需要不断自我监控，根据外部的不同情境不断对自己的行为进行调整和优化，这是需要长时期的磨炼才能达成的。

人格特征（包括优良的和不良的）的形成是个人素质与环境交互作用的结果，是长期形成的，有相当的稳定性。因此优化人格特征必须依靠个人持之以恒的自我调控才能取得成效。

自我调控是指个体控制和指导自己的行动的方式。如果说我们的各种心理活动是不同的乐器在演奏，那么自我调控就是音乐指挥家。自我控制的关键作用是对心理活动加以监测并根据需要加以调控。善于自我调控的人可以通过注意选择机制协调不同的心理活动，使它们统一服务于特定任务目标。优化人格的自动调控主要有两个方面：自省和进取心。

自省就是自我反省，是指个体通过内心的自我剖析、自我检查、自我监督，以“旁观者”的视角对自我进行审视，探求自己的优缺点，达到自我提高的心理活动[①]。“旁观者”可以是“客体自我”，也可以是“理想自我”或“应该自我”。自省在优化人格中起着特别重要的作用，具体内容包括：①个人外部表现的人格特征是由其内在人格特征支配的；只有通过个人的自我剖析、自我检查，不断净化心灵，才能形成高尚纯洁的立身处世信念，人格才会得到优化；②自省是一种以理想自我或自我严格监督自我的过程，即使独自一人工作，也严于律己，约束自己；③自省是个人主动积极向上的活动，它会激励人采取有关方法使优化人格的理想得以实现。

进取心是积极主动，立志有所作为的人生态度。它对于个人的生活和事业起着能否成功的决定性作用。进取心还体现为高水平的创新能力，即创新素质。创新素质的核心是创造性思维，包括发散思维、聚合思维、顿悟能力、直觉、想象力、发现问题、推理等，也包括最基本的认知能力，如注意、思维、想象等。

人格是创新素质的基础，包括开放性人格、好奇心、模糊容忍、新异寻求、幽默、自恋等。它们从动态变化的角度，揭示了大脑特定功能网络的连接模式与创造性的关系，证明了高创造性能力的个体大脑确实“更加灵活易变”。

---

① 黄希庭，岳童 . 让心理学走向大众——专访西南大学黄希庭教授［J］. 教师教育学报，2022（1）：1-9.

培养进取心策略包括：①养成以乐观的心态面对人生各种事情的习惯。人生随时都会遇到困难，关键是态度。人们应以积极进取的心态，不屈不挠、坚韧不拔的勇气去面对困难去夺取胜利。②从小事做起，养成进取的习惯。我们应当鼓励自主学习，学会自己的事自己负责、自己解决，养成良好的进取习惯。③抓住机遇，在实践中取得成功。生命中随处是机遇。当前生态文明建设是机遇，我们应做好充分准备，积极抓住机遇，把握机遇。在实践中取得成功是对进取心的最佳奖励，会更加激发进取心。

幸福与进取心是紧密联系在一起的，为了幸福生活，我们要积极进取，在获得成功的道路上我们体验着幸福。

（二）提高居民收入与确保职业流动畅通

在个人的社会特征与幸福感的关系方面，收入与总体幸福感存在着显著的正向关系，收入越高的人，幸福感越强。因此，如何提高居民的实际收入，降低消费物价指数，是现阶段提升人们幸福感的重要对策之一。其中，职业地位的畅通流动是提升人们幸福感的重要因素。在职业流动过程中，人们如果能够顺利地流入适合自己的位置，获得自己应得的收入，幸福感便会油然而生。因此，破除制度障碍，确保职业流动的畅通，实现符合实际的流动秩序，便成为提高人们幸福感的重要对策。

第五章　幸福城市的建设及其经验启示

第一节　幸福城市建设及其理念分析

一、幸福城市的内涵与标准

（一）幸福城市的内涵

幸福城市是指城市中大多数市民有较高的认同感、归属感、安全感、满足感，以及外界人群有较高的向往度、赞誉度的城市。一座幸福的城市，也是一座安全、经济繁荣、民生保障完整、生态良好、人文繁荣的城市，这些既是幸福城市的内涵，也是构建幸福城市的目标。

1. 安全稳定是幸福城市的基本要求

幸福城市必须是安全的城市，城市安全是衡量一个城市在和平稳定的环境中稳步实施其经济和社会发展战略，并抵御内部和外部危机的能力。随着社会的发展，城市区域逐渐由小变大，交通由平面到立体，人口逐渐增多，城市结构日益复杂，即使任何微小的意外事件（如暴雨）都可能在瞬间造成整个城市的瘫痪。建设现代化的城市，有必要以更高的水平和更广阔的视野审视城市中所有危及人类生命财产安全的活动。没有安全稳定的环境，城市经济发展等领域就无从谈起。

2. 经济繁荣是幸福城市的物质基础

《资本论》中指出，经济基础决定上层建筑。经济基础不牢固，上层建筑就有倒塌和瘫痪的风险。可见，经济基础是很多重大项目和举措的基础，是前提也是稳固的地基。所以，经济基础也是幸福城市的基础，没有经济基础，幸福城市的构建也无从谈起。经济活动是城市最基本的活动，也是一般意义上城市初步形成的基本动力。经济活动在为其他城市活动提供物质条件方面发挥着重要作用。在幸福城市的建设中，最为基础的莫过于物质的保障，人民的物质生活水平是他们幸福生活的基本条件。

3. 充足的民生是幸福城市的根本条件

我国坚持发展为了人民、发展依靠人民、发展成果由人民共享，通过共享发展成果，不断提高居民的幸福感，主要目的是造福人民。“社会保障、体面的尊重”与生活幸福最密切相关。教育是民生之本，就业是民生之基，收入是民生之源，社会保障是民生之盾，健康是民生之需，畅通是民生之愿。建设幸福城市，要顺应人民群众对美好生活的新期待，深入开展民生工程，让人民生活更加幸福、更有尊严。

4. 生态良好是幸福城市的环境保障

现代化城市的建设发展，往往会造成生态环境的破坏。虽然经济水平提升了，但发展造成的环境污染，也会降低城市居民的幸福体验。近年来，我国坚决向污染宣战，相继实施大气、水、土壤污染防治三大行动计划，解决了一批重大环境问题。总体上，我国生态环境质量持续好转。建设幸福城市的目的，就是要让生活在城市中的人安居乐业。生态能够赋予城市以生命和活力，清新的空气和整洁的街道是城市居民幸福感的重要支撑点。

5. 人文繁荣是幸福城市的独特魅力

人文精神对于一个城市来说，是一种根源也是一种灵魂，是一座城市文明的最核心要素。一个城市之所以有魅力和吸引力，其根本原因还是来源自这座城市的文化。城市可以通过自己的文化彰显属于自己本身的价值品味和可贵的文明风尚。每个城市有自己不同的历史传统、建筑风格、风土人情和文化内涵等，而这一切都将集中体现在该城市的文化中。同时，一些具有地方特色的历史文化还具有原创性和不可复制性，是具有唯一性的文化个例，所以传承保护和发扬壮大城市文化，也就是在保护和提升城市的独特魅力。

（二）幸福城市的衡量标准

一个城市是否幸福，根据幸福城市的建设内容，衡量幸福城市应具备以下几个方面。

第一，经济繁荣：经济繁荣是城市幸福指数的重要组成部分。具有强大经济基础的城市可以提供更好的就业机会、更高的收入以及更好的服务和生活质量。

第二，社会稳定：社会稳定是城市幸福指数的另一重要组成部分。城市应该是一个和谐、安全、没有暴力和犯罪的地方。

第三，生态环保：生态环保是衡量城市幸福指数的重要因素之一。城市要有清洁的空气、清澈的水、绿色的植被等，能够给人们提供健康、舒适的生活环境。

第四，文化艺术：城市的文化和艺术景观是城市幸福指数的重要组成部分。城市应该有充足的文化活动和艺术现象，能够为城市居民提供丰富的文化享受，满足他们的文化需求。

第五，教育健康：教育和健康也是衡量城市幸福指数的重要地方。城市应该有优质的教育资源，能够为居民提供高水平的教育，以及各种健康机构，提供高质量的医疗服务。

第六，生活便利：方便的交通、充足的基础设施、完善的公共服务和便捷的购物消费，都是衡量城市幸福指数的主要因素之一。

第七，社交互动：社交和互动是人们幸福生活的必要因素之一，城市应该提供各种社交和互动机会，包括文化和艺术活动、体育运动以及社区服务等。

二、幸福城市建设的类型和理念

（一）用“幸福度指标”引领幸福城市建设

很多国家用“幸福度指标”来引领幸福城市的建设和构建。其核心理念是国民幸福指数是经济社会发展的最终目标，也是提高国内生产总值的一种手段。

（二）以城市功能的提升引领幸福城市建设

这一类型的核心理念是：加快城市化步伐，不断完善城市功能，提升城市品质，发展城市经济，全力营造最适宜城市居民工作和居住的城市环境，促进城市居民生活水平的不断提高。这种类型城市的典型例子如新加坡，新加坡总面积很小，仅有733.1平方公里，截至2022年，人口统计为545万人，人口密度很大，新加坡的整体城市支撑能力很强，整洁度和安全感也很高，在全世界享有“花园城市”的美誉，而且连续十年被评为最适合亚洲人居住的城市，城市竞争力也在全球名列前茅。

（三）营造城市居民间平等和谐的环境氛围引领幸福城市建设

城市居民关系如何是影响城市居民幸福度的重要因素之一，营造城市居民间平等和谐的氛围是成为建设幸福城市的路径之一。这一类型的核心理念是：幸福的基础是人与人之间的平等、和谐，只有人际关系良好，城市居民才能通过工作和生活让城市充满活力，城市的文化环境才能具有包容性，城市居民才能获得幸福感。丹麦的奥尔胡斯市要求市民60%以上的收入作为个人所得税上缴，作为回报，市民可以享受免费的医疗，儿童可以得到免费的托管服务和优良的教育。市民之间的收入差距小，减少了因收入差距过大带来的焦虑，让市民体会到了彼此平等和很强的幸福感。

（四）以建设良好的生态环境引领幸福城市建设

人与自然的关系是决定城市居民幸福度的重要因素之一。这一类型的核心理念是：现代城市处于工业化不断提速的过程中，生态环境成为影响城市居民幸福感的关键因素，通过良好生态环境的建设，可以有效避免一系列的城市社会问题及环境问题，让“城市病”销声匿迹，让城市为居民切实带来美好幸福的生活。

（五）建设宜居的城市环境，提高城市居民的幸福感

幸福城市的建设与城市居民的幸福感受密切相关。这一类型的核心理念是：幸福与人居环境紧密相关，宜居的城市环境是建设幸福城市的必要条件。加拿大的温哥华属于这一类型的城市，该城市把现代都市文明与自然美景汇聚一身，在市内兴建有多座大型公园，不断升级公园服务设施，提升园内绿植覆盖率，园内现代化风格的建筑物和幽静的散步小路也比比皆是，并保存修缮了很多传统建筑，延续和保护了历史文化遗迹，这一系列措施让居民从城市环境中可以得到非常高的幸福感。

三、文化自觉视域下的幸福城市建设

文化自觉概念在认识幸福时，是从幸福的来源、存在以及构成的角度出

发，是基于这样的角度幸福才得以被正确认知①。

幸福的内涵是非常丰富的。幸福是人类发展过程中追寻的人生价值、人生目标，人类幸福感得到增强后，社会也会得到更快的发展和更好的进步。从这个角度来讲，可以将幸福看成是真实存在的人类发展过程当中的追求目标。其次，幸福代表的是针对内心感受提出的追求。这种感受是人的内心真实表现出来的，不是凭空而来，也不是单纯停留在语言层面的追求。这种追求会促使人们辛勤劳动，以此换来自己内心的满足。这种内心的追求说明幸福感只有个体才能感受到，也只有个体才能创造出来。因此，影响个体幸福的因素非常多，幸福的组成结构也非常复杂，所以衡量幸福的标准也是多元化的。

人是城市的主要构成部分，因为人在发展过程中对外在环境提出了需求，所以人类构建了城市。城市代表人类文明的发展已经走向了成熟，它也见证了人类文明的发展过程和历史。城市在幸福实现的过程中发挥的作用和城市幸福感是不同的，城市本身的结构非常复杂，具有很多功能，所以，城市在幸福实现的过程中具有的作用也是非常重要的。一个城市在发展的过程中，必然会追求实现城市幸福。人类发展的过程中面临很多问题，城市幸福问题是诸多问题中比较复杂的一种，城市幸福没有办法使用单一的标准进行判定，也没有办法完全使用唯心主义进行论述。因此，想要建设幸福城市和实现城市幸福，所有市民必须共同追求统一的发展目标，城市也必须建设出适合城市化发展的灵活性模式。

城市是人类进行现代化发展过程中建设出来的，城市本身就是开放的，城市始终处于动态发展过程当中，所以幸福城市的建设需要考虑到城市当中的主体，也就是人产生了哪些需要，然后从满足人们需要的角度入手建设幸福城市。幸福城市除了满足人类提出的社会物质财富要求之外，还要满足人

① 郝文璐．文化自觉与构建幸福城市的思考［D］．临汾：山西师范大学，2015.

类提出的精神文化需求，为整个城市的人类发展设立良好的发展愿景，树立共同的发展目标。可以说城市幸福既包含了外在客观环境的幸福，也包含了人类主观感受方面的幸福。

（一）文化自觉与建设幸福城市的统一

文化经过非常复杂的过程才能慢慢地适应环境，文化和环境之间的结合形成了具有地域环境特色及时代特征的生活方式。文化自觉指的是处于各个环境中的文化主体自我认知的觉醒，文化主体形成的对于自身发展的感悟，它从内在角度对自我形成的约束，和外在的强制约束是一种对立状态。

城市文化的概念是指城市发展过程当中文化和城市架构与城市实践发展直接融合而形成的物质和精神方面的财富，是文化在某一个区域性地理环境中的集中展现，也是整个区域性地理环境中形成的最有意义和最清晰的文化。城市只有利用文化自觉进行城市的构建才能满足城市中居民对城市安全、城市文明、城市平等、城市希望、城市富足等方面产生的城市发展诉求，所以，幸福城市的建设和文化自觉之间是一种相互促进的关系，在相互帮扶的情况下，二者可以实现共同发展。

1. 幸福城市建设和文化自觉具有的发展态势

随着现代化社会的发展，城市开始加快发展步伐，城市不断向外扩大自身的规模，不断更新城市面貌，城市的快速发展也促进了城市自觉发展，文化自觉在不断反思、不断反省的过程中慢慢调整，不断适应当前城市文化建设阶段的需求，让整个城市文化建设具有更强的竞争力，也让文化建设的发展推动幸福城市的更好建设。

城市是人口居住中心，也是智慧创造中心，城市为居民提供生产功能、集散功能以及物流功能，城市是文化发展的引领者，与此同时，城市也对文化发展提出了明确要求。当前城市化建设主要的目的是构建幸福城市，城市应该始终尊重居民提出的重大发展需求，城市应该建设成居民认可的理想城市，应该为所有城市居民带来幸福感。城市应该不断探索居民对城市发展提出的需求，城市除了满足居民的物质生活需求、地位平等需求、安全需求之外，城市还应该建设和城市地位相吻合的文化品质，也就是注重城市思想、城市文化的建设。

而一个城市想要实现文化崛起和思想崛起，必须具备文化自觉。文化自觉的出现和城市幸福建设的需求相互吻合，如果居民对城市发展提出的需求得到了满足，那么这个城市就会有越来越高的幸福感。幸福城市追求的是一个城市的美好发展，幸福城市应注重城市文化建设，把文化自觉当作城市建设的基础，让文化成为城市力量的集结者，让文化自觉带领城市更全面的发展，为人民群众提供具有幸福感及归属感的美好家园。

2. 幸福城市建设和文化自觉具有的价值取向

经济在快速发展，社会文化市场在不断变化，人类的幸福感和物质、金钱之间的关联正在减弱，人们开始追逐超越物质和金钱的幸福感，也就是开始追求精神层次和文明层次的幸福。这种变化虽然体现出了明确的方向，但没有任何真实的线索可以探寻，这使得幸福感的追求陷入了茫然。

文化自觉属于一种意识形态，它是幸福城市建设不可缺少的内在驱动力，比如文化自觉可以引导城市形成正确的发展观、价值观。城市的幸福程度代表城市居民对当前城市建设作出的总体评价，幸福城市建设是以人为本的，它尊重人们的需求，因此它在一定程度上也代表了人类尊重的价值观念、推崇的价值观念。城市文化想要更好发展，想要永远有驱动力，就必须建设高度文化自觉，只有这样才能实现一座城市想要追求幸福的价值诉求。

3. 幸福城市建设和文化自觉具有的社会进步特点

幸福城市应该是所有居民对当前城市发展作出的公共评价，社会发展一直处于动态的发展过程当中，社会发展本身需要依赖文化创新作为内推动力，文化创新也是我国发展过程当中非常重要的一个组成部分。在动态的城市发展过程当中，文化自觉也必然要动态跟随社会的发展，经历各种各样的波动和变迁。

文化自觉可以从文化内部促进文化全面提升，对于一个城市来说，文化自觉会让城市文化内涵变得更有价值，文化素质也会不断推动提升城市文化实力的增长及文化品位，意识形态想要始终保持生命力，必须及时对现实社会当中的利益诉求作出回应。例如，应该设定共同的前进目标和共同的理想信念，即建设规范的社会道德，为居民提供优质的生活保障等，也就是说，物质需求应该得到满足，精神需求也要得到满足，二者不可或缺，无论缺少了哪一个都无法实现社会文化的先进性发展。对社会中的个体来讲，健康文化是身心愉悦的催化剂和心灵温暖的加热器，也是社会和谐的润滑剂。对于幸福城市的建设来讲，想要实现目标，必须依靠文化自觉作为指引。文化自觉可以引导市民形成更好的社会素质，可以更好地改善当前的城市环境，为城市文化建设提供源源不断的创造力和创新力，让城市居民的生活达到他们要求的物质层次和精神层次，文化自觉可以将全部市民凝聚起来共同打造幸福城市。

（二）文化自觉体现幸福城市的诉求

对于幸福城市的建设来讲，文化自觉的作用是从思想和态度上为幸福城市具有的社会制度建设与物质基础建设提供保障，与此同时，文化自觉也是城市发展可以依靠的精神支撑，是城市在发展过程中的价值引导。城市文化建设可以为城市居民提供安全性高、精神文明程度高、自由程度高、充满希望的美好环境。

1. 保障生命财产安全

我国实行中国特色社会主义制度，以人民为中心，所以为人民提供服务是我国发展的主要目的，城市建设也是一样的，必须由人民当家作主，必须对人民的生命安全、财产安全作出保障，只有以此为基础，才能去追求其他方面的幸福。生命和财产方面的保障是对一个城市幸福提出的最低要求，想要城市是幸福的，城市本身必须是安稳的。

2. 实现物质经济的富足

人的生活离不开物质，物质是人类能够生存的前提和基础。除此之外，人类的生存也离不开经济，如果人类没有物质和经济提供支持，就没有办法获得幸福。想要实现人民生活的幸福，必须保证经济和物质是富足的。对于城市发展来说，城市的基本活动是城市的经济活动，也是一个城市运转起来的动力，可以为城市其他活动的开展提供物质方面的支持。人类想要实现生存和发展，必须先掌握一定的物质资料积累，必须先将人类的物质生活水平提升上来，随之生产力也会得到更大的促进，当生产力发展到一定阶段后，人民的生活保障和物质生活水平也会随之不断增高。对于城市中生活的人来讲，只有解决了基本的衣食住行问题之后，才可能去追求其他方面的目标，才可能去建设自己的精神世界。

3. 呼吁建设精神健康文明

物质的满足、经济的提升不一定等同于幸福。当物质水平提高之后，幸福感可能还会降低。为了避免这种情况的出现，人类应该提高自身的文化水平，自觉对幸福产生更全面的认识，不断追求人生价值，让物质财富以及经济财富使用在正确的渠道中，这样才能在物质水平提升、经济快速发展的情况下，提高自身的幸福感。

对于一个民族来讲，精神文明是其发展的灵魂。对于一个城市来讲，精神文明也有至高无上的意义，人类的发展必须依赖于精神提供支撑，所以，幸福城市的建设必然离不开精神条件。对于民众幸福感来说，它的精神条件是形成正确的世界观，建立正确的人生理想，这一精神条件的实现需要繁荣的文明来提供帮助。人类群体只有当精神根基稳定时，才能够稳定存在。与此同时，精神根基也是人追求幸福时的强大支撑，一个城市的构建更需要城市当中所有人有强大的精神文明作为支撑。

自从城市诞生之日起，精神文明就一直伴随着城市的发展而发展，而且精神文明作为城市发展的内在动力，始终和城市保持一致的发展步伐。当人类生存的基本条件得到满足之后，人类对幸福城市的追求也不再仅限于物质方面和安全方面，而是开始追求精神方面的满足。一个城市对文化发展的大力推进和对精神文明的积极构建，是一个城市对外展示独特魅力的最佳途径，而且，精神文明建设的发展也是幸福城市建设追寻的主要意义。

精神文明的建设需要道德自觉。人类想要实现幸福，想要获得幸福感，必须具有道德自觉，这是幸福形成的必要条件。道德自觉指的是人们自觉主动地进行道德建设。如果人们的精神生活比较健康和充实，人们就会积极主动地投入到社会环境建设中去，幸福城市中精神文明的形成说明道德自觉发挥了积极的作用。

4. 维护社会平等自由

平等和自由是两个方面，获得幸福的前提是要实现平等和自由。平等是指所有公民应该享受相同的权利、地位和待遇，社会当中不存在个体歧视。自由是指公民在不违背社会法律的情况下，可以自由支配自己的行为。一个城市想要建设成幸福城市，必须先实现平等与自由。

对于法治国家来讲，最有效的保护手段就是法律制度。法律是绝对公平和有效的保护手段，所有人自出生开始享有的地位权利都是平等的，这是人类价值观念当中最基本的认知。法治国家需要从法制的角度为人民提供更好的服务，无论人民贫穷或富有，都可以享有平等的权利，都可以利用法律手段保证自己的权利。例如，所有人都应该享有相同的消费权利、看病权利、就业权利以及受教育的权利。在文化自觉的作用下，全社会的公民会积极主动地参与到幸福城市的建设过程中，为社会主义和谐社会的建设贡献自己的力量。

5. 引导环境生态发展

人类保护环境是为了人类的可持续发展，人类社会在经历工业化的发展后，已经形成了幸福城市建设的共识，即在做到生态文明的基础上去构建幸福城市。形成文化自觉后，人类会意识到生态环境对人类发展具有的重大意义，会把生态文明作为国家发展的重要目标，在自身建设步伐加快的同时，也会加大环境保护力度，改变之前给环境产生不良影响的生活方式。

生态环境对人类的发展有着至关重要的影响，所有影响到人类发展的自然资源都可以称为生态环境。城市中的主体在发展的过程中，需要在自然允许的范围内开采和利用资源。也就是说，幸福城市建设应该在大自然的承受范围之内有序展开，对于城市来讲，健康的自然环境可以为城市提供更多的发展活力，可以让城市有更强的生命力，避免城市主体后续发展出现危机，是城市主体长久发展的根本保障。

第二节　国内外幸福城市建设的经验

一、国外建设幸福城市的经验

全球范围内，有很多国家和地区通过自身的努力，在构建幸福城市的领域，积极针对自身特点摸索和创造出了适合自己的模式，并取得了成功。这些国家和城市也取得了“幸福城市”的良好口碑和声誉，其成功经验值得我们学习和借鉴。

1. 新加坡

东南亚岛国新加坡，经济发展一直处于亚洲和世界前列。新加坡在构建幸福城市上也有着自己的方法，其采用了针对适合自身特点的五个方面的不同举措：第一是提升城市功能的多样性和居民的社会融合度，实现城市空间的合理布局，虽然国土面积不大但人口众多，人口密度比较大，但是由于优化了城市的布局，新加坡居民感觉到生活和出行都很便利，没有频繁的交通拥堵和生活不便；二是将经济发展的核心项目都尽量集中在现有的城市建成区之中，并巧妙地与城区风格达成一致，同时支持社区里容纳中高密度居住区，这样可以使新加坡市民少开私家车，多利用公交系统上下班和旅游出行，还可以更加近距离地接触和享受社区的服务设施；三是国家提出了绿化净化新加坡的倡议，全国范围内大力种植行道树，增加公园的数量，给市民增加休闲娱乐设置，提升市民的获得感和幸福感；四是采用非对称形式兴建绿色的覆盖层，减少水泥建筑的曝光率，让市民眼中多一些绿色，少一些钢筋混凝土，并同时大力绿化已开垦的土地；五是努力减少有害因素的影响，大力提倡城市文明建设，对破坏公共秩序和城市环境的行为加大处罚力度，进一步提升和优化新加坡市民的生活环境。

2. 丹麦

欧洲北部的童话王国丹麦与新加坡不同，丹麦主要通过宣传教育及文化氛围的改善，来提高城市居民对幸福理念和相关价值观的认同感，向居民进行平等与和谐意识的宣教，让平等与和谐成为普通居民价值观的基础，并以此提升居民生活的幸福感，培养居民维护社会公共利益的意识。政府积极要求居民参与城市的民主管理，让市民自觉成为城市的主人，政府就“如何分配年度资金”“如何改善社区安全”等问题向居民征集意见，认真分析和研究居民的意见和建议，并认真筛选和采纳，最终以公平、透明、公正的态度履行公共管理事务。

3. 加拿大

北美洲的加拿大，以城市宜居环境建设推动幸福城市建设的主要经验包括两方面的内容：一是建设城市人居环境保护绿色地带。人居环境保护绿色地带主要包括公园、供水区、自然保护区和农业地区，绿色地带确定了城市建设发展的空间布局和边界，对城建发展限定了规模，为避免城市人口过度增长提供了客观依据；二是大力建设完善幸福社区概念。加拿大通过建设设施完善的社区来重塑社区功能，让社区为城市居民提供更多的多样性机会和便利的生活条件，以此达到“一站式”的生活便利条件。同时，通过都市区中心、区域中心、自治市中心三个层次的社区协调发展组织来促进不同的社区获得公平的发展机会。

二、国内建设幸福城市的经验

我们国内也有很多城市根据自身条件不断摸索和打造适合自己的幸福城市，同样取得了有目共睹的显著成绩。

1. 北京

北京市作为中华人民共和国的首都和世界著名的国际化大都市，历史文化名城，六朝古都，城市自身承载了很多重要的责任和功能。北京城市人口众多，生活节奏很快，在构建幸福城市的规划中，北京已经率先把“构建和谐社会”作为这一重大项目的重要基础。为构建幸福城市，北京首先开展了“和谐社会构建”工作，并把建设和谐社会作为搭建幸福城市的重要支撑。随着北京城市副中心“十四五”规划纲要的提出，建设未来没有“城市病”的城区，构筑“高品质功能承载地”已经成为全北京市人民的共识。

2. 上海

作为中国的金融和经济中心，上海市首先通过产业结构调整，满足幸福城市建设的前提需要。为成功构建幸福城市，上海率先在城市内的众多领域进行大刀阔斧的改革探索，针对原有旧产业结构的不足和短板进行补充和优化，消除和松绑原有的弊端和束缚，在产业结构调整中大胆进行全新的升级和优化，不断为其注入新鲜血液，在幸福城市的建设过程中起到了有益的推动作用。

通过一系列产业结构的调整，上海的轻工、食品等劳动密集型产业逐步得到转移，光电、软件等技术密集型产业得到快速发展，先进的制造业实现了集聚壮大，旅游会展和金融商务等现代服务业得到加速发展，信息服务、文化创意等新兴产业迅速成长，实现了从以工业为主导到第二、第三产业共同发展的转变。上海产业结构的调整优化与其城市建设发展环境形成了良性互动，城市发展的内生动力实现了飞跃，较好地利用了国际国内两个市场、两种资源，内外需求拓展的发展格局，满足了上海建设幸福城市的客观需要。

3. 杭州

杭州结合自然景观和历史文化资源推动幸福城市建设。杭州属亚热带季风性气候，四季分明，温和湿润；历史悠久，曾是五代吴越国和南宋王朝两代建都地；群山起伏，丘陵连绵，具有独特秀丽的城景格局，同时又兼具江河湖泊交融的先天环境优势。独特的自然优势、深厚的文化底蕴为杭州建设幸福城市创造了条件。

杭州制定了城市自然景观维护、环境保护、生态系统可持续发展计划，大力调整经济结构，优化城市布局，发展大容量的公共交通系统；以“构筑大都市，建设新天堂”为目标，大气魄组织旧城改造，推进实施“蓝天、碧水、绿色、清静”的城市环境改善战略，实施安居工程，大规模建设基础设施，塑造“住在杭州”的幸福人居品牌。

4. 厦门

厦门以“低碳、高效”为主线推动幸福城市建设。厦门作为我国东南海滨城市，先天优势较为明显，地理位置得天独厚，气候宜人，自然风光优美，市容环境整洁，是副省级城市，同时也是国内首批实行对外开放的五个经济特区之一，享有省级经济管理权限并拥有地方立法权，经济较为发达。针对自身位置和气候的特点，厦门在构建幸福城市方面，结合当下自身优势，采取多种措施，将“低碳、高效”作为建设幸福城市的主线。

5. 深圳

随着近年来的经济飞速增长，人口增长速度也随之加快，人口密集程度也逐步提升。深圳很快注意到了城市人口的过度膨胀和由此引发的城市居住、交通环境的恶化以及生活质量的下降。为解决好城市建设发展中存在的问题，深圳着手研究幸福城市建设，并成为国内第一批发布幸福指数的城市之一。深圳的幸福指数包括人均GDP、人均可支配收入、恩格尔系数、人均住房使用面积、人均道路面积、每万人拥有公交车辆数、每万人拥有医生数、人均寿命等多个指标。鉴于对以上系列指标的评判研究，深圳也迅速找到了适合自己城市本身的幸福之路，先后推出了针对民生的健康保障优化工作，促进教育优质均衡发展，促进教育高质量发展，提升食品安全标准，提倡全民阅读等一系列举措。

6. 成都

成都市多年来一直非常尊重自身城市文化，持续致力于对城市文化的保护和延续工作，鼓励市民自发体验和分享城市中的幸福感。成都以社会进步与发展的视角来反思成都城市文化发展的缺憾，在尊重和保护原有城市文化精髓的同时，正视成都城市改造、剔除成都城市文化底蕴中陈旧落后的成分，赋予闲适生活新的文化形态与内涵，把旧的享乐观与消闲观改造为知识性、趣味性、科学性、人文性相结合的高尚的休闲文化，让成都市民在休闲的生活中体验幸福，并不忘发展。

7. 大连

大连市以城市规划和公共交通为重点，推动幸福城市的建设。大连属暖温带属半湿润季风气候，具有海洋性特点和优美的外部环境，具备建设幸福城市的诸多优势。依托这些优势，以城市规划和城市交通为重点进行幸福城市建设。在城市规划中以“蓝天、碧海、青山”为重点，突出了城市空间的山水特色，把海岸线、金石滩、滨海路、星海广场等打造为向城市居民传递幸福感的重要载体。大连构筑了由公共汽车、无轨电车、有轨电车和快轨构成的公共交通网络，城市的整体交通通达性较好，城市居民不会因为长时间的拥堵而痛苦。

第三节　国内外幸福城市建设的启示

一、因地制宜设立幸福城市建设指标体系

GDP是国民经济核算体系中总量核算的核心指标，但是如果只单纯考核经济增长，而忽视社会、人文、基础教育、公共设施、能耗、环境生态等指标，并不能创建出一个好的幸福城市。好指标的设立不仅有助于随着城市生活条件的改善来提高市民的幸福度，还可以避免单纯以经济增长来评估而忽视了国民的其他幸福水平。

要想根据实际情况制定出好的指标体系，我们可以从以下几个方面来具体着手。首先，我们需要通过调查研究，了解当地的社会经济、文化以及居民的生活和需求状况，制定出适合当地实际情况的幸福城市指标体系。然后根据调查研究结果，制定出幸福城市建设的指标框架，包括经济、社会、环境、文化等方面，并对各个方面进行详细划分和衡量。再根据城市的地域特点，比如气候、自然环境等，对指标进行合理的设定和分值的分配，以保证指标的真实有效性。同时，加强民主参与，邀请居民代表、社会团体等参与到指标体系的制定和更新过程中来，充分考虑群众的意见和需求。制定好幸福城市建设指标体系后，需要不断地进行监测和更新，根据城市发展和需求变化，及时修订和完善指标体系。

二、相应的物质基础是幸福的必要条件

物质基础是幸福的必要条件，这点是不容忽视的。人们的生活质量和幸福感，与其经济收入、物质生活条件、社会保障等密切相关。只有满足人们基本的物质需求，才能够获得幸福。其中，经济状况起着基础性、决定性的作用，经济状况的好坏与是否幸福有着重要的相关性。经济收入是人们获得基本生活保障和幸福感的重要来源。获得足够的收入，才能够拥有良好的住房条件、合适的食品营养、舒适的生活环境、有益的文化娱乐等等，同时还能够获取更多的社会资源，更好地发展自己的人力资本，获得更好的生活。良好的物质生活条件，是人们幸福感的重要保障。同时能够让人们体验到更加舒适和便利的生活，从而增强自身的幸福感。

三、城市安全对于幸福的保障

城市安全是社会稳定的基石，只有在城市安全的前提下，人们才能够正常地工作、生活和娱乐。城市的安全建设可以通过增强安全防范意识、加强治安警力和建设安全设施等手段，形成一个安全稳定的社会环境，充分发挥城市的功能，从而提高人们的生活满意度。同时城市安全不仅可以有效保障人们的人身安全，预防犯罪、打击流氓和黑社会等违法犯罪行为，还能为居民提供一个安全和谐的生活环境。一个城市的安全不仅可以对于突发事件的发生做出及时有效的反应，保障所有人的安全。同时人们也可以更加放心地外出、旅游、消费和娱乐，从而提高生活质量。总之，城市安全是保障幸福感的必要条件，只有在安全的城市里，人们才能够放心地开展各项活动，得到更加满意的生活，从而获得更高的幸福感。

四、改善民生是提升幸福指数的关键

幸福度的提升需要一定的客观条件，不仅取决于经济发展程度，还取决于生态环境、居住条件、安全状况、人际关系、价值实现感等。其中，改善民生是提升幸福指数的关键。为此，要大力推进以改善民生为重点的社会建设。大力发展社会事业，提高基本公共服务水平，进一步优化公共财政支出结构，加大民生支出在财政总支出中的比重，力争使更多的财力向公共事业倾斜。最大限度地改变社会事业发展相对滞后的现状才是建设幸福城市最好办法。

五、生态环境是提升城市居民幸福指数的重要基础

生态环境是提升城市居民幸福指数的重要基础，它不仅可以对城市居民的身心健康和社会交往等方面产生积极影响，还能为城市居民提供更加健康、美好的生活环境。目前，城市的空气、水质及土壤等因素对于生态环境的影响非常之大。生态环境好的城市，其空气、水质和土壤等污染相对较少，这对于城市居民的身体健康产生着积极的影响。居民既可以呼吸到新鲜的空气，饮用优质的水源，同时还可以在环境中寻找到更多的天然元素和景色，非常利于提高城市居民的身体健康水平。而在心理健康方面，一个宜人的生活环境，不仅可以让居民远离噪声、污染等因素的干扰，还能够更好地享受自然之美和人文景观的魅力。同时，较好的生态环境也给居民频繁的社会交往增加了机会，让大家可以更好地相互了解和对接，从而极大地推动社会经济的发展。总之，一个良好的生态环境，可以从多方面提升城市居民的幸福感和生活质量，成为更加适合人类居住的宜居城市。

六、城市现代化是建设幸福城市的前提条件

城市现代化能够从经济、文化、环境、社会等多个方面提高城市的发展水平，从而为居民提供更加优质的生活服务和更加宜居的生活环境。一方面，城市现代化能够促进城市经济的发展，提高城市人民的收入水平，改善经济基础设施等方面的条件。另一方面，城市的经济发展水平也直接关系到城市居民的生活质量和社会福利水平。除了以上两个方面外，城市现代化还可以推动城市文化的发展，增加居民的精神需求满足程度。改善城市环境的质量，为城市居民提供更加清新、美丽、优质的生活环境。推进城市社会建设，提高城市治理能力和社会服务水平。总体说来，城市现代化是建设幸福城市的前提条件，城市应该从多方面提升城市的现代化程度，从而为居民提供更加高品质、高幸福感的生活环境和生活服务。

七、居民就业率对幸福城市的建设的影响

国内外成功的幸福城市的市民普遍有工作、有资产、有发展机会，就业比较充分，城市居民对幸福城市建设有很高的认同度。建设幸福城市，必须激发和引导城市居民的就业、创业及投资意识，促进更多的城市居民参与创业、参与投资，让市民享有更多的工资性收入、投资性收入、资源性收入、财产性收入、经营性收入和股份收入，进而增加城市居民的财富积累，为其感知、感受自身幸福而创造出与之相关的更多有利条件。

八、幸福城市建设与居民现实利益问题之间的关系

在建设幸福城市的过程中，需要不断增进全体市民的福祉，把“学有优教、劳有多得、病有良医、老有颐养、住有宜居”作为重点，构建更为完善的住房保障体系，推进优质教育资源的均衡化发展，构建高品质有特色的现

代国民教育体系，实行多样化、广覆盖的终身教育，推进优质医疗卫生资源的合理布局与均衡配置，提高城乡居民的医疗保障和基本公共卫生服务水平，以此来更好地满足市民的多层次、多样化需求，从而提高全体市民的幸福度。

九、完善的城市功能是建设幸福城市的先决条件

纵观国内外成功的幸福城市，无一例外都具有较为完善的城市功能。城市功能的完善不仅能够提升城市的经济实力和核心竞争力，还可以增加城市居民的收入和就业机会，吸引更多的投资和人才，进而推动城市的经济发展。例如，密集的商业区和高效的交通系统可以加速物流，提高居民消费和商业活动的便利度。城市功能的完善是建设幸福城市的先决条件，是提升城市品质和居民幸福感的必要手段，能够为城市可持续发展和繁荣奠定坚实的基础。

十、维护平等、公正才能更好地建设幸福城市

维护平等、公正才能更好地建设幸福城市，因为平等与公正是社会正义的核心价值观，它们关乎人们的尊严、权利和福利，如若城市不能保障居民的平等与公正，就难以满足其对于幸福的需求。

第一，平等和公正是保障居民基本权利的关键。比如，在城市的公共服务和资源分配过程中，公正的原则必须得到严格遵守。没有人会受到无理的歧视，也不应该发生任何形式的不尊重和排斥。只有通过建立公正的城市制度，保障居民受到公平的待遇，才能满足他们基本的生存和发展的要求。

第二，平等和公正是社会和谐的基石。社会不公，往往会导致不满和恶性循环。而相反，公正能够消除差异化，消除不公，在整个城市的社会和谐中发挥了积极的作用，缓和社会矛盾，促进居民的幸福指数。

第三，平等和公正有助于提升城市的软实力。在全球化的时代，一个城

市的形象和文化魅力至关重要。通过全面保障居民的公平待遇，回应公众的多元需求，提供优质的公共服务与良好的生活环境，能够促进人与城市之间的紧密联系，进一步增强了城市的吸引力和竞争力。

在建设幸福城市的道路上，维护平等和公正是至关重要的，通过不断完善与实践，进一步深化城市管理，加强市民参与，加大对弱势群体的保障措施等方式，城市必将越来越幸福。

十一、城市文明程度对建设幸福城市的影响

一座城市文明程度的提高不仅可以促进居民公德心的提升，同时还能减少一些不文明行为的发生。城市文明社会需要所有市民的共同参与，只有人们在公共场合互相尊重、文明交往，才能真正体现出城市的文明水平和社会进步程度。城市文明和文化是方便居民生活的关键，一座文明、有品位、有内涵的城市不仅仅是人们居住的地方，更是人们生活的地方，只有在这样的城市中，居民才能够有更好的生活体验和感受到更高的幸福指数。

城市文明程度是建设幸福城市不可或缺的重要因素，只有不断提高文明程度，加强市民的文明素质和公共意识，才能够实现城市的文明、和谐、发展，并创造更多的快乐与幸福。

第六章　幸福城市建设背景下经济与城市居民幸福感的提升

第一节　居民幸福增长模型的构建与必要性

一、居民幸福增长模型构建的要素

（一）幸福的维度

幸福分为个人幸福和国民幸福，分别以个人幸福水平和国民幸福水平衡量。个人幸福水平是指自获得生活以来个体自发产生的对各种欲望的总和，这些欲望可以通过个人奋斗，在符合欲望资源的特定条件下得到满足。国民幸福水平是指所有居民在一定时间内自发满足的愿望总数。下面我们分别从自发产生的欲望、社会强加的欲望、自我奋斗、自我奋斗的能力和自我奋斗的机会来阐述幸福概念。

第一，自发产生的欲望。自发产生的欲望是指一个人基于自己的实际情况，在不受他人和社会干扰的情况下，通过理性判断而产生的欲望。每一个自发的愿望，只要能得到满足，就会产生一定的幸福感。

第二，社会强加的欲望。社会强加的欲望，是指由于他人和社会的干扰或引导，或是迫于社会和他人的压力，或是地位，或是谣言，而无法根据自己的实际情况做出理性判断的欲望。简而言之为非故意的意愿。

第三，自我奋斗。自我奋斗是指在可获得自我满足欲望的同时，在资源相同的情况下，在实现欲望的过程中，个人所付出的努力程度。由个人付出的主观努力不同，所产生的不同幸福水平。

第四，自我奋斗的能力和自我奋斗的机会。自我奋斗的能力是指能够提高实现欲望概率的各种能力的总和。自我奋斗的机会是指能够提高实现欲望概率的各种机会的总和。表示随着自我奋斗的能力和机会增加，实现欲望的概率也随即上升，但上升的幅度越来越小。换言之，当一个人自我奋斗的能力和奋斗的机会都较低的时候，通过创造条件使其自我奋斗的能力和奋斗的机会增加，每增加一个单位，自我奋斗的能力或者奋斗的机会使欲望实现的概率增加的幅度变大；但当一个人自我奋斗的能力和奋斗的机会越来越高时，同样增加一个单位，自我奋斗的能力和奋斗的机会则使欲望实现的概率增加的幅度变小。

（二）幸福与效用

1. 效用、基数效用与序数效用

效用是用来衡量个人从消费中得到的满足，是指消费者在消费商品时所感受到的满足程度。对效用概念的阐述有两个阶段：以马歇尔、庇古为代表人物的旧福利经济学；和以帕累托、罗宾斯为代表的新福利经济学。旧福利经济学以基数效用论和效用可以进行人际比较为前提；新福利经济学以无差异曲线理论和显示偏好理论为代表。

基数效用论认为，效用如同长度和重量等概念一样，可以具体衡量并加总求和。表示效用大小的计量单位被称作效用单位。效用单位没有绝对的量，它只是一个能与基数建立对应关系的体现“比较”的量。基数效用论认为不

同的人通过消费商品获得的效用可以进行人际比较，而社会的总体福利就是社会成员效用的加总[①]。简单来说，人们从消费1元钱的商品所获得的效用就是1元钱给人们带来的效用，因此可以用货币单位近似精确衡量人们的效用。

新福利经济学家认为效用作为一种主观感受，无法用具体数值来衡量，更不能进行人际比较，任何这样的比较都必须进行规范的价值判断，而经济学家却不能进行任何伦理判断，伦理判断只能留给哲学家或政治学家去做。

为了比较效用，帕累托提出了用序数效用取代基数效用的观点。根据显示偏好理论，如果人具有经济理性，只要实际观察到某人在可以选择B的时候却选择了A，那么就可以推断，A的效用大于B的效用。后来萨缪尔森和柏格森又针对孔多塞悖论提出了社会福利函数（Social Welfare Function，简称SWF），只有在社会福利函数存在的前提下，整个经济才能内生一般均衡于效用可能性边界上的某一点。但是在一系列非常合理的选择条件下，如果仅仅对个人选择进行排序，那么根本无法从个人选择中导出社会选择。因此要解决社会选择的难题和“阿罗不可能定理”，必须重新回到基数效用论。

2. 幸福与效用（福利）

幸福和效用都与欲望的满足有关，但是它们又存在如下的差别。

首先，效用仅仅包括那些用货币收入能够满足的欲望的满足程度，而其均衡效用水平最终也是用货币收入来衡量的；而幸福所指的欲望的满足，不以是否需要用货币收入来满足进行区分，欲望既包括能用物质形式满足的情况又包括能用非物质形式满足的情况。从这一点来看，幸福所包含的内容比效用所包含的内容要多得多。

其次，从欲望产生的方式来看，效用所指的欲望的满足包括所有形式产生的欲望，即自发产生的欲望和社会强加的欲望，这两种欲望的满足都会产生效用；而幸福所指的欲望的满足，分为自发产生的欲望的满足和社会强加

① 祝灵敏．经济增长与居民幸福增长［M］．北京：经济管理出版社，2017：40-72.

的欲望的满足，前者得到满足可以获得一定的幸福增量，但后者无论满足与否都会对幸福水平产生负效应。

再次，无论是基数效用理论还是序数效用理论，都以一定的收入和价格水平为约束条件，在价格水平不变时，随着收入的提高都会有一个最优商品组合使其实现了最大化的效用，也就意味着每一个更高的收入与一个更高的最大效用相对应，即高收入意味着高效用，所以随着收入的提高，效用必然会增加。如果用这种效用表示幸福，必然不能解释“收入—幸福感悖论”。此处幸福概念引入了自我奋斗的程度，而一个人收入水平增加或者财富的多寡既有可能是由于自我奋斗程度的提高而获得的，也有可能是他人给予的。如果很容易获得，他第一次会觉得幸福增加，随后就会觉得理所当然，再后来就会麻木，使自我奋斗的程度降低。在这种情况下，就算是自发产生的欲望得以满足也无法实现更多的幸福增量，反而幸福水平会徘徊不前。

最后，在效用理论中，相同的收入会有相同的效用水平，不用区分个人的能力和机会，所以就整个社会来说，收入水平越高，整个社会的福利水平也会越高；进而如果用这种效用表示幸福，即意味着收入水平也会更高，整个社会的幸福水平也会更高，这与各个国家所得到的时间序列数据和横截面数据都不吻合。从我国的情况来看，我国改革开放以来，人均可支配收入翻了几番，但幸福水平却并没有跟着翻番。低收入国家随着收入水平的提升幸福水平也会上升，但幸福水平上升的速度会降低。从幸福概念出发，可以很好地解释这种情况。

第一，就低收入国家来说，随着收入水平提高，个人自我奋斗的能力和自我奋斗的机会快速增加，这时会快速提高实现欲望满足的概率，进而让幸福增加。但当低收入国家收入持续增加，自我奋斗的能力和自我奋斗的机会对于提高实现欲望满足的概率的边际增量逐渐下降，此时幸福增加的幅度越来越小，最后接近均衡水平。

第二，就高收入国家来说，虽然收入年年增加而且人民闲暇时间越来越多，但由于社会强加的欲望也在连年增加，所以幸福水平增加有限。

第三，就我国来说，据2022年3月联合国发布的《2022年世界幸福报告》显示，我国在2022年的幸福指数是5.585，在世界上排名在第72位，同比上年提高了12位，处于全球幸福国家排行榜的中间位置。由于我国是发展中国家，我国的幸福指数未来还有非常大的上升空间。

3. 与幸福公式的关系

保罗·萨缪尔森提出“Happiness=Consumption/Desire”公式，我国学者把它翻译为幸福公式，即幸福 = 效用（消费）/ 欲望。萨缪尔森给出了效用的定义，即一个人从消费一种物品或服务中得到的主观上的享受或有用性。效用是指消费者如何在不同的商品和服务之间进行排序，即“显示性偏好”。

在萨缪尔森的幸福公式中，幸福与效用（消费）成正比，与欲望成反比，也就是说，在欲望一定的时候，效用（消费）越高，即财富或者收入越高，幸福水平越高。然而，萨缪尔森的说法必须加上两个限制条件：一是财富或者收入是靠自我奋斗获得的；二是财富或者收入是用来满足自发产生的欲望而不是社会强加的欲望。有了这两个限制条件才可以说幸福与效用（消费）是成正比的。

另外，在萨缪尔森的公式中还强调了在效用（消费）一定的情况下，幸福与欲望成反比。如果说，在效用一定的情况下，欲望越多，幸福就越小，当欲望趋向于无穷大时，幸福为零，这种说法是可以理解的。但是，从数学上说，当某个人的欲望趋向于无穷小时，幸福将会趋向于无穷大，这种说法不仅与现实不符，而且也无法让普通人接受。

除了个人效用外，社会还需要考虑到诸如不允许虐待和剥削等道德规范。被剥夺了物质财富的人或许会调整他的偏好以适应其微薄的收入，即逐渐学会对得不到的东西不再奢望。如果将幸福等同于欲望越小越好，这种适应性偏好或许反而有助于证明剥夺本身是合理的。这种适应性导致自发产生的欲望小，根据萨缪尔森的公式，计算出来的幸福水平就很高，这无助于政府和社会了解真正的幸福水平，并为提高真正的幸福水平而努力。

所以，欲望的数量在一定的情况下是与幸福呈同方向变化的，即能够得以满足的自发产生的欲望的数量越多，人们就越幸福，反之就越不幸福；另外欲望的数量在一定的情况下是与幸福呈反方向变化的，即不能够得以满足的自发产生的欲望的数量和社会强加的欲望的数量越多，人们就越不幸福。

美国实证心理学家塞利格曼也提出了一个幸福公式：总幸福指数 = 先天的遗传素质 + 后天环境 + 能主动控制的心理力量，即：

$$H=S+C+V \tag{6-1}$$

公式中，H 代表总幸福指数；S 代表先天的遗传素质；C 代表后天环境；V 代表能主动控制的心理力量。

总幸福指数是指人较为稳定的幸福感，而不是暂时的快乐和幸福。看了一部喜剧电影或者吃了一顿美食，这是暂时的快感；而幸福感是令人感到持续和稳定的幸福感觉，包括对现实生活的总体满意度和对自己生命质量的评价，是对自己生存状态的全面肯定。这个总体幸福取决于三个因素：①一个人先天的遗传素质；②环境事件；③人能主动控制的心理力量。这个幸福公式从心理学角度包含了幸福的三大影响因素。从这个公式中无法了解这三大因素如何影响了幸福，它们只是简单的线性关系，而且各自的比重都一样。这就意味着把幸福的 1/3 归因于个人先天遗传素质，也就意味着，有一部分人天生就注定不幸福，但他们可以通过积极的态度去改变环境从而获得幸福。这一公式将幸福与经济方面的因素截然分开，与单次欲望的满足截然分开，根据这个公式，普通人难以获得更高的幸福水平。

英国心理学家推算出的幸福组成公式，即：

$$Felicidad=P+5E+3N \quad (6-2)$$

公式中，Felicidad 代表幸福指数；P 代表人的性格、人生观以及适应能力和耐力；E 则指人的健康及财富和友谊的稳定程度；N 代表人的自我评价、对生活抱有的期望值、性情和欲望。

弄清楚自己到底想要什么，其实就是要弄清楚哪些是自发产生的欲望，以及用什么手段可以实现这些欲望。实现这些欲望需要通过自我奋斗的手段而不是其他手段，因为社会强加的欲望和非自我奋斗对幸福的影响是负面的。

（三）幸福的指标

主观幸福曾经是心理学的专有术语，它是一个综合的评价指标，包括情绪反应的评估和认知判断。主观幸福感涉及对生活的多维度的评价，包括对生活满意度的认知判断以及对感情和情绪的情感评价。一些经济学家将“主观幸福感”这一术语作为“快乐”的同义词来使用。但在心理学中，快乐是一个比主观幸福感更狭义的概念。

心理学家区分了属于认知因素的生活满意度、属于感情因素的情感以及主观幸福感，而主观幸福感是指幸福的状态，它是情感因素和认知因素经过长时间结合的产物[①]。主观幸福感包括四个组成要素：愉悦的情感、不愉悦的情感、对生活的整体评价（生活评价）、具体领域满意度（包括婚姻、健康、休闲等）。虽然快乐和生活满意度二者均为主观幸福感的组成要素，但生活满意度反映了个人所认识到的现实与愿望之间的差距，而快乐则来源于积极的情感和消极的情感之间的平衡。这里，主观幸福感是“处于快乐状态”的同义词，而像“满意度”和“快乐”这样的概念被视为“感受到快乐”。

快乐是幸福的情绪表现，是幸福流产生的表现，是在自发产生的欲望得

① 佩德罗•孔塞桑，罗米娜•班德罗，卢艳华．主观幸福感研究文献综述［J］．国外理论动态，2013（7）：10-23.

以实现时的一种幸福表现，是幸福的组成部分。幸福水平正是通过不断地累积快乐而逐渐增长，但快乐是暂时的，是局部的，暂时的快乐不能代表幸福水平，不能说一次性的快乐就意味着幸福或者说幸福水平很高。而且这里的快乐情绪没有区分是自发产生的欲望的满足，还是社会强加的欲望的满足，以及是否通过自我奋斗获得的满足，所以幸福不能完全代表快乐。同样，生活满意度和主观幸福感由于受到调查时刻的限制而不能代表真实的幸福水平。因为如果被调查人在填写调查表时正好遇到某一个自发产生的欲望暂时没有实现时，这时所得出的幸福感相对于正常水平来说肯定会偏低，反之如果被调查人在填写调查表时正好遇到某一个自发产生的欲望刚好实现，这时所得出的幸福感相对于正常水平肯定会偏高。所以在设计问卷时必须让问卷的答案不受这两种情况的影响。

客观幸福与幸福指数都是基于生活质量的，这是一个非常好的指标，但在实际测量和计算过程中要对各个指标进行加权平均，在这个过程中会对权重进行主观赋值，主观赋值意味着可能有主观随意性。而且，这个指标的测量方法对于生活质量的高低，既没有排除社会强加的欲望的满足和社会对强加的欲望的推动，也没有考虑个人在实现欲望过程中的主观能动性，因而根据这种方法提出的政策建议不一定符合提升居民幸福水平的目标。

（四）幸福的影响因素

1. 人类的欲望

人类欲望的演化分为三个阶段：第一阶段是在 16 世纪以前，这是一个求生存的阶段；第二阶段是 16 ～ 19 世纪末 20 世纪初，这一阶段是求发展的阶段；第三阶段是 20 世纪初至今，在这一阶段人类追求一切资源为我所用。

对于求生存阶段的人类来说，欲望极其简单，绝大多数欲望都是根据需求自发产生的。

对于求发展阶段来说，当人类满足了基本生存需求之后，逐步开始追求对个人、家庭和国家的发展。在这一阶段，人类的欲望一部分是自发产生的欲望，另一部分则是受社会影响后而产生的欲望，还有一部分是社会强加的欲望。此时很多自我奋斗程度高、能力强的人抓住了先机，逐步实现了很多自发产生的欲望。但是大多数劳动者由于自我奋斗的能力有限，不得不依附于资本，去从事单一和单调的工作。这类人群虽然物质产品和生活也得到了有效的保障，但幸福水平并不高。

从20世纪开始，人类开始谋求一切资源为己所用，并开始了对现有资源的开发和利用。不仅如此，随着技术规模、经济发展和专业化水平的提高以及机械化对部分劳动的替代，很多劳动者包括科学家、专业技术人员等都无法完全脱离资本而生存。而在城市化发展的进程中，随着物质产品的极大丰富，厂商也不再满足为消费者自发产生的欲望进行制造，而是采用引导的方式，将更多欲望变相强加给了消费者。

在很多产品并未被市场化以前，人们自发产生的欲望很少，也很容易得到满足。但随着很多产品被市场化之后，人们自发产生的欲望也越来越多，不再容易满足。我们常说金钱不能用来衡量一切，但随着越来越多的社会因素被定价之后，货币就变成“万能”。金钱也被赋予了更多的能力，这使得很多人实现自发产生欲望的可能性被降低，进而导致了幸福水平的减少。

随着社会的发展，除了自发产生的欲望实现难度提高了之外，社会强加的欲望也越来越多。广告就是其中一种社会强加的欲望，是诱导消费者对相关产品和服务采取行动的常见工具。社会强加的欲望对幸福的影响大小，取决于个人幸福对社会强加的欲望的敏感度，个人幸福对社会强加的欲望的敏感度越高，个人幸福水平下降就越多。从我国的情况来看，自改革开放以来，广告业目前平均每年增长率稳步攀升，这也间接影响了很多人对自我欲望的判断，无形中转化为了社会强加欲望。无论这种欲望最终是否需要去满足，都会对幸福水平产生负的影响。

2. 自我奋斗的能力

自我奋斗的能力主要来源于人力资本的多寡，人力资本的多少决定了自我奋斗能力的高低，从而影响了实现自发产生欲望的概率。一般来说，人力资本越高，一个人实现其自发产生欲望的概率就越高；人力资本越低，一个人实现其自发产生欲望的概率也就随之越低。

3. 自我奋斗的机会

人们通过自我奋斗从中不仅可以获得成就感，还能通过学习新技能、完成目标从而实现自己的梦想，同时成功的奋斗都会让人感到满足和自豪。在自我奋斗过程中，人们有机会结识更多的学习伙伴和行业专业人士，这些社交机会可以让人感到有归属感，从而促进个人幸福感的提升。

通过自我奋斗，人们可以获得更多新的技能和经验，可以提高自我认知、能力和竞争力，从而进一步提升个人的幸福感。

总之，自我奋斗机会可以带来很多积极的影响，并对个人的幸福产生正面的能量。自我奋斗可以让人感到更有意义和价值。每一次成功的奋斗都会增强个人的自尊心，进而促进个人的幸福感。

二、居民幸福增长的乘数效应原因

随着经济和社会的发展，人与人之间联系更加紧密，相互影响和相互作用力也随之变大。在同等条件下，自我奋斗程度越强的人，对待工作也更加认真负责，服务态度也更好。从这点来说，尤其是作为一线服务岗位的工作人员，例如，医生、教师、律师、法官，以及直接为居民服务的政府公务人员等，他们如果有更高的自我奋斗目标，必然会在工作中认真负责，使自己获得更高的幸福流量水平，也会使所服务的对象在接受服务过程中获得更多的幸福流量水平。而这些接受服务的人，又会将这种放大的幸福流量水平充分发挥出来，转化为正能量继续传递下去，使之在人与人之间扩散，并产生连锁的反应。

对于那些从事研究、设计和生产岗位的群体，他们的幸福流量水平越高，也说明他们自发产生的欲望较多，而实现得越好，也说明社会强加给他们的欲望较少。这类群体一般而言自我奋斗的能力高，抓住机会更强。他们对于幸福流量水平的传递虽是间接的。但对间接服务的对象考虑得更周全，以此达到把由幸福正乘数效应所产生的正能量传递出去的目的。拥有更高幸福正流量值的人通常对家人、朋友、同事更关心，这些人的幸福流量水平很大，他们天生就是幸福传递的使者。幸福流量水平会由于人与人之间的各种联系而具有乘数效应。传递出去的幸福越多，幸福流量的反馈也会越多，是会加倍反馈的。

相反，当居民的幸福负效应越多时，会对所接触的人产生负面影响，会把这种不幸通过各种方式传递出去，对社会整体幸福流量水平产生负面作用。当居民自我奋斗能力过低或者自我奋斗的机会过少，必然会影响居民实现自发产生的欲望的概率，当自发产生的欲望实现的概率过低，而社会强加的欲望较高时，居民所获得的幸福流量水平就会非常低，有时可能还是负值。这时，不管居民努力程度有多高，都于事无补。

还有就是，当个体在某时段出现一次负的意外冲击时，很可能会吞噬掉这个个体已经积累的所有的幸福存量水平，使幸福存量水平降至零或者负数。在这种情况下，这个个体很可能会无法再通过自我奋斗去满足基本的生存需要和欲望。当这种状态出现时，个体很可能就会采取非正常的手段去实现满足居民生存所需要的欲望。这种非正常手段将不利于其所接触的人通过自我奋斗实现自发产生的欲望，从而对这些个体的幸福流量水平产生负面影响。一方面会降低某些人实现自发产生的欲望的自我奋斗能力；另一方面也会降低某些人实现自发产生欲望的自我奋斗的机会。更关键的是，如果这种现象成为普遍现象，这种非正常手段也将成为某些人特定谋生的手段，一旦这种手段形成产业，将会对社会的幸福水平产生巨大负面影响。

另外，这种现象的普遍性，会让更多人逐渐失去斗志，降低自我奋斗的程度。换言之，幸福的乘数效应是一把“双刃剑”。当一个社会中采取非正常手段去实现居民欲望的人数越多，对整个社会的幸福流量水平的负向影响就越高，而且国民幸福流量水平也会降低，所以幸福存量水平会以递增的速度下降。当社会对这些采取非正常手段实现个人欲望的方式无法约束或任其发展时，最后会处于一种很多人都无法通过自我奋斗实现自发产生的欲望，居民幸福流量水平将会随之降低，社会幸福流量水平也会跟着降低。

如果随着时间的流逝，一直没有新的幸福流量产生，已有的幸福存量会随着时间流逝而进行折旧，时间越长，折旧越多，剩下的幸福存量就会变少。当一个居民自发产生的欲望经过很长时间的努力也没有得到满足，或者说一段时间内的幸福增量太少，就会出现幸福增量不足以弥补幸福折旧的情况。一旦幸福增量不足以弥补幸福折旧，就会出现幸福存量减少的过程，对个人而言，这是一种不妙的情况，对整个社会也是一种非常不幸的情况，从而出现恶性循环。

三、居民幸福增长模型的必要性

（一）路径依赖

路径依赖是指受到外部偶然性事件的影响，某种具有正反馈机制的体系如果在系统内部确立，便会在以后的发展中沿着一个特定的路径演进，其他潜在的（更优的）体系很难对它进行替代。

这可以用在经济增长路径依赖方面的分析中，如果增长是人类实现幸福的必要条件，而增长路径却有很多条，目前这种无法使人类普遍获得幸福增长的路径可能并不是最优路径。因为这条路径一开始并没有被证明是实现人类幸福的最优路径，而且到目前为止也没有任何迹象表明其是最优路径。

根据路径依赖理论，这种路径只是在当时外部偶然事件的影响下被采用的，它如果是最优的，那么人类社会就可以进入良性循环的轨道，迅速优化。但它如果不是最优的，人类社会则可能顺着原来错误的路径下滑，甚至被“锁定”在某种无效率的状态下，导致停滞。一旦进入“锁定”状态，要脱身而出就必须借助外部效应，要引入外生变量或依靠强有力的外部冲击。不仅如此，目前的西方经济学体系也是在这种增长路径背景下选择的，所以必然会存在很多“锁定”效应，导致矛盾、不合理和低效率。必须用以更高水平目标的幸福经济学理论对居民幸福增长模型的路径偏离进行改造，才能够不至于误导更多的后来者。

路径依赖还体现在目前各行各业的发展上。随着经济发展，人们并没有获得更多的幸福增量。企业家为了实现更大的利润，需要不停地提高效率，不停地强调专业化分工。企业家以机器的效率来衡量人的效率，为了提高人的效率，生产和使用效率越来越高的机器。不停追随着机器效率的要素所有者成为物质资本的附庸，但这种附庸身份无法摆脱，因为在现代城市，离开物质资本后，一个人将没有自我奋斗的机会。就算是设计这些机器的创新者在专业化分工中，他们也只是专业技术人员，不能称之为科学家，他们一样需要依附于物质资本。

（二）技术进步与经济增长的极限

技术进步是促进经济增长的主要因素之一，但技术进步对经济增长的贡献也有一定的极限。近年来，我国在教育、政府、艺术、体育、家庭生活及健康医疗等各个生活层面都出现了市场价值观对非市场规范冲击较大的现象。而市场化的社会也逐渐取代了先前所拥有的社会化市场。为了对其进行阐述，我们可以从以下几个层面来进行说明。

第一，资源瓶颈：技术进步能够提高资源的利用效率，但资源本身的数量是有限的。当资源缺乏时，技术进步无法抵消资源的不足，进而导致经济增长的停滞。

第二，市场需求限制：技术进步不一定能够满足市场的需求。如果某项技术的需求量很低，即使该技术有很高的效益，也很难为经济带来大规模的增长。

第三，成本问题：技术进步常常需要高额的投入，包括资本和人力成本等。在某些情况下，技术进步的成本过高，超过了它所创造的收益，从而限制了经济的增长。

第四，环境和人类健康限制：部分技术可能对环境和人类健康造成负面影响，从而限制了技术进步对经济增长的促进作用。

总之，技术进步与经济增长的极限取决于许多因素，包括资源、市场需求、成本、环境和人类健康等。经济增长的可持续性也需要考虑到这些因素。

目前在一定条件的基础上，大多数人群只存在有限的个人资源、家庭资源和社会资源等。当然，资源的有限性也会随着条件的变化而转变。而这是因为当科学技术进步达到一定程度时，就会有新的替代品出现而导致的产业升级。只要人类的生命还在不断延续，就必然会有新的替代品出现，就会获得更深层次和更长远的资源。所以说，资源的稀缺有限并非一成不变，而是受一定条件限制而产生的，当突破限制条件的情况出现，就会导致“经济增长极限”也被突破。

例如，印刷术是我国古代人民智慧的结晶。早期人类的文化传播，主要是依靠人力去完成，后来随着不断的革新和进步，逐渐出现了雕版印刷、活字印刷，到后来的油墨印刷以及现在的激光打印等。在科学技术不断发展和进步的同时，不仅在降低我们的生活成本，同样经济增长也发生了相应的改变。这说明了无论社会发展到哪一步，即使资源是有限的，但技术将会让一切都变得皆有可能。

但是这些技术进步所带来的改变，在一定程度上，只是为了满足部分人自发产生的欲望，从而获得幸福增量。而对其他人来说，这些是社会发展给人们强加的欲望，不得不适应，不得不满足，对于这部分人而言，他们本身无法直接从技术进步带来的改变中直接获得更多的幸福增量。

随着科学发展和技术的不断进步，越来越多的资源被人类所掌握，想要获得更多的资源，就需要人们不断地对技术进行革新和推动。而人类的生存则需要相关的科学技术进步来满足，这需要有足够长的时间、足够多的技术和足够丰富的物质资源来支撑。当然，所谓足够长的时间是具有相对性的，这是一种经济增长极限，即科学技术的进步速度比耗尽地球资源的速度要缓慢得多。所以，这种概念是相对于技术进步的速度而言的。资源消耗速度既受到每个消费者消耗速度的影响，也受到目前资源开发利用技术先进水平的影响，所以说，科学技术的推动是需要更多资源消耗来实现的。

通过将幸福引入经济学，锁定每个消费者的消费行为目标，是为了追求更多的幸福增量，让消费者在消费过程中变为一个享受幸福的过程；让每个生产者为消费者自发产生的欲望进行生产，而不是通过广告来影响消费者的偏好，通过满足消费者被社会强加的欲望从而实现利润，让每个生产者不再笃信利润最大，而是要将生产转化为幸福；让每个家庭拥有实现自我奋斗的能力，让每个家庭拥有更高的幸福资本总量和合理的幸福资本结构，进而转化为实现幸福增量的自我奋斗的能力。当所有人都能够分担这些责任和希望时，人类才会更轻松地应对各种幸福困境，从而走向幸福之路。

第二节　经济增长与家庭幸福资本

一、家庭资本结构及其功能

一个人的诞生基于家庭和父母而存在，各个家庭的不同，会导致每个人幸福增量能力的不同。家庭资本的异质性、家庭资本结构异质性以及家庭人力资本结构等都会造成家庭的异质性。人是家庭的基础，所以个人不是孤立的，其会影响家庭其他成员，也会被其他成员所影响。

（一）家庭资本结构对幸福的影响

家庭是联结家庭成员的重要纽带，家庭成员之间具有亲密无间的关系，且这种关系是私密且持久的。个人的过去、现在及未来都将涵括在家庭关系之中。一般来说，家庭关系有两个主要的组成部分：一是婚姻关系，二是血缘关系。家庭成员之间的关系是平等互助的，需要相互理解和相互扶持。若能将这种理论传递开来，家庭也将成为一个幸福增量的重要来源。

以家庭的角度来说，这是幸福的发源地，需要每个家庭成员都不断壮大自己，避免家庭受到外来因素的侵害；同时还要积极主动创造幸福，增大幸福的乘数效应，让家庭成员都获得幸福。

家庭是组成社会的基本单位，两者具有对应性，因此家庭的性质和形态也会受到社会性质和形态的影响，家庭的任何变化最终都会影响到社会产生相应变化。因此，家庭和社会具有同步性，即表示家庭结构和家庭资本结构同样会影响社会结构和社会资本结构的形成。

虽然家庭结构各不相同，但是却具有共同特征，即：家庭是连接个人和社会的重要桥梁，一般以契约式的婚姻关系形成。这也是家庭和社会相互作用和相互影响的前提条件。同时，也连接了家庭和社会的物质传输等。个人是组成家庭的基本单位，而家庭是组成社会的细胞，是社会不可或缺的一个组成部分，因此家庭也并非封闭的，而是具有半开放性。家庭成员需要和其他社会组织交流和往来。

人可以脱离家庭，却不可能脱离社会。所有家庭都依托于一定的社会环境而存在，视社会这个大环境为生存依据，所以必然会受到社会经济、政治、环境及法律等的影响和作用，从而逐步形成一种特定的家庭结构。家庭是构成社会的基本细胞，其结构、关系和作用产生的变化也会引起社会的变动。社会离不开家庭的作用，很多社会职能如生产、生育、教育及消费等都需要通过家庭来实现，因此对社会的改造和研究都可以通过研究家庭作为起点。

人的一生都和家庭分不开，人一出生就和家庭有着千丝万缕的关系，父母是其成长的依靠，同时还要和其他家庭成员共同居住和生活，产生相互影响和相互依靠的关系。父母的生活理念将潜移默化影响孩子的生活理念，因此，父母具有和社会发展相同的理念将可以帮助孩子更好地融合社会，若非如此，则可能造成孩子和社会产生较大的矛盾和冲突，不利于提升孩子的幸福存量。人在很长时间内会受到父母体能资本投入的影响，这也是确保孩子具有较好的生活环境的基础条件，让孩子养成一个良好的饮食习惯和身体状态，这些都将对孩子一生的发展产生至关重要的作用。

当然，家庭中也会存在一些社会化的训练，如社会规则、生活方式的学习和掌握等，都需要父母为之投资，让孩子具备社会生活能力和适应能力。家庭中的社会训练和学校教育有所不同，是一种通用性知识的传授，会带有较大的主观性。学校教育更加正规化，让孩子能够更好地融入社会环境中，并能适应不同的环境。

家庭为人的成长提供了条件，同时在这个过程中，父母也会将很多的通用性知识传授给孩子。当然，这需要父母具备一定的资本结构和人力资本结构。当孩子成年后，将会履行和父母一样的社会职责，参加工作，结婚生子，组成一个新的家庭，直到步入老年，和配偶一起生活或受子女赡养等这些活动都将在家庭中实现。

人的一生都和家庭不可分离。家庭会影响个人的成长，同时个人也会作用于家庭，这种影响具有相互性，但是也会各不相同，因此这也是幸福增量实现水平不同的重要成因之一。家庭并非一个人幸福水平的所有决定因素，但不可否认的是，家庭的资本结构和人力资本结构将会影响一个人的幸福能力。

（二）家庭各项功能对幸福的影响

家庭功能是在人类社会中发挥的作用，也就是家庭产生的功能，也可被称为家庭职能。当社会生产方式发生变化时，家庭的功能也会发生变化，因此家庭属于动态因素。当家庭功能稳定发展时，社会就会更加和谐安定。

1. 家庭经济功能对幸福的影响

家庭消费中不仅包含了家庭个人消费，还包含了家庭公共消费，主要是为了满足家庭与个人的需求。当需求得到满足时，人们就会提升幸福水平，同时产生幸福增量。

家庭消费产生的幸福增量不仅取决于家庭的总体收入与支出，还取决于家庭消费的安排情况。在社会没有实现现代化资本主义机械化大生产前，每个家庭都会自己生产产品，而这些产品基本不会用来交换，大多只供自己消费，是一种自给自足的方式[①]。

到了资本主义初级阶段，资本家不再受家庭制约，发现专业化分工能够在很大程度上提高生产效率。于是人们为了提高生产效率，产出更多产品，

① 祝灵敏．经济增长与居民幸福增长［M］．北京：经济管理出版社，2017：104-140.

便脱离了原始的家庭生产，开始进行集中生产，不过此时所生产的产品依然以人们的需求为出发点。不断提升的生产效率，让越来越多的人产生了幸福增量，这在很大程度上提高了整个社会的幸福水平。可以说，消费水平的提升也会让人们的幸福水平提升。

家庭不会一直作为社会的基本生产单位存在，但始终是社会的基本消费单位，家庭消费形式也由货币代替了以往的自给自足。当家庭消费形式以自给自足为主时，家庭资本的结构和总量及劳动时间共同决定了家庭消费水平。当家庭资本的结构和总量一致时，家庭消费水平会随着不断增加的劳动时间而提高。这时就会产生更多幸福增量，这种幸福增量与劳动时间之间有着密切的联系。因为人们会用自己的劳动满足自己的欲望，而这些被满足的欲望中就包含了幸福增量。可以说，想要获得更多的幸福增量，就要付出更多的劳动时间，取得更多的劳动成果，即收入越多，获得的物质财富就越多。当家庭消费形式以货币交换为主时，幸福增量与劳动时间之间就失去了联系，因为这时的劳动时间不再由自己掌控。

2. 家庭生育、抚养与赡养功能对幸福的影响

人类的延续依赖于家庭。生育这项职能需要依靠家庭完成，家庭生育既包含了“生殖”，也包含了“抚育”。家庭生育功能中还包含了其他功能，站在代际关系的角度上，长辈供养子女，哺育后代，这是上一代对下一代应尽的责任和义务，在这个过程中，上一代和下一代均可获得幸福增量。

家庭中还包含了同代人之间的责任和义务，即夫妻之间的帮扶和供养。在家庭关系中，夫妻的结合依靠的并不是血缘，而是契约，这与其他社会关系最相似。夫妻之间要想获得更多幸福增量，就必须相互帮助、信任、理解和供养。

人类社会的延续依靠的就是家庭的这些功能，而这些功能同样可以产生幸福增量。

3. 家庭教育功能对幸福的影响

家庭是孩子一生的学校，也是孩子的第一间课堂，而家长则是孩子的第一任教师，孩子无须交任何学费就可以从家长那里获得很多知识。因此，后代的人力资本结构会受到家长人力资本结构的影响。

家庭教育的目的在于帮助人实现社会化，其中包含了道德品质、文化知识以及行为规范等。家庭教育时刻都在凸显作用，充分发挥家庭教育职能能够让社会拥有更高的人口质量。这不仅可以让后代获取更多的幸福增量，还能够提升国民幸福总值。学校教育、社会教育以及其他教育都无法取代家庭教育给人带来的影响和作用。此外，其他机构也无法达到家庭教育所带来的幸福增量。

4. 家庭社会继替功能对幸福的影响

家庭社会继替功能的实现，是依靠家庭提供社会化基本环境机制来达到的，因为日常生活的经验和人际关系的调试都需要在家庭中完成。家庭可以修正对他人幸福增量产生影响的言行。家庭对社会的传承与延续依靠的不仅有人口再生产，还有社会化的环境。家庭与社会最初是结合在一起的，后来随着不断发展逐渐开始分离，于是就出现了现代社会。人类在长时间的探索后让家庭拥有了与社会相同的职能，于是家庭便成了人口再生产机构，并且拥有“唯一性”和“合法性”。

家庭的资本总量和资本结构共同决定了家庭能否充分发挥幸福功能，家庭幸福功能的实现不仅要依靠相应的资本总量，同时还需要科学且合理的家庭资本结构。

二、家庭幸福资本与自我奋斗能力

家庭幸福资本，是指一切有助于家庭成员获得更多幸福增量的能量，物质和非物质都可以转换成这种能量。其中，物质幸福资本来源于物质，而人力幸福资本则来源于物质和非物质。

幸福资本是基于物质产品产生的能量，需要依靠人的转换和传递。转换和传递的物质产品越多，幸福增量就越多。人们在转换和传递相同的物质幸福资本时，由于拥有的人力幸福资本存在差异，所以能量不同。

幸福增量的总和被称为幸福存量。当人们经过努力让自己的欲望得到满足之后就会获得幸福增量，同时也能够得到一个单位的幸福存量。但随着时间的推移，幸福存量会越来越低。

（一）家庭物质幸福资本与自我奋斗能力

衣食住行属于一个家庭的物质幸福资本，而且都是最基本的物质条件。相比于四处漂泊的家庭，有稳定心仪住所的家庭能够转化、传递更多的能量，从而让人们得到更多的幸福增量。安全可口的食物及适合不同场合、不同季节的服装和日用品都能够转化和传递更多的能量，从而让人们得到更多的幸福增量。这些都是实现幸福增量必不可少的条件。人们通过物质资本满足了自身的欲望，在这个过程中就会产生幸福增量从而为其他幸福增量提供能量。

（二）家庭人力幸福资本与自我奋斗能力

在幸福资本中，家庭人力幸福资本是最关键的。人的知识、体能和精神资本加在一起就是人力幸福资本。

1. 家庭体能资本与自我奋斗能力

家庭体能资本和家庭年龄结构息息相关。随着年龄的不断增加，体能资本会逐渐减少，当人们成为父母时就过了体能资本的最佳阶段了。为了减缓体能资本递减的速度，最大程度地保持家庭中父辈的体能资本，不仅要进行体能资本投资，还要奉行健康理念。父母为新生儿提供了基因，母亲孕育了胎儿。通常情况下，若是父母拥有较高的体能资本，那么就会将更多的体能资本提供给新生儿，这意味着新生儿之后会获得更多自身人力资本，进而形成一套适合自己的健康理念，得到更多家庭幸福资本。

当孩子的年龄不断增长时，其体能资本也会增长。如果家庭在此时能够给孩子输送健康的理念，同时科学合理投资孩子的体能资本，就会给孩子带来更多的体能资本，进而增加他们的幸福增量。孩子的体能资本与父母的体能资本有着密切联系，如果父母先天无法给孩子提供较多的体能资本，那么可以在后天对孩子进行体能相关的资本投资，这同样能够让他们获得较高的体能资本，但这会影响家庭体能资本的分布。

体能资本总量与体能资本分布共同影响着一个家庭的幸福资本。当体能资本越高时，人力资本投资转化率就会越大。在人力资本投资中，产生的人力资本投资成本和增量之间的比率就是人力资本投资转化率。当人力资本投资相同时，若是拥有的体能资本越高，那么可转化的人力资本就会越多。

体能资本越高，人力资本转化率就越高，而这同时也需要更多人力资本承载力。一个人一生转化的人力资本总和就是人力资本承载力。一个人的体能资本越高，其人力资本承载力也就越高。人力资本投资转化率会随着年龄的不断增加而降低，同时降低的还有人力资本承载力。一个家庭要想获得更多的幸福资本，不仅要提高体能资本，还要合理地利用体能资本。

2. 家庭知识资本与自我奋斗能力

后天学习也能够获得知识资本，这里的学习包含了书本知识、社会经验以及特殊问题的解决。知识资本可以从家庭这所终身制学校中获得。家庭的幸福资本会随着知识资本的增加而增加。知识资本不仅包含了通用性知识资本，还包含了专用性知识资本。

人类在进化发展的过程中会产生通用性知识资本。这些知识会出现在人类认识、改造社会、自然及自我的过程中，先辈们记录下的这些知识是我们的宝贵财富，当迷失在改造社会、自然及自我的过程中时，这些知识会为我们指明方向。书籍是这些知识的载体，家庭和学校则可以传播这些知识，但相比于学校，家庭在传播上会受到很多局限，所以其传播优势小于学校。

当家庭中有一位以上的成员具备较高的通用性知识资本时，家庭就能传授通用性知识资本，但这些家庭成员要保证有足够的时间去传授。当父母拥有较高的通用性知识资本时，就能够及时发现和满足孩子的正当欲望，这会让孩子产生更多的幸福增量，而父母又会在幸福乘数效应的作用下共享这些幸福增量。因此，在孩子成长的过程中，父母拥有的体能资本和通用性知识资本越高，孩子得到的幸福增量就会越多。

3. 家庭精神资本与自我奋斗能力

精神资本不仅会指挥物质幸福资本，还会指挥人力幸福资本，是幸福资本的总指挥。上述的所有与幸福有关的健康理念指的就是精神资本，健康理念越多，精神资本就越多。

在家庭中，父母的精神资本会给孩子带来很大的影响。父母的精神资本越高，孩子继承的精神资本就会越多，孩子的自我奋斗能力就越强，产生的影响也就越大。一个家庭的物质幸福资本和人力幸福资本越多，其幸福增量就越多，这时就会带来更多的精神资本。

第三节　财政支出与居民幸福感的提升

政府的宏观调控主要是依据相关的财政政策来进行的，在保证经济的稳步发展的基础上，对收入以及资源合理化配置。财政支出与居民的幸福感有一定的相关性，但主要原因还是财政政策。以下是对财政政策与居民幸福指数的相关总结。

第一，财政支出是宏观的经济效应。财政支出的经济效应不仅是财政政策的重要手段，还对宏观经济发展起到了一定的推动作用。就我国目前的情况来看，影响人们幸福指数的不再是经济的发展程度，而是在经济发展过程中产生的其他问题。但是，国家经济水平的平稳发展，不仅有助于提高人民的生活质量以及生活环境，更能增加人们的幸福指数，同时，国家更加繁荣昌盛，人们可以更好地憧憬未来。

第二，收入的合理分配。在经济快速发展中，人们的收入水平也会出现差距。财政政策的收入分配主要依赖于税收政策以及转移性支出这二者的相互作用。从转移性支出的角度来看，我国合理调节收入分配主要通过社会保障以及转移支付这两方面来实现。社会保障收入在城乡居民的收入中占据主导地位，从宏观角度上降低了社会的收入差距，帮助居民缓解了因收入差距较大而产生的失落感；从微观角度来看，这种做法在一定程度上提高了居民的收入水平，增强了居民的消费能力。

第三，政府为社会提供公共产品以及公共服务时主要依靠的是财政支出。政府的财政支出可以促进经济的发展，有利于提高居民的幸福指数。财政支出主要是利用税收将资源合理化分配，将带有竞争性的私人消费产品都合理化地消费到公共产品上去，避免竞争时带来一定损失。财政支出所提供的公共产品，都是经过一定的筛选，解除了大家的后顾之忧，从一定程度上提高了居民的消费水平。就现阶段而言，财政支出不仅提高了人们的消费水平，还在一定程度上提高了人们的幸福指数。

总而言之，财政支出在物质以及精神方面都可以对居民产生积极向上的影响，在促进经济发展的同时，还能提高人民的幸福指数。

第七章　幸福城市建设背景下环境与城市居民幸福感的提升

第一节　社区建成环境对城市居民幸福感的影响

社会建成环境对人们主观幸福感的影响是间接的也是复杂的，需要通过一系列作用机制才会影响到人们的主观幸福感。从总体效应角度来看，主观幸福感和建成环境二者之间存在整体性联系，与此同时，二者在相互作用时也存在一定的不足，有时会得出错误的研究结果。从实践的角度来看，一些建成环境对主观幸福感不仅会产生正面积极的影响，有时也会产生负面的和消极的影响。同时，这两类影响在一定程度上还会进行相互的作用进而抵消，使总体效应不会产生变化。因此，对建成环境和主观幸福感总体效应的过度关注，不能有效得出间接影响二者关系的作用机制，反而会得出一些误导性的结论。从实践应用的角度来看，作用机制不能有效进行，也就无法得出降低或提高建成环境要素对主观幸福有什么影响，更不能提出关于完善主观幸福感的意见及建议。

从实践应用及学术研究角度来看，建成环境与人们主观幸福感的作用机制值得研究，对未来的发展将会起到重要的作用。

一、概念框架的构建

对社区建成环境与主观幸福感内在联系的剖析在研究视角上应遵循“自下而上”与“自上而下”并用的原则，在研究内容上应强调联系的间接性与复杂性，在研究理论上应统筹考虑坎贝尔模型（Campbell Model）与行为活动等理论观点，以此构建更为系统、全面的概念框架。社区建成环境与人们主观幸福感之间的内在联系涉及三类作用机制要素，即感知环境、行为活动与主观幸福感决定因素。下文将从“自下而上”与“自上而下”两方面视角依次对社区建成环境、三类作用机制要素与主观幸福感之间的内在联系展开具体论述。

（一）“自下而上”的作用关系

第一，客观建成环境对主观幸福感的影响主要源于对感知环境的影响。许多学者开始研究感知环境和建成环境之间的关系，并从一些研究中确定了二者在一定程度上存在关联性。

第二，客观建成环境在一定程度上可以通过感知环境来影响居民的行为活动。感知环境在被客观环境影响的过程中，会直接对特定区域产生满意行为，从而会影响生活满意度。结合理论分析与实践的视角来说，感知环境与特定区域或主观幸福感的决定因素存在着复杂的间接关系，而不是简单的直接关系。由此来看，从社会认知理论的角度分析，本书认为客观建成环境在一定程度上影响了居民的感知环境，导致了居民对特定区域的行为认知出现了问题，进而改变了居民的行为活动。感知环境与行为活动有着密不可分的联系。除此以外，出行也会影响居住环境与居民福祉。

第三，感知社区治安与环境吸引力与居民每周步行的频率、每周小汽车驾驶里程与非通勤出行频率也有一定联系。出行行为主要从两方面影响主观幸福感：一方面，便利的出行方式方便大家工作、社交及休闲娱乐，对提高人民的幸福指数有很大帮助；另一方面，出行不仅可以让大家积极参加各种活动，还可以提高居民的幸福感。出行方式会影响大家参与活动的心情，出行方式便捷有助于提升人们的幸福指数，相反则会降低人们的幸福指数，进而影响人们对主观幸福感的评价。由此来看，客观建成环境在一定程度上影响居民感知环境，也会进一步影响人们参与活动时对主观幸福感的评价，其中包括体力活动、出行行为、出行方式以及社会交往。

第四，居民的行为活动会影响主观幸福感，并对主观幸福感起决定性作用。从活动理论的角度来看，幸福是个体自身产生的，研究表明日常活动可以在一定程度上影响个体主观幸福感，个体幸福感的差异性主要依据个体参与的活动量来界定。活动产生的幸福感主要从参加活动的情感变化及活动后带来的心理变化两方面构成。

由此得出，影响主观幸福感有两个方面：一方面是在活动过程中产生的一部分情感；另一方面是居民的健康、出行满意度、居住满意度及社会资本。它们从不同的角度直接或间接影响了主观幸福感。

显然，体力活动乃至表征体力活动水平的出行方式与健康状况显著相关，而健康则是主观幸福感高低的重要决定因素之一；社会资本是指个人或集体通过其拥有的社会联系所能获得的资源，是社会交往结果的重要表现。因而，社会交往行为直接作用于社会资本水平。此外，无论是体力活动还是出行行为同样有助于促进邻里之间的社会交往，从而对社会资本提高具有显著影响。而社会资本对主观幸福感的重要影响也已被相关研究充分证实。

从出行满意度角度来看，出行的行为方式会影响人们的情感变化，进而影响对主观幸福感的评价。出行满意度的溢出效应影响了出行方式及出行目的地的活动时间，根据出行方式的便利程度以及在出行目的地活动时间的长短，影响人们的幸福指数，间接地影响了对主观幸福感的评价。此外，居住满意度是指个体对居住环境的评价，居民的行为活动在一定程度上影响了居民满意度，主观幸福感的决定因素就是居民对居住满意度的评价。

除此之外，作用于机制要素，社区建成环境也在一定程度上影响主观幸福感。社区建成环境会影响行为活动中的环境因素，建立高绿化率的自然环境，让居民置身在绿色的环境中，使大家更好地和大自然接触，从而提高居民的幸福指数。相反，居民如果生活在恶劣的环境中，会大大降低其幸福指数。感知环境对部分主观幸福感起决定性作用，主要体现在居住满意度上。地方理论认为感知环境在一定程度上影响了居住满意度。从回归模型的角度来看，对居住满意度的影响主要从居民的体力活动及感知环境等方面；部分感知环境对主观幸福感起着决定性作用，主要是治安状况。居民比较关注自己生活环境的治安状况，随着居住的安全性的增加，人们的幸福指数就会随之上升。由此看来，一系列的研究并不能通过限制行为活动来增加主观幸福感，因此感知治安对人们主观幸福感的研究还要进一步验证；而户外活动可以直接影响人们主观幸福感。综上所述，行为活动会根据情感的变化直接影响人们主观幸福感。

（二）“自上而下”的作用关系

人们主观感受到的幸福感、作用机制元素和周边环境三者之间相互作用，很可能形成一种“自上而下”的联系。

首先，人们主观感受到的幸福感可能直接作用于它的决定因素，同时直接影响感知环境。一方面，“自上而下”理论研究指出，具有较高主观幸福感受的个体关注的内容多为事物的积极方面，同时会给予较多的积极性评价。所以，具有较高主观幸福感受的个体面对生活的各个方面，满意程度通常较高，也就是说，处于相同的环境中，具有较高主观幸福感受的个体评价自己的生活状况，如交通、居住条件等，满意度更高。同样，具有较高主观幸福感受的个体评价自身的生活环境时，评价相对更高。另一方面，较高的主观幸福感可明显提高人体的免疫能力，对个体的健康状况产生积极作用。

其次，对主观感受到的幸福感起决定作用的因素可能直接作用于人们的行为活动和感知状况。人们的身体健康程度和对交通状况的满意程度等可以反向影响人们的行为活动和出行方式，尽管健康程度体现出体力活动的效果，同时健康程度也会或多或少地影响人们目前及后续的体力活动，也就是说，个体的健康程度对与其健康密切相关的体力活动会产生反向作用。学者们在研究人们如何选择出行方式时，会以效用理论为基础。该理论指出，个体在选择出行方式时会综合考虑消耗的时间和金钱成本，最终确定高效益的出行方式并取得最高的决策利益，同时影响个体的体验效果。

近年来，一些学者提出体验效益同样会反向影响决策效益，从一些研究结果可以发现，如果在限定范围内选定一种活动时，人们通常倾向于选择之前体验过且收益最高的活动。一些关于采取公共交通出行方式的研究表明，对公共交通服务更满意的人更有可能继续采用公共交通出行。因此，出行的满意程度有可能反作用于人们选择出行方式。没有足够的数据和经验证据表明，决定主观感受到的幸福感的因素是否可以影响感知状态，不过，与客观生活环境相比，感知生活环境与健康程度的关系更为密切。这体现出二者可能存在因果关系，即个体具有较高的健康程度，其感知的生活环境也相应越好。同样地，对出行和生活环境具有较高的满意程度，个体对生活环境的感知评价也会更高。

最后，决定主观感受到的幸福感的因素会直接作用于社区的生活环境。生活环境对出行方式有明显影响，因此影响出行的满意程度。恶劣的出行条件和生活环境必然对人们主观感受到幸福感产生消极影响。因此，出行和居住满意程度较差可能会导致个体变换居住地点，也就是变换居住社区的生活环境，从而改善自身的居住和出行满意程度。但是，我们也认识到，变换居住地点受到很多因素的影响，除了居住和出行满意程度，还包括家庭成员构成、经济收入等。

二、建成环境对城市居民主观幸福感的影响

（一）社区建成环境对感知社区治安的影响

社区居住的人员密度、社区目的地可达性、距离最近的公交车站都会明显影响个体感知的社区安全感。具体来说，当控制个体和社区层面的变量后，社区居住人员密度与感知到的社区安全感表现出明显负相关，也就是说，社区居住人口越多，居民会觉得所在社区安全性越低。日常活动理论可以恰好解释这样一个结果，合适的犯罪对象、潜在的罪犯及缺乏预防这三个因素可以促成犯罪成功。这表明，如果处于相同的预防水平，当居住人口数量密度增加，受害者和罪犯之间接触的机会也会增加，犯罪风险随之提升。

目的地可达性高表示，社区单位面积里拥有的公共基础设施和服务设施比较充足。沿街的商店等公共场所可以采取不同方式监督街道内的公共安全，它们是整条街最有用的警卫力量。与最近公交车站的距离和居民对社区安全的感知表现出明显正相关，也就是说，当住宅距离公交车站很近时，居民常常觉得社区安全感较低。这个结论似乎与常识相违背。这很可能是因为，目前我国的城市居民选择的出行方式主要是公共交通，公交车站周边有大量的流动人口。因此，住宅与公交车站距离较近使居民对社区安全性的评价不高。

在控制变量方面，评价社区安全状况时，本地户口的居民给出的评价优于外来人口。家庭收入水平越高对社区治安状况的评价越好。另外，社区人口较为贫困时，对社区安全感知的评价同样很高。社区人口较为贫困时，说明本地居民的平均收入较低，当本地居民与外来人口之间的收入差距较小时，犯罪率通常较低。

（二）社区建成环境、感知治安对自评健康的影响

人们感知的社区安全状况与自身健康状况表现出明显正相关，也就是说，生活在安全状况较好的社区，居民对自身健康状况的评价往往较好，这很可能是因为，社区安全状况较好时，居民从事户外活动时安全感较高，参与锻炼时间也会因此增加，从而促进居民的身体健康。

此外，随着年龄的增长，人们对自身健康状况的评价呈明显下降趋势；受教育程度与自身健康状况表现出明显的正相关。即使在家庭收入这一变量受到控制的情况下，有工作的在职人口健康状况要优于无业人口，这很可能是因为工作使人们有更多的机会与社会联系和接触，这些有助于保持健康。自有住房人群比租房人群对自身健康状况的评价更好，现有研究结论也揭示出这个现象，即自有住房人群对自身的感知具有较高的可控性，从而对健康产生积极的影响。当居民所在城市的人均GDP较高时，他们对自身健康状况的评价就越好。这很可能是因为，富足的城市一般都具备较充足的基础服务设施，如较全面的公共卫生设施等，这些方面无声地对居民保持健康发挥积极作用。

（三）社区建成环境、感知社区治安对社区社会资本的影响

感知社区治安与社区社会资本显著正相关，即居住在治安良好的社区，居民的社会资本往往更高。感知治安状况会影响个体感知的社区可步行性与其实际的体力活动，进而影响个体与邻里之间的社会交往与社会资本的形成。当人们感知到的社区安全感变量后，社区居住人口密度与社区社会资本表现出明显负相关。这意味着，尽管考虑到社区安全感知机制，社区居住人口密度仍可能在其他机制的作用和影响下作用于个体社区社会资本，例如，社区居住人口密度高可能造成交通拥堵，个体通勤时间将会延长，社区居民的社会互动活动时间受到影响，导致居民的社会资本下降；另一种解释是，如果

社区居住人口密度高，个体感官可能超出承受能力，个体社会活动将会减少，这会导致社区居民之间的交流机会减少。

（四）社区建成环境对生活满意度的影响

良好感知社区治安状况确实可能会直接对居民的生活满意度产生影响，此外，人们对社区安全的感知也可能作用于其他未观察到的行动机制，然后间接地影响人们对生活水平的满意程度。对自身健康的评价与对生活的满意程度表现出明显的正相关。人们的心理健康和身体健康状况会对居民生活满意度产生积极影响。社区社会资本与生活满意度也变成正相关，充足的社会资本可以为个人带来无限的幸福和快乐。社区的建筑环境通过带给居民良好的社区安全感知水平，逐渐作用于居民对自身健康水平的评价以及社区社会资本，最终影响居民形成对生活的满意程度。

第二节　环境质量与城市居民幸福感的提升对策

一、提升公众环保参与度

经济的迅速发展特别是工业的发展给环境带来了压力，如今，环境保护越来越受到人们的关注，当然，环境保护需要发动社会的多方力量参与其中。但是，对于保护环境，大部分居民抱着“偶尔关注”的态度，积极参与其中的居民并不多。这表示虽然现在许多居民认识和了解环境污染和空气污染方面的内容，但是由于认识水平受限，会影响到他们参与保护环境的自主行动。比如，英国的空气污染曾经是世界上最严重的，英国政府花费了 40 多年的时间治理，并得到了所有民众的支持和参与，才让大气环境有所好转。我国也是如此，在环境保护工作中要利用多样化的方式让更多群众参与其中，让居民加强对空气污染治理的认识，提高参与性和积极性，从而让群众更加认可政府开展的环保工作。

党的十九大报告中指出，坚持人与自然和谐共生。必须树立和践行绿水青山就是金山银山的理念，坚持节约资源和保护环境的基本国策。党的十九大以来，我国加强了对环境保护方面的宣传科普，群众通过电视节目、手机App等渠道可以迅速、全面、客观地了解到有关环境保护方面的内容，认识到环境污染造成的不利影响，很多企业和居民树立起了环境保护的观念。各地也相继开始垃圾分类，积极引导居民树立日常环保概念。另一方面，我国积极引导人民群众充分发挥自己的监督权，开设更多沟通渠道和上访渠道，对政府的环境保护工作进行监督，让群众为维护自身的环保权益积极参与到环保行动中。通过这些环保活动，居民们加深了对生态环境的了解，明晰了自己在环保中可以做的事情、承担的义务和享有的权利，增强了对政府环保工作的理解和信任，从而提高幸福感。

二、改进环境治理思路

改革开放后，我国经历了工业化、城镇化的快速发展，实现了从低收入国家向中等收入国家的转变。多年来，我国环境治理在曲折中不断前行。从治污减排的进程来看，我国总体上重复了发达国家普遍走过的“先污染、后治理”的发展道路。就政策和制度方面来看，我国不仅加强了环保法律法规制定，组织体系、政策措施、监管方式、责任分工和问责机制等方面也得到了深刻改变，环保治理组织体系已初步成型，多元化治理体系格局逐步形成，当前还在不断完善之中。

环境质量的改善也让城市居民幸福感有了提升，为了进一步提升居民幸福感，还应该从加强水污染治理、强化大气污染防治、强化土壤污染治理和开展农村环境整治方面持续改善环境。

（一）加强水污染治理

经过多年持续治理，目前我国主要江河干流的水质得到了明显改善，但还有一部分流域的支流尚存在污染严重的问题，且亟须改善。一些重点的湖泊和海域目前还存在因氮、磷等植物营养物质含量过多而造成的富营养化问题，部分城市中还有个别黑臭水体的存在，居民饮用水的质量还有提升的空间。解决水资源的污染问题，首先要加强“治水”，从系统推进水环境治理、水生态修复、水资源管理和水灾害防治工作抓起。具体工作中应重点抓水域污染防治，对不达标的黑臭水进行全面整治，制定严格的水质达标标准，并进行严格的达标评测。同时，严格保护良好的水体和饮用水资源，对更深层的地下水进行综合防治。加大推进海洋生态整治修复工作，强化污染防治和生态保护的系统性工作。

（二）强化大气污染防治

最近几年，国家针对大气污染防治开展了工作力度和措施强度都十分空前的整治措施和相关行动，并取得了十分显著的效果，目前我国的大气环境明显好转，空气质量明显提升，而且呈现出总体向好的稳定趋势。但是某些特征污染物还会在部分时段和部分地区出现一定的污染现象，对人民群众的生活造成一定影响。虽然从表象来看，我国大气污染表现在空中，但是其根本原因却在地面，其主要原因在于能源结构、产业结构、交通结构和生活方式等方面没有达到优化合理安排所导致，因为诸多不合理结构的存在，导致了能源浪费和污染的管控不力。大气污染防治行动是一项持续性的工作，需要从污染的根源上入手，制定严格的环保标准并严格执行。要推动供给侧的结构性改革，大力进行污染源企业的整治和重点行业污染源的治理。具体区域方面，北方地区的清洁供暖需要推动能源的高效利用，减少能源浪费；全国范围内要继续加强机动车尾气治理工作，提升铁路货运率，降低公路货运率。蓝天白云和洁净的空气是人民群众幸福的根源，加强大气污染治理，让人民一直享有蓝天白云和洁净的空气，是提高人民幸福的重要保障。

（三）强化土壤污染治理

除了水污染和大气污染外，土壤污染也是我国环境治理中的一大问题。我国土壤污染的总体状况较为严重，部分农业土地的土壤环境差，工矿企业和周边土壤环境问题突出，农业用土地面临的环境风险日益凸显。在土壤污染治理中，要以农业用地和重点行业企业用地为重点，开展土壤污染调查，加强废弃物和垃圾处置，全面建立垃圾分类处理系统，提高危险废弃物的处置水平，加强化学品风险防控基础，切实保护好土壤和地下水。同时，实施农用土地土壤环境分类管理和建设用地准入管理，持续开展土壤污染治理、修复，保障农产品质量和人民居住环境。

（四）开展农村环境整治

我国农村地区面积广阔，基础设施建设相对滞后，且化肥、农药等不规范使用造成了大量农业用地污染。改善我国环境治理，要加大广大农村地区的治理力度，推进农业清洁生产，开展化肥、农药治理，实现化肥、农药“零增长”，特别是加大畜禽养殖废弃物和农业废弃物的综合利用力度。加快农村环境综合整治，实施生活污水、垃圾处理。加强农村地区规划管理，推进美丽乡村建设，开展农房和院落风貌整治，同时重视建设村庄绿化。

三、增强法治建设

法律法规是监管机构进行管制的依据，也是引导公民行为的基础。环顾当今世界各国，要想提高环境保护水平，对环境行为进行立法是必经之路。通过相关法律依据，可以加强居民对环境污染问题的重视，也使得相关企业、个人、监管机构等的权利和义务更加合理。以英国为例，其在对抗空气污染的过程中充分利用法律武器，通过建立健全各项法律法规明确了各区域大气污染治理的主体和行为。从政府环境规制的角度，高环境规制可有效减少环境污染对于居民幸福感的负面影响，并可缩小环境污染对于不同阶层幸福感影响程度的差异，这也进一步验证了在我国法律规制的必要性及可行性[①]。

① 汪震.空气污染对中国居民主观幸福感的影响研究［D］.南昌：江西财经大学，2019：38.

第八章　幸福城市建设背景下的教育与城市居民幸福感提升对策

第一节　受教育程度与城市居民主观幸福感的关系

如今，信息技术的发展和社会的迅速进步，让人们更加重视教育。对每个社会个体来说，教育对个人身心健康和长远发展都会产生重大影响；从国家层面来说，一个国家的持续发展与教育也是息息相关，同时这也是提升居民主观幸福感的重要内容。

首先，教育的本质就是教授和引导文化知识的学习。个体可以通过教育活动和学习，从而掌握更多的文化知识，并合理地运用到实际工作和生活中，逐渐形成自己的经验和智慧，从而满足自身的求知欲，获得个体本身内在的幸福感。教育自身蕴含着很多幸福的元素，通过读书思考和探究，会给个人带来更充实的思想和发展动力，从而给人带来幸福和快乐[①]。此外，教育还可能影响个人的经济地位，增加其获得社会支持的机会。通过研究表明，个体受教育水平越高，通常意味着生存条件越好、发展机会越多，并可以获得更多的人际支持，在人力、物力、财力方面的占有率明显高于低学历者，达成

① 扈中平．教育何以能关涉人的幸福［J］．教育研究，2008（11）：30-37.

目标的可能性也越大，进而获得的成就感和幸福体验也越好。所以，受教育水平高的城市居民在总体幸福指数、经济生活满意度和人际关系满意度三个指标上，显著高于受教育水平低者，这也为以上论点提供了现实依据。

其次，个人在知识面扩大、认识水平提高的同时，对幸福的标准和要求也可能会相应提高。例如，受教育水平较高的群体可能会预期相对更完善的政治制度和更适宜的生活环境，当与其他群体共同面对同样的社会不公平现象以及相关问题等客观事实时，难免会因要求较高、差距较大而影响幸福体验。也就是说，拥有更高教育水平的个体拥有对事物更高的预期和期许，而当这些预期难以实现时，低落的情绪就会影响个人主观幸福感，同时也会产生更多的不满足感。这就能解释为什么高学历者在政治生活满意度和环境生活满意度上的得分反而会比学历较低者更低。然而单凭这两点，并不能否定教育对幸福的作用，因为教育是幸福的保护性条件，对人的影响始终是积极有用的。所以提高国民的受教育水平、保障居民拥有平等的受教育机会，是最终成为提升居民幸福指数的一种方式。

教育自身存在的幸福元素很多，在满足人的求知欲，获得文化知识的同时，还可以通过学习得到更多的精神财富，提升自己的精神世界的层级，所以接受教育本身就是一件幸福的事。

一、受教育程度对主观幸福感产生直接影响

教育的价值本身就是为人类造福，就个体而言，教育活动给予个人的是丰富与充实，是更高级的精神享受，是在心理层面给予求知欲和探索欲的满足。教育不仅可以让人们成为明廉耻、知荣辱、尚道德和重礼仪的谦谦君子，还从主观幸福感受到接受教育程度对幸福的影响。

一般来说，主观幸福感在特定群体中相对是稳定的。在研究受教育程度和居民主观幸福感之间的关系时，我们发现，这类群体在很多方面都存在着

很多共同点——当他们接受的教育程度大致相同时，他们对于幸福的理解和感受度也相对接近，对于幸福感的体验也很相似，得分也相对一致和稳定。这也进一步论证了，在许多经济发展水平较差的国家和地区，主观幸福感和受教育程度之间存在的正相关的关系非常显著。

我们如果利用多元分析法深入剖析它们之间所存在的关系时就会发现，一旦将职业因素作为其中的控制变量，那么就会降低二者之间的紧密程度，但是接受教育有利于提升居民的主观幸福感，这点无须质疑。

个体受教育程度的多少，在一定程度上也决定了他们的社会地位、家庭地位和经济收入，同时也保障了他们的物质条件、生活环境、身心健康，使得他们对未来的生活和发展充满希望。总而言之，受教育程度的多少对人幸福感的提升有着积极推动的作用。

二、受教育程度对主观幸福感产生间接影响

当影响居民主观幸福感的其他特定选取变量受到控制，如果改变受教育程度这个因素，那么它作用于主观幸福感的效能也会相应改变，这是由于将其与其他没有受到控制的选取特定变量放在一起比较，发现受教育程度这个因素产生的作用大幅削弱甚至产生了相反的作用，因此对二者之间的相关性进行全面研究时，可以介入中间因素的作用。这些中间因素主要包括非经济因素和经济因素。

（一）经济因素层面受教育程度对主观幸福感的间接影响

从经济因素层面来说，经济收入是受教育程度中重要的中介因素，对主观幸福感产生影响。众所周知，在主观幸福感和受教育程度之间，财富在其中发挥重要作用，当财富因素作为变量因素时，受教育程度对主观幸福感产生有利作用；如果财富因素不作为变量且产生的影响较小，一般认为受教育

程度越高的群体获得财富越多，相应的主观幸福感更强。

接受更高教学程度的居民群体的工作效率更高[①]，在劳动市场中更加受欢迎，因此他们获得的收入也更高，拥有的主观幸福感更高。所以说，人们的主观幸福感受到受教育程度的影响，而且也会产生负向影响，但是在经济收入等中间因素的作用下，对居民群体的主观幸福感产生间接影响。总体来说，受教育程度对居民的主观幸福感呈现出正向相关的影响。

受教育程度越高的居民群体失业概率更低，而且就算受教育程度高的个体失业了，也能很快找到新工作，因此受教育程度和就业之间存在一定关联。同时，居民主观幸福感和就业之间存在正向影响关系，受教育程度通过就业这个中间因素作用和影响主观幸福感。

综上所述，经济因素作为中间因素，让受教育程度正向影响和作用人们的主观幸福感。同时，还要将就业、住房情况、财产情况和金融养老等因素作为重要的中间因素一并考虑，这些因素要和经济收入因素融合，统一称为经济因素。这也论证了，在经济因素这个中间因素和桥梁的作用下，受教育程度会对居民群体的主观幸福感产生间接影响。

（二）非经济因素层面受教育程度对主观幸福感的间接影响

在非经济因素方面，受教育程度不仅通过经济因素影响主观幸福感，受教育程度还可借助非经济因素间接地影响人们的主观幸福感。受教育程度主要是通过非货币因素这个中间介质来对主观幸福感起到显著的影响。教育水平可以通过健康因素间接影响主观幸福感，其积极作用相当显著。受教育程度对生活的非经济效应还表现在社会福利的潜在增加，对其社交网络的影响以及对工作满意度和工作态度产生影响，甚至对他人的信任产生影响。

信任度也可影响人们的主观幸福感。社会信任（信任他人）往往具有较

① 潘懋元，王伟康．高等教育学［M］．福州：福建教育出版社，1995：353.

高的生活满意度和幸福感。

综上所述，可以认为在非经济因素的影响下，受教育程度对居民群体产生较大的影响和作用。信任程度等因素也可以作为中间因素，让受教育程度对居民主观幸福感产生间接影响。但是大体看来，现今研究影响居民主观幸福感的非经济因素中，大部分研究都处于浅显阶段，得出的结论也比较简单。

三、教育与幸福的关系

因为相关的文献和相近的研究资料较少。所以国内的很多专家学者少有人深入研究受教育程度和主观幸福感之间的关系。而关于教育与幸福之间的关系，目前国内大部分专家学者都是以教育目的和哲学心理作为切入点展开的，所形成的描述和结论也较为简单和概括，而大部分内容也都围绕教育如何有利于提升主观幸福感为主。比如教育能够推动人们朝着全面的方向发展；教育可以培养人们的各项生活技能和工作技能，教育可以帮助他们创造更加幸福美好的生活；人们接受教育后，才能推动人们追求真善美等。

获得幸福是教育的最终目的，也是一种方式，教育和幸福之间既相互依赖，又相互推动，教育是幸福生活的坚实基础。接受教育之后，人们不仅可以获得各种生活技能、工作技能以及人际交往能力，还会拥有更强的能力去追求幸福生活，帮助他们不断提升幸福感。对于人们来说，幸福不仅仅是开心，幸福是精神层面、物质层面以及人际沟通层面的充实和满足感。这些都可以通过接受教育的方式获得。

可以说，高质量的教育对个人的幸福、集体的幸福乃至全社会的幸福都有巨大的推动作用。人们普遍认为，通过教育不仅可以形成良好的人格和品行，还能帮助自己不断提升素养和能力，从而获得更加幸福的生活。

第二节　受教育程度对城市居民主观幸福感的影响

在对居民主观幸福感的直接影响中，教育水平对主观幸福感没有显著的直接影响，教育水平通过直接路径对人们的主观幸福感也没有显著的正向影响。因此以下我们主要来探讨一下受教育程度对城市居民主观幸福感的间接影响。

一、受教育程度通过经济因素产生影响

为了进一步探讨受教育程度通过经济因素对主观幸福感所产生的影响，需要通过以下三个步骤的回归分析：首先，分析受教育程度对主观幸福感的影响；其次，分析经济因素对主观幸福感的影响；最后，分析受教育程度与经济因素共同对主观幸福感的影响。

既然受教育程度并不对主观幸福感产生直接的显著性影响，这表明受教育程度与主观幸福感之间并不存在直接的相关性。其实，中介效应的检验前提是受教育程度必须对主观幸福感具有直接的显著性影响，但是在此并没有显著性的影响，因而可以断定经济因素并不是受教育程度影响主观幸福感的中介因素。

在控制人口学变量的前提下，受教育程度依然对主观幸福感影响不显著，经济因素仍然对主观幸福感影响显著[①]。由此可知，经济因素并不是受教育程度影响主观幸福感的中介因素，但受教育程度可以通过影响经济因素间接地

① 袁林．受教育程度影响主观幸福感的路径研究——基于成都市城镇居民的实证分析［D］．成都：西南交通大学，2016：19-54.

影响到主观幸福感，具有间接效应。

在受教育程度通过经济因素间接影响居民的主观幸福感方面，受教育程度通过经济因素这一间接路径的方式对人们主观幸福感所产生的影响为正向、积极的，人们受教育程度与主观幸福感为一种正向的相关关系，人们受教育水平更高，倾向更加满意自身的经济条件，由此间接地促进人们主观幸福感的提升。借此，可以看出受教育程度对于主观幸福感的正向影响程度虽然相对较小，但仍然是正向的，受教育程度整体上对个体主观幸福感产生积极的正向影响，正向地促进人们的主观幸福感。然而，如果人们忽视教育对经济因素的影响，那么教育对主观幸福感的影响是令人沮丧的，因为它们之间没有关联。但考虑了经济因素后，受教育程度通过经济因素这一间接路径间接正向的影响主观幸福感。也就验证了受教育程度通过经济因素这个间接因素的间接途径影响人们的主观幸福感的作用，这也解释了中国居民的教育投资行为不只是为了获得经济上的收益回报，更是为了促进自身的主观幸福感水平。

除此之外，还可以看出受教育程度越高的个体所面临的工作压力更大，对生活的预期更高，这就不断需要以经济上的优势来排解心灵上的压力以及实现预期目标，以获得心灵上的满足，获得更高水平的主观幸福感。

二、受教育程度通过自我效能感产生影响

在控制了人口学变量的前提下，受教育程度对主观幸福感并不产生直接显著性影响；同时，自我效能感也并没有产生对主观幸福感的直接显著影响。当将自我效能感与受教育程度同时纳入模型中进行分析发现，二者均不对主观幸福感产生显著性影响，因而没有进一步验证受教育程度通过提升公民自我效能感进而提升主观幸福感的必要。

然而受教育程度对自我效能感存在显著性的影响，且在1‰的显著性水平

上影响显著，从其系数为正可以得知：随着教育水平的提高，他们的自我效能感也相对较高。这个不难理解，因为受教育程度越高，其对自我效能的肯定当然越高，只是这种越高的自我效能感并没有显著性地带来群体更高的主观幸福感水平。

在自我效能感方面，受教育程度与自我效能感之间存在显著性关系，受教育程度能够显著地影响到自我效能感，受教育程度越高的群体的自我效能感越高。但是自我效能感并没有对主观幸福感产生显著性影响，原因可能有以下两点。

第一，自我效能感越高的群体其对生活的预期也高，绝对的自我效能感未能很好地反映其相对自我效能感状态。如果使用相对效能感并将其与周围群体的效能感进行比较，人们可能能够更好地预测他们的主观幸福感水平。

第二，自我效能感越高，群体面临的生活压力越大。所谓能者多劳，能力越大责任越大，因而还必须将其从事的职业或者所承担的生活或工作压力等因素放进来综合考虑，进而应该更加客观地看待自我效能感对于主观幸福感的影响。

整体来看，在控制了性别、年龄、婚姻状况等人口学变量的前提下，受教育程度本身并不单独对主观幸福感产生影响。同样，在控制人口统计学变量的前提下，自我效能感并不影响主观幸福感。然而，在控制人口学变量的前提下，经济因素却对主观幸福感产生了显著性影响。

除此之外，在控制人口学变量的前提下，将经济因素与受教育程度同时拉入模型进行回归分析发现，受教育程度还是对主观幸福感不产生显著性影响，经济因素对主观幸福感依然产生显著性影响；将自我效能感与受教育程度进行分析，二者均不对主观幸福感产生显著性影响。

在控制人口学变量的前提下，单独探讨受教育程度对经济因素以及对自我效能感因素的影响发现，受教育程度分别对二者产生了显著性影响。综合以上分析可以发现，受教育程度高的群体对经济因素的评价与预期越好，其自我效能感越高；而对经济因素评价与预期越高群体的主观幸福感越高。

第三节　基于教育视角下城市居民幸福感的提升对策

在中介因素的作用下，受教育程度对居民主观幸福感产生间接性的正向影响。其中，经济因素作为重要的中介因素，进一步增强了受教育程度对居民主观幸福感的效能。当居民群体受教育水平较高时，他们也会拥有较好的经济因素评价和预期，产生的主观幸福感也随之更强。因此，受教育的程度和主观幸福感之间是存在正向相关联系的，这时居民的自我效能感也会随着受教育程度的提高而不断攀升。随着现在全社会对教育的不断关注，在教育领域的投资不断增加，对提升居民群体主观幸福感也有着重要的推动作用，因此，关于提升居民主观幸福感的相关问题方面，我们可以从政府、学校和学生等多个层面、多角度进行研究和分析。

一、基于教育视角下政府方面的提升对策

（一）增加教育投资，促进教育公平

近年来我国对九年义务教育及不同层次的教育都加大了相关经费的投入。这些财政方面的举措对社会的全面发展尤其是经济的发展起着推动性作用，相关举措的推出，同时也提高全社会整体的幸福水平。由于受教育程度对居民的主观幸福感是产生正向性影响和作用的，因此我们也可以从中预测出，如果持续在教育领域加大财政投入，将大幅提高居民群体的主观幸福感。

追求幸福是人类持续发展的最终目标。就我国而言，随之也制定出了一

系列战略、政策及举措，从而加快推进社会主义和谐社会建设，向着中国梦不断前进。例如，加强政治领域、文化领域以及经济领域的建设等。以学校为主要代表的教育机构，在继承和发扬中华优秀传统文化、帮助公民培养道德品行、提高公民履行义务的责命感和使命感、提升公民的行使权力等方面都发挥着重要作用。同时在坚持科教兴国战略，教育领域增加财政投入，积极利用多种方式和渠道筹集更多的教育经费的前提下，还结合各地的实际发展，对教育经费的合理和高效使用都制定出很多相关方案。另外，对教育经费的使用情况加强了监督，建立和完善了相关的监督体系，争取让每笔教育经费真正花在实处，进一步提高国民整体的受教育程度。

如今，我国对教育越来越重视，财政经费也在教育领域的投入不断增加，这不仅顺利保障了教育公平的实施，还推动了有关教育公平的改革和相关政策的制定。目前教育经费主要用来丰富教育资源和改善教学条件。比如，扶持经济发展水平较差的落后地区、加强帮助经济收入水平较差的社会群体、帮扶家庭收入较低的学生等，并针对贫困学生制定出合理性更强的资助方案，不断完善相关法律法规和政策等方面都作出了很多贡献。对于已经制定和实施的贫困生资助政策、国家奖学金政策等方面的推进和落实也有了进一步的完善。从而让教育公平在普及基础教育和接受高等教育上得到充分保障，为社会的可持续发展和良好稳定发展、推动经济水平的提升、人类追求幸福的生活奠定坚实的基础。

（二）促进收入的分配公平

一般来说，受教育程度越高，个人的经济收入水平也相对较高。这也充分体现出经济收入和受教育程度之间的公平原则。随着社会群体的受教育程度的普遍增高，他们评价和预期的经济因素也更加良好，拥有着更高的主观幸福感。国家制定出科学合理的举措对收入进行分配，也让这类社会群体的学历水平和工资收入得以相匹配。虽然说受教育者最终追求的并不完全是经济收入，但是公平合理及科学的收入分配，能够让他们从心灵上和精神上提高对经济收入的满意程度，从而使他们的主观幸福感得到提升。

近年来，我国经济迅猛发展，收入分配在我国的最初阶段展现出较大的个体差异，通过政府充分发挥宏观调控作用，对收入进行合理调配，并制定出科学严谨的政策推动合理分配机制，从而使我国中产阶级的人员比例开始不断增加。

结合上文所述，为了进一步保障和推动社会群体的收入公平，可以从以下几方面着手。

第一，针对收入较低的人群，适当提高劳动报酬。众所周知，农业是我国的主要产业，农村人口和偏远地区的人群主要以从事农业为主，因此他们的收入水平较低。针对这些偏远山区和收入较低的群体，国家应当增加帮扶力度，重点要在教育领域上加大扶持，并将教育扶贫作为持续性和根本性的消除贫困的举措。同时，还可提高低收入水平群体的社会保障金额和增加他们的基础社会保障收益，扩充公共服务的类型，保障贫困家庭的公平教育，将更多的基础性公共服务向他们倾斜。此外，加强制定和完善相关的政策和法规，让低收入人群的最低工资收入标准得到监督和保障，建立和完善相关的制度，推动工资持续稳定增长，逐渐提升低收入行业人员的经济收入，从而进一步缩小城乡之间经济发展的差距，为城乡均衡化发展助力。

第二，对部分垄断行业职工的工资收入标准进行改革和约束。在我国，金融行业、烟草行业以及电网行业都属于垄断行业，应尽可能限制其平均收入。科学合理地制定相关行业的薪资水平。建立健全相应的监督管理薪资机制，让这些行业的工资收入标准落到实处。

第三，从社会保障层面来说，建立更加完善和科学合理保障体系，特别是人们目前关注较多的医疗保险和社会养老保险等保障体系。同时，要将参与社会保障的人员数量不断提高。对于经济收入水平较差的群体，要让相应的最低生活保障制度不断完善。

第四，从税收层面来说，要进一步健全和完善个人所得税制度，进一步重视和调控不同群体之间目前存在的收入分配差距过大的问题，相对减少中低层收入水平群体的税收，减轻他们在税收方面的经济负担。对收入较高的阶层增加税收，建立和完善相应合理的税收征收和税源征收监督机制。

（三）完善人力市场的竞争机制

一般来说，在社会各类群体中，接受教育程度越高的群体，他们也拥有更大的工作压力，但同时也具有更高的生活目标，为了能够缓解工作压力，更快地实现生活目标，他们就必须更加努力增加经济收入，只有这样才能让自己的主观幸福感不断提升。

在此基础上，各级政府还要为各阶层就业者尽可能地创造更多、更好且较为公平的市场竞争环境，建立相关的法规和制度，进而实现和逐渐完善对劳动力市场的竞争体制，为受教育程度更高的群体提供更多的就业机会。另外，对垄断行业的企业改革和调整需要加快推进，让公开、公平、公正的原则真正落到实处，并在聘用人员时做到合理公正，做到能者上、平者让、庸者下，让岗位的竞争更加公开透明，让那些受教育程度较高的群体最终找到适合自己的岗位。最终实现学历水平和工资收入达到匹配和一致，以此来促进提高他们的主观幸福感。

目前，公务员和事业单位编制等相关工作，已经成为许多受教育程度较高群体在就业中首选的追求和目标。因此，我们要不断完善公务员岗位和事业单位岗位的竞聘机制，让更多的受教育程度较高的群体能够参与其中，具体可以从以下几个方面来完善。

第一，要持续推动竞争选取公务员和事业单位人员法律制度的建设和完善，让公民平等参加竞争选择的权益受到保障，正确合理使用与之相关的法律法规和专业术语，准确定义特指和具体改变，防止歧义产生。在竞争选拔公务员和事业单位人员的数量比例、考试考核方法、具体开展方式、选拔程序和考察方式及使用的评价标准、选拔晋升周期等内容上，建立出相应的法律机制，深入巩固和完善那些已经在实践中多次受到检验、效用较好、被大家肯定的竞争选拔机制。同时，在提拔选干时也要充分体现公平竞争的原则，不断完善相关的选拔任用制度。在干部的任用选拔和晋升聘用环节让公民直接参与，以此增加公平性与公开性，结合岗位的具体要求及创新考试形式，对不同岗位所需要的综合素质和能力进行全面评估。对现有考核机制扬长避短，持续发扬和选择延伸较好的选聘制度和方式，让更多拥有高学历和高能力的人才群体为人民服务。

第二，将事业单位和公务员岗位的选聘比例稳定合理扩大，不断提高公民参加竞聘的机会和概率，从而让竞争选聘形成长期良好的制度。在重要岗位的聘用中，参加评选的人员加入现任领导干部，比如部分较高行政级别的领导，从而保障聘用的公平性。对参加竞聘人员的数量上按照一定比例进行确定，使得在任用竞争中可以让大家公开公正参与其中。

第三，结合不同岗位的具体需要，提高对进入政府和事业单位人员的初选资格标准，以此保障在国家性岗位上能选择出与之相符合的综合素质人才，这些标准主要包括在相应岗位的工作经历、工作经验，学历要求，专业要求和具体的任职资格，对于条件不符合的人员坚决不予考虑，这样才能选拔出更优秀的相关专业领域人才。

二、基于教育视角下学校方面的提升对策

随着我国高等院校教育、教学改革步伐的不断加快和深入，大众化式的教育，也向着综合型、研究型的方向不断发展，注重培养应用型人才、实用

型人才、社会型人才也被逐步提上教学日程。产学一体、校企合作等工作也随之全面展开。

目前高等学校的发展理念相对比较保守，此时，新理念的注入，学生的就业问题以及企业招聘人才的问题也更需要得到关注。从培养人才方面来说，培养学术性、研究类的高才生是为了满足社会科研方面的人才需求，培养实操、应用型人才是为了满足企业的实际需求，使学生将所学的知识应用到实际生活当中去，真正做到术业有专攻。根据情况不同，学校应该对应用型人才的未来发展做出明确的规划以及转型发展的具体方案。

学校重点培养实务型、应用型人才。为了更好地培养实务型、应用型人才，亟需要建立培养教学评估系统，这样可以更好地对其进行监督。与此同时，学术型人才培养教育评估系统也要进一步加强，可以借鉴国外已经成功转型高校的一些经验，建立符合国内高校应用型人才教学的科学评估体系。

在培养应用型人才的过程中，需不断地改变培养模式、课程内容、教学的方式方法、教育质量评估体系及学生成绩评估体系。不仅如此，学校通过招聘新的教师，为师资队伍注入新的血液，通过新的教学理念、新的教学资源以及不断完善的人才培养模式，努力培养出满足社会、企业的人才，其目的是让社会重新认识和信任高等教育，坚信高等教育可以培养出优秀的人才。

三、基于教育视角下学生方面的提升对策

目前，我国受过高等教育的人数在不断增加，很多同学在毕业找工作的同时经常会遇到各种各样的问题。每当发现工资过低或工作与自己的学历不匹配时，就会产生心理落差，开始抱怨，甚至消极怠工。其实当我们遇到这种情况时，首先要保持一个健康的心理状态，从未来发展的角度来具体看待，以积极的态度来面对，将心理的不满和压力转化为工作前进的动力，在工作中奋勇向前，而不是以消极的态度来面对低岗位、低工资，从而止步不前。

在生活中同样如此，当我们遇到阻碍和挫折的时候，多使用正面乐观的态度来面对和解决出现的问题和困难，这样不仅可以给他人留下青春阳光的正面形象，还会让自己越挫越勇，最终闯出一片天地。

在高等教育中，很多同学经常是机械化被动地接受老师所讲的知识，而并没有去提高自身的自学能力。在经济不断进步与发展，科技高速发展的今天，被动地学习只会与社会脱节。只有自主学习知识，提高自身各方面的能力，并在不断学习和探索中找到学习的乐趣，让自己拥有更多的能力才能获得更大的成功。自学能力的强弱，会直接影响我们未来的工作和生活。只有当我们把学到的知识合理地运用到实践工作中去，才能更好地提升自己，同时在工作中我们会遇到各种各样的问题，这时就需要我们通过自主的学习、查阅资料、向前辈进行请教等方式，从而在无形中培养自身的自学能力。

做一切事情，都要从实际出发，实事求是，面对真实的自己，只有足够全面地了解自身的长处及不足，扬长避短，充分发挥自己的优势，才能立于不败之地。在学校，不仅需要学好理论基础知识，还要积极参加社会实践活动，利用假期及课余时间，找一些自己喜欢的兼职或实习工作。在工作实践中来了解自己，从而发现自己的优势，只有这样才能更快、更好地完成工作，进而对自己喜欢的职业进行规划，来完成预定的目标。在实习工作中不断地提升工作技能、沟通能力、团队凝聚力、抗压能力等。凭着自身积累的工作经验，才可能在毕业后更快地找到满意的、适合自己的工作，为今后的发展奠定基础。

其实，除了薪资以外，自我满足感的获得也十分重要。薪资的多少虽然是人们在寻求工作时必然要考虑的条件之一，但并不是绝对，因为绝大多数人并不是只通过薪资的多少来决定是否选择这份工作的，而是想找到符合自己且自己喜欢的工作，在工作中能够最大程度地发挥自身的优势，并且通过自身的努力来更好地完成某项工作。才是个人价值的充分体现。有些单位的待遇虽好，但在工作中并不能最大程度地发挥自身的优势，自身的价值得不到体现，这样的工作本身来讲，也不利于我们未来长久的发展。由此可见，在选择工作时要选择自己喜欢并擅长的工作，尽可能地发挥自身的优势，才是有利于未来发展的。

当高学历人才在就业时，有时可能会面临收入相对较低、工作性质、工作环境不能满足自身期望的情况，这时的就业心理压力就会随之产生，幸福感也会随之降低，不仅伤害自己，还会影响他人。此时的我们应该多和家人朋友进行沟通，从而获得情感上的支持，以此来缓解不适的心情。

在当今社会中，我们不仅要调整自己的心态，还需要坦诚地面对朋友及家人，而不是生活在自己的世界里。人只有积极地面对生活，面对人生，才能使自己收获满满的正能量和幸福感。

第九章　幸福城市建设与奋斗幸福观的培养

第一节　奋斗幸福观的核心要义

一、享受幸福与创造幸福的统一

人类对于美好生活的追求与向往，大多是靠勤奋劳动和不断努力而获得，否则得到的所谓幸福都将属于异化的幸福观，是不被鼓励和提倡的。人类社会发展至今创造了辉煌的文明和丰富的物质财富，这些都与人类辛勤劳动和创造是分不开的。社会劳动是个人奋斗的一种表现，也是人类社会生存发展的基石，美好的生活必须依靠劳动才能获得。

在人类不断改造生活和进取的过程中，劳动是一种创造性活动。完整的劳动经历是人类在正确意识的指导下，所发挥出的创造过程，也是拥有和享受劳动产品的过程。人类创造劳动产品的根本目的就是为了拥有和享受这个劳动产品，以此来满足自身的需要。而在拥有和享受劳动成果的同时，人类自身也能获得一定程度上的满足和幸福。充足的物质消费资料，丰富的精神消费资料，不仅可以满足现实的需要，还将获得物质和精神上的享受，从而体验到其中的快乐与幸福。

在劳动的同时，人类获得的经验也是一种宝贵的精神力量，不仅有助于人类继续进行新一轮的劳动工作，创造出更多的物质和精神财富。长此循环往复下去，还可以让人类持续获得物质和精神享受，从而得到更多、更持久的幸福。

综上所述，幸福奋斗观认为，幸福是具体劳动和主体享受的统一，是通过脚踏实地的劳动和持续的努力奋斗而实现的。

二、物质幸福与精神幸福的统一

人类生活的世界主要包括物质和精神两个层面，人类的美好生活也分为物质和精神两个维度。世界是物质的，而精神源于物质，并反作用于物质。个人的发展与成长离不开丰富的物质生活和精神生活的双重支持。在西方的哲学世界中，曾经产生过享乐主义和禁欲主义两种思潮，前者崇尚不断攫取物质财富来满足个人的需求，认为人类只有不断获得生理需求的满足才是人类实现人生意义的过程。而后者则和前者正相反，认为人类应该摒弃一些欲望，无欲无求才是人生的最佳状态，才可以让人不断发展和自我完善。其实这两种观点都相对极端，将物质和精神的关系完全割裂，这并不符合人类发展的客观规律，且阻碍了人类社会的正常发展。这两种观点都是极其片面和狭隘的。

幸福奋斗观的理论认为，物质丰富和精神发展的统一才是人类真正实现幸福的主要原因，且符合唯物主义和历史唯物主义观点，二者并不矛盾。人类只有通过自身不断地努力奋斗，脚踏实地去实践，才能更多地创造物质基础。物质基础的积累同时也是一切精神的支撑，离开物质基础的积累，精神层面的幸福也将成为无源之水而不复存在。物质决定意识，当物质越丰富时，精神的发展自然也会越快，当物质匮乏时，精神发展的速度也会大大降低。同时意识也反作用于物质，当精神需要得到满足，人们心理活动成熟愉悦时，也会极大刺激、增强人们生产奋斗的积极性和能动性，大大推动物质生产的高速发展；反之，则会阻碍物质生产活动快速发展。所以物质和精神两者不但相互依存同时还相互制约。

人类幸福的生活包括丰富多样且优质的物质生活，同时也需要丰富多彩的精神生活。物质生活是人类生存发展的根本需要，是一切社会生活的基础，精神生活是在物质生活满足的基础上的一种更高层次的需要。简单的物质欲望所带来的满足一般比较短暂且有一些肤浅，而精神上的满足往往是崇高的且持久的。所以，奋斗幸福观的观点认为，人的全面发展离不开物质和精神的协同发展，人的幸福与幸福感的来源是物质丰富与精神发展有机结合的产物。

三、个人幸福与社会幸福的统一

每个人的幸福与社会幸福是分不开的，人类世界如果想要不断向前发展，就需要全人类齐心协力共同向前奋进，单凭个人的力量是无法独立完成这项任务的，但我们也不能完全忽略个人价值的存在，因为全人类的幸福需要我们每个人的价值汇聚在一起后，共同努力后才可以实现。

人都具有一定的奉献精神，这也是成就自身、完美自我的一种特质，人类与生俱来就是区别于其他生物独一无二的，在人类复杂的感知世界中，人类的天性也有很多种，一种为利己主义，一种为利他主义，这两点本身并不矛盾，都是我们与生俱来的。让别人幸福，同时自己也能感受到幸福，与此同时可以体现自己的人生价值，成就自身的完美，也是自身的一种成就。目前，西方主观幸福感理论支持者认为，人类应该从主观上追求幸福，追求个人的主观幸福感。另一方面，功利主义幸福论研究者则持相反态度，这类观点强调人类应该从客观上追求幸福，追求个人的客观幸福感，而且提倡实现幸福总量最大化和幸福主体最大化的一种“最大幸福”的功利原则。这两种理论将个人幸福与社会幸福分割开来讨论，都会相对极端化地热衷个人的主观和客观幸福感受，而忽略了社会幸福这个范畴，也忽略了个人幸福与社会幸福其实是辩证统一的观点，这样既不能提升个人的幸福感，也不可能为个人创造“最大幸福”的奇迹。

由此可见，奋斗幸福观的相关观点及定义讲的是，真正的幸福应当是社会幸福和个人幸福的和谐统一，完美互融。整个社会的幸福是以个体幸福作为基础的，而个人的幸福也将成为社会幸福的最终目标。就其现实性而言，人的本质就是一切社会关系的总和，人的性质是整个社会关系的直观反映，个体只有在社会关系中才能得以生存，脱离了社会则无法独立发展，所以个体的幸福必须建立在社会幸福的前提下才能得以实现，是个体幸福得以实现的基本保障。

社会环境的和谐、社会秩序的稳定、社会经济的发展、良好的社会环境都会为个人追求幸福感提供和营造更多的有利条件。例如，优质的学习环境，良好的营商环境和优质的居住环境等。当个人的幸福感在提高的同时，也会在很大程度上调动个人争取社会幸福的积极性，从而获得更多的幸福感，形成健康的幸福生态链条。

第二节　奋斗幸福观的本质特征

一、奋斗幸福观的实践性特征

我国当下的奋斗幸福观是新时代的科学理论，这是一种符合我国国情，结合当下社会具体实际的一种全新的理论。中国奋斗幸福观的诞生，来源于新时代下人民群众对幸福生活的具体实践，具有客观性和真实性，经得起社会发展与历史的考验。具体实践这一理论来源，不仅可以指导新时代人民追求幸福的实际行动，同时它还有着鲜明的实践性特征。

中国的奋斗幸福观不是只拘泥于经验世界，只承认经验，而否认经验之外的一切真理；也不是完全照搬理念世界，只承认理念，把理念之外都当作假象。中国的奋斗幸福观是一种完全植根于中国特色社会主义的社会实践活动，有着蓬勃的生命活力和长久发展力的科学理论，是处在新时代的历史条件下，并伴随着现实的社会生活和社会实践逐渐发展起来的，是不竭成长动力的科学理论、指导理论和客观实践理论。

在新时代中国社会，奋斗幸福观的确立完全来源于广大人民群众的生活实际，也立足于广大人民群众的现实生活，奋斗幸福观理论深刻分析和揭示了中国社会当前的主要矛盾，并科学回答了什么是真正的幸福、为何实现幸福需要奋斗，以及如何为实现幸福而奋斗的三大核心问题。由此可见，奋斗幸福观绝不是一种僵化的教条主义，而是一种结合了新时代特性的科学的行动指南，可以强有力指导当下中国居民如何正确追求属于自己的幸福生活，为当代社会人民群众追求和实现真实的幸福指明正确的方向和道路，提供理论指导和方法论。奋斗幸福观作为一种理论性和指导性很强的理论，它可以不断指导着人民追求幸福的具体实践，人民在追求幸福的实践过程中不断地验证着自身的正确性和科学性，由此使得自身理论获得持续性的丰富和发展。

因而，作为一种指导人民追求幸福和实现幸福的科学理论，奋斗幸福观尤其凸显了它的实践性特征。

二、奋斗幸福观的时代性特征

英国哲学家大卫·休谟（David Hume）曾经说过：“历史不仅是知识中很有价值的一部分，而且还打开了通向其他许多部分的门径，并为许多科学领域提供了材料。”其实每一个历史时期都有着自身独特鲜明的特点。通过认真分析和观察每个历史时期的特征，即可探明时代的本质。这是判断当前发展阶段和发展形势的重要前提。拥有着中国特色的社会主义目前已进入了一个全新的发展时期，这一重要的论断蕴含着非常丰富和深刻的意义，揭示了当今中国社会和经济正处于一个最为广泛而深刻的变革当中，这也是人类历史上绝无仅有的宏大创新和变革。奋斗幸福观就是成长于这样的新时代背景之下，它有着极其鲜明的时代性特征和非凡的历史意义。

时代性是一个时代的风格和特征，是一个具体实际的概念，它既不空洞也不抽象，它意味着历史与现实的交融，是普遍性与具体性的结合，承载着一个时代想要表达的最具体内容。奋斗幸福观就是这样诞生于新时代中国社会的，它不仅是对于新时代幸福问题的科学解答，也是符合当代社会发展需求的一项科学理论。每个不同的时代，都有着自身的物质和精神文明，每个不同的时代，人们对幸福的理解和感受也不同。面对当前中国前所未见的新时代历史境遇，奋斗幸福观聚焦的幸福问题在这个时代给出了人们明确的回答。普遍认为当今社会真正的幸福是享受与创造相融、物质与精神齐飞、个人与社会共举的幸福。这种和谐、统一的思想建立在新时代的基础之上，赋予了奋斗幸福观有别于传统幸福观的时代特性。

历史的车轮永远不会停止，时代的变化永远不会结束，实践和理论的发展也会随着历史的车轮不断前进，不断出现新的机遇和挑战，不断出现新的补充和调整，而在其中孕育而出的奋斗幸福观，也必然会在新时代的实践检验中不断完善和发展。

第三节　奋斗幸福观推进幸福城市建设

一、勇担当，坚持艰苦奋斗精神促改革

（一）艰苦奋斗精神的时代价值

新时代下，我们之所以还能继续坚持和弘扬艰苦奋斗的精神，基础和前提是为了更好地明确和认清艰苦奋斗精神的理论意涵，清醒认识艰苦奋斗的时代价值。这也是新时代坚持和发展艰苦奋斗精神的核心意义与主旨。美好幸福的生活是靠勤奋劳动和艰苦奋斗得来的，是从脚踏实地的劳动创造中获得的。人民对美好生活的向往与追求，最终都要体现在每一个艰苦奋斗的人民群众身上。所以，只有坚持劳动、持续奋斗才可以实现美好幸福生活的梦想，铸就属于个人和集体的辉煌。历史证明，只有坚持不懈地奋斗，才能满足人民群众对美好生活的需求，才能实现属于自己的人生价值。人民对生活的需求是全方位、多领域、高水准的，其中涉及经济、政治、文化、教育、生态、安全等各个方面。例如，人民对教育公平、德智体美劳全面发展、物质文明和精神文明、网络隐私安全、食品安全等方面都提出了更高的要求。要满足人民对美好生活的需求，就需要社会中每一个个体都能发挥其主观能动性，积极行动起来，为满足自己和他人对美好生活的需求一直努力。

在这个过程中，我们一定会遇到许多困难。越是充满艰险，越需要我们发扬艰苦奋斗的精神。面对这些可以预料和难以预料的困难，我们要坚持“时不我待、只争朝夕”的奋斗精神，为实现中华民族伟大复兴的中国梦贡献力量。

（二）经济改革促进幸福城市建设

经济发展是社会进步的根本，幸福城市建设的重点就在于城市的经济建设和发展。目前我国原有的传统工业道路已经不再适合城市未来发展之道，而城市经济也开始向新兴产业、低碳经济转型，不断提高城市的核心竞争力也成了当下政府主导的重点，同时在促经济发展的过程中应将提升就业率和提升居民个人收入方面进行双向结合。在城市经济发展中，要秉承经济发展与城市环境共赢的理念，既要发展幸福城市，还有保护生态发展，杜绝任何破坏环境和透支环境资源的行为。应根据实际情况，合理配置资源，将物质、能量、信息高效利用，使产业结构合理调整。在可持续发展的基础上，为城市居民的幸福构建坚实的基础保障。在构建幸福城市的道路上，应以转变经济增长方式、发展经济为基础提高居民个人收入，使居民满足生存、生活的多种需要。同时应注意收入分配的公平性，处理好收入和公平之间的关系，在提高居民收入的基础上减小收入差距[①]。

二、重根本，坚持以人民为中心促发展

（一）幸福城市建设发展必须强调以人民为中心

从社会学角度看，以人民为中心开展城市建设和治理才是未来根本的发展目标。理论意义如下。

第一，从社会学角度看，以人民为中心体现了大家对于城市基本特性的认识。在社会学领域，不同研究者对城市的概念一直有多重论述和定义，但总结起来最核心的特征就是人群的集中、人群的聚集度和人群的数量。尽管目前对于数量的多少、具体标准以及每个国家和地区的定义有所不同，但是，

① 张红霞．幸福城市的实现路径与推进策略研究［J］．吉林工商学院学报，2015，31（5）：107-110.

城市所表现出的突出特质，一定是在强调人群的规模和地域内人群的密度。城市作为一个人口比较集中的地方，这里聚集的人群数量自然也是比较巨大的。所以，城市的核心特征不是面积，不是位置，也不是房子，而是人群的聚集、聚集的居住，他的核心是聚集在一起并同时生活在这里的居民[①]。

第二，以人民为中心体现了城市建设、城市治理的共建共治共享原则。人口数量众多是我国社会的基本特征，让广大人民群众积极参与到城市建设中，能发挥出我国社会的巨大优势。自改革开放以来，我国城市以“人民城市人民建”的发展原则，让城市建设有了巨大的成就，所以，城市建设所取得的成就也必须返还给广大人民群众。

第三，以人民群众的需求为中心的原则，对如今我国城市发展建设有着重大意义。改革开放以来，我国进行了历史上最大规模的一次城市化运动，城市化运动改变了我国人民的生产方式和生活方式。由此，广大人民群众的利益与城市发展建设的利益紧密地连接在了一起。自改革开放以来，我国出现了上亿流动人口，这些流动人口从一个地方迁移到另一个地方，不断改变着自己生活和工作的地区，所以导致一个城市中混杂着本地居民和外来工作居住的“新移民”。所以我国城市建设要以人民为中心，打通城乡户籍界限，让本地居民和外来居民能平等享受城市中的公共服务。

（二）走向以人民为中心的幸福城市建设与治理

1. 公众行使公共权力

怎样行使好公共权力，是以人民为中心建设幸福城市的原则。自古以来，我国的政治管理机构或政府一直处于权力的核心，有着巨大的资源动员能力。在这样的政治体制下，政府的中央指令可以通过集中统一的形式被更好地执

① 李强，赵丽鹏．从社会学角度看以人民为中心的城市建设与治理［J］．广东社会科学，2018（5）：186-195.

行。我国宪法规定，城市土地都属于公有或全民所有，这样政府动用城市土地资源乃至各方资源的能力就更为强大。所以，在我国城市建设中地方政府权力影响的累加效应十分明显。

实现以人民为中心的城市建设，其中非常重要的一点就是，建设现代科学的决策机制。政府作为公共权力的行使者，在城市公共事务的决策上发挥着极为重要和直接的作用，但政府在行使公共权力的同时，要特别尊重另外两方面的力量，即现行政策与公众意见。首先，政府行使公共权力不能任性，其次，政府行使公共权力必须受到约束。最根本的还是要重视决策中公众利益的体现，要将听取公众意见置于最重要的位置。而人民群众作为公共权力的监督者和制约体系中重要的组成部分，拥有着建议、揭发、检举、申诉、控告等相应权利。

2. 有效约束资本力量

可以从政治约束、社会约束和生态约束方面约束资本力量。

第一，政治约束。我国是社会主义国家，资本运作必须合法，并符合社会主义的基本原则，也就是让资本的获利能够真正为广大人民群众的利益服务。为此，地方政府在城市建设中要突出以人民为中心，所有建设项目都要受到相关的约束，并要受到人民群众的监督。如遇重大项目的审批应该征求民意，认真听取来自人民群众的呼声和意见，切实建立起征求民意、项目听证会等有效机制。真正让广大人民群众成为资本运营的获利者。

第二，社会约束。也可以称为“民生约束”。民生指人民的日常生活事项，例如，衣、食、住、行、就业、家庭等。民生约束指的是在城市建设发展过程中，首先要考虑广大人民群众的根本利益，让城市的建设发展主要围绕为人民服务而展开。为此，在城市发展规划上，应该将最好的空间留给人民群众，将城市最好的地段、最优质的资源配套建设成可为广大老百姓提供服务的共享公共空间和公共设施。

第三，生态约束。是城市建设和发展的最基本约束。城市中的所有建设项目，都应该也必须受到环境生态评估的相关制约，应严格避免城市建设中出现破坏生态环境的情况。对于建设中已被破坏的生态环境项目，应该对涉事个人或团体作出相应处罚。城市建设应贯彻坚持生态优先和绿色发展，对于有利于生态改善的项目，应该在法规政策上予以支持和鼓励，对于破坏生态的项目应该严厉制止或打击。

3. 利益分化问题处理

关于利益分化问题的处理应遵循以下四项原则，这也是处理利益差异、利益分化问题时应该严格遵循的。

第一，以多数人的最大利益为原则。城市是一个极其复杂的经济社会体系，组成城市的人群有着极其复杂的社会结构和职业结构，而政府作为城市重大事务的决策者，要把握的原则就是“大多数人的最大利益”，这里所说的不是简单的多数，而是大多数，同时，这里强调的是最大利益，也是广大人民群众长远的最根本利益。保证多数人的最大利益也是全面建成小康社会的根本价值标准。

第二，以法律面前人人平等为原则。对不同群体利益关系的处理，应秉承公平、公正的原则和理念。在对不同群体利益关系的处理上，应遵循现有的法治、法规，并出台完善处理群体利益关系相应的条款。一旦制定了相应的规则，每个人都应该遵守，任何人都不得违反。在城市建设中，坚持法治，不违背法律法规，才能做到绝对平等。

第三，以保护弱势群体为原则。我国人口基数较大，因此也相应存在一定比例的弱势群体和民众。弱势群体作为在社会生产活动中存在的一分子，无论从力量还是权力等方面都相对较弱，因而在分配、获取社会财富时也处于劣势。相比之下，高收入群体因循环累积效应，也更容易获得更多的优质资源。所以，在城市的公共政策上，更应该帮助和扶持弱势群体。而作为中下层群体（例如，长期在城市劳动就业的务工人员）在城市决策中也较少有话语权，应该为他们建立更多的渠道来表达他们的内心意愿。另外，对于弱势群体的保护不能仅仅成为口号，在城市决策中，应该切实保护弱势群体相应的权益，为其提供更为精细化的管理服务，提供更多的就业岗位，建立就业培训体系，从而增加弱势群体的就业机会。

第四，以统筹兼顾为原则。在现代化城市建设进程中，目前存在多种利益主体，彼此之间关系复杂且存在一定的利益冲突，所以在管理疏导的同时，应以统筹兼顾为原则进行综合考虑。当利益主体间出现摩擦，必要时应纳入法律工具，借用法律手段来解决。以此来减少个别失范行为的发生，这样也有助于打造出一个良性发展的和谐城市。同时，支持不同群体进行良性扩张与发展，防止局部利益冲突升级，社会利益冲突加剧。将城市中的管理重点向基层不断延伸，将政府治理与社会调节相结合，这些都是实现统筹兼顾原则的具体措施。

目前，“以人民为中心”的理念，无论在政界、学界，还是普通百姓心中，都有着较为广泛的共识，幸福城市的建设和发展也受到大家高度的重视。我国城市的各级主管单位及管理者以及社会各界，为践行这一目标都作出了巨大的努力，但要真正实现发展建设人民心中的幸福城市，仍然任重而道远。

参考文献

一、著作类

［1］党云晓，张文忠．城市居民幸福感的空间差异及影响因素［M］．北京：中国社会出版社，2018.

［2］何凌云．政府质量、公共支出与居民主观幸福感［M］．武汉：武汉大学出版社，2016.

［3］黄希庭，程翠萍，岳童，等．城市幸福指数研究［M］．重庆：重庆出版社，2020.

［4］卢汉龙，吴书松．社会转型与社会建设［M］．上海：上海社会科学院出版社，2009.

［5］王慧慧．中等城市居民幸福感测评与提升对策研究［M］．北京：经济科学出版社，2017.

［6］吴静．社会发展进程中居民幸福测度与实证研究［M］．杭州：浙江工商大学出版社，2013.

［7］杨芳．昆明建设幸福城市研究［M］．昆明：云南人民出版社，2012.

［8］张云武．社会转型与人们的幸福感［M］．浙江：浙江工商大学出版社，2016.

［9］祝灵敏．经济增长与居民幸福增长［M］．北京：经济管理出版社，2017.

［10］潘懋元，王伟廉．高等教育学［M］．福州：福建教育出版社，1995.

二、论文类

[11] 冯小雪 . 我国居民幸福感及其影响因素研究 [D]. 泉州：华侨大学，2020.

[12] 郝文璐 . 文化自觉与构建幸福城市的思考 [D]. 临汾：山西师范大学，2015.

[13] 黄静 . 构建居民幸福指数指标体系方法研究 [D]. 大连：东北财经大学，2007.

[14] 李艳玲 . 城市居民主观幸福感特点及影响因素研究 [D]. 济宁：曲阜师范大学，2006.

[15] 林杰 . 建成环境对中国城市居民主观幸福感的影响及其作用机制探析 [D]. 上海：华东师范大学，2019.

[16] 罗智红 . 教育水平对居民幸福感的效应及机制分析——基于阶层流动的视角 [D]. 济南：山东大学，2020.

[17] 汪震 . 空气污染对中国居民主观幸福感的影响研究 [D]. 南昌：江西财经大学，2019.

[18] 于洋航 . 城市社区公共服务满意度对居民幸福感的影响机制研究 [D]. 武汉：华中科技大学，2019.

[19] 袁林 . 受教育程度影响主观幸福感的路径研究——基于成都市城镇居民的实证分析 [D]. 成都：西南交通大学，2016.

[20] 展欢欢 . 公共文化视阈下居民文化幸福指数研究 [D]. 上海：上海工程技术大学，2019.

[21] 赵骏宇 . 政治参与、财政支出与居民幸福感研究 [D]. 南宁：广西大学，2020.

三、期刊类

[22] 曾鸣．公共文化支出影响农村居民幸福感了吗？［J］．首都经济贸易大学学报，2019（3）：26-36.

[23] 柴素芳，石秀杰．幸福与经济收入的非线性关系探因［J］．西南民族大学学报（人文社会科学版），2010（8）：90-92.

[24] 陈成文，黄利平．论住房保障与实现新时代“弱有所扶”［J］．城市发展研究，2019（3）：1-5.

[25] 陈浩彬，苗元江．幸福与幸福的教育——基于积极心理学幸福观的思考［J］．教育理论与实践，2012（7）：45-48.

[26] 陈志霞，李启明．不同年龄群体大五人格与幸福感关系［J］．心理与行为研究，2014（5）：633-638.

[27] 池丽萍．中国人婚姻与幸福感的关系：事实描述与理论检验［J］．首都师范大学学报（社会科学版），2016（1）：145-156.

[28] 戴廉．“幸福指数”量化和谐社会［J］．瞭望新闻周刊，2006（11）：24-26.

[29] 风笑天，易松国．城市居民家庭生活质量：指标及其结构［J］．社会学研究，2000（4）：107-118.

[30] 官皓．收入对幸福感的影响研究：绝对水平和相对地位［J］．南开经济研究，2010（5）：56-70.

[31] 郝身永，韩君．经济增长、收入差距与国民幸福——幸福经济学研究的经验启示［J］．社会科学，2013（3）：47-52.

[32] 郝文武．教育与幸福的合理性关系解读［J］．陕西师范大学学报（哲学社会科学版），2008（1）：5-9.

[33] 胡洪曙，鲁元平．公共支出与农民主观幸福感——基于 CGSS 数据的实证分析［J］．财贸经济，2012（10）：23-33.

［34］扈中平．教育何以能关涉人的幸福［J］．教育研究，2008（11）：30-37.

［35］黄希庭，李继波，刘杰．城市幸福指数之思考［J］．西南大学学报（社会科学版），2012（5）：83-91.

［36］黄希庭，岳童．让心理学走向大众——专访西南大学黄希庭教授［J］．教师教育学报，2022，9（1）：1-9.

［37］黄永明，何凌云．城市化、环境污染与居民主观幸福感——来自中国的经验证据［J］．中国软科学，2013（12）：82-93.

［38］康雷，张文忠．邻里社会环境对居民幸福感的影响——以北京典型低收入社区为例［J］．地域研究与开发，2021，40（3）：50-55.

［39］孔萍，尹峻．"幸福"：不丹的核心价值观［J］．党建文汇月刊（下半月），2015（11）：42.

［40］寇垠，刘杰磊．东部农村居民公共文化服务满意度及其影响因素［J］．图书馆论坛，2019，39（11）：79-86.

［41］雷浩，李静．社会经济地位与教师关怀行为关系：主观幸福感的中介作用［J］．教师教育研究，2018，30（5）：34-40.

［42］李继波，黄希庭．时间与幸福的关系：基于跟金钱与幸福关系的比较［J］．西南大学学报（社会科学版），2013，39（1）：76-82.

［43］李梦洁．环境污染、政府规制与居民幸福感——基于CGSS（2008）微观调查数据的经验分析［J］．当代经济科学，2015，37（5）：59-68.

［44］李铭，左官春．经济增长与幸福感背离的制度经济学阐释［J］．华东经济管理，2019，33（3）：164-171.

［45］李强，赵丽鹏．从社会学角度看以人民为中心的城市建设与治理［J］．广东社会科学，2018（5）：186-195.

［46］刘米娜，杜俊荣．住房不平等与中国城市居民的主观幸福感——立足于多层次线性模型的分析［J］．经济经纬，2013（5）：117-121.

［47］娄伶俐．主观幸福感的经济学研究动态［J］．经济学动态，2009（2）：99-104.

［48］鲁元平，张克中．经济增长、亲贫式支出与国民幸福——基于中国幸福数据的实证研究［J］．经济学家，2010（11）：5-14.

［49］罗楚亮．绝对收入、相对收入与主观幸福感——来自中国城乡住户调查数据的经验分析［J］．财经研究，2009，35（11）：79-91.

［50］毛小平，罗建文．影响居民幸福感的社会因素研究——基于 CGSS2005 数据的分析［J］．湖南科技大学学报（社会科学版），2012，15（3）：42-45.

［51］莫旋，阳玉香．流动人口就业的影响因素及与主观幸福感之关系——基于分层模型的实证分析［J］．华东师范大学学报（哲学社会科学版），2021，53（4）：166-178.

［52］佩德罗・孔塞桑，罗米娜・班德罗．主观幸福感研究文献综述［J］．卢艳华，译．国外理论动态，2013（7）：10-23.

［53］秦其文．经济发展与国民幸福快乐的关系及意义［J］．现代经济探讨，2009（10）：10-14.

［54］任海燕，傅红春．收入与居民幸福感关系的中国验证——基于绝对收入与相对收入的分析［J］．南京社会科学，2011（12）：15-21.

［55］任海燕，傅红春．幸福经济学在中国：研究现状和未来发展［J］．江海学刊，2012（1）：105-109.

［56］孙伟增，郑思齐．住房与幸福感：从住房价值、产权类型和入市时间视角的分析［J］．经济问题探索，2013（3）：1-9.

［57］田国强，杨立岩．对“幸福—收入之谜”的一个解答［J］．经济研究，2006（11）：4-15.

［58］王海英，夏英，孙东升，等．中国农民主观幸福感影响因素的 Meta 分

析［J］. 中国农业资源与区划，2021，42（6）：203-214.

［59］王舒婷. 收入与幸福指数非均衡增长的经济原因分析［J］. 求实，2008（8）：48-51.

［60］王祖山，王竞. 共享住房：保障性居住资源生成与配置的新路［J］. 中南民族大学学报（人文社会科学版），2019，39（2）：101-106.

［61］魏后凯，高春亮. 中国区域协调发展态势与政策调整思路［J］. 河南社会科学，2012，20（1）：73-81.

［62］吴丽民，陈惠雄，黄琳. 婚姻、性别与幸福［J］. 浙江学刊，2007（1）：220-225.

［63］吴英杰. 中国现代化过程中的国民幸福变化与区域差异比较［J］. 生产力研究，2015（9）：80-82.

［64］肖仲华. 幸福经济学理论建构探析［J］. 求索，2012（3）：17-19.

［65］邢占军，金瑜. 城市居民婚姻状况与主观幸福感关系的初步研究［J］. 心理科学，2003（6）：1056-1059.

［66］徐广路，沈惠璋. 经济增长、幸福感与社会稳定［J］. 经济与管理研究，2015，36（11）：3-11.

［67］许春晓，郑静. 同伴角色、旅游体验质量与旅游者幸福感的关系［J］. 湘潭大学学报（哲学社会科学版），2021，45（5）：69-73.

［68］许海平，傅国华. 公共服务与中国农村居民幸福感［J］. 首都经济贸易大学学报，2018，20（1）：3-12.

［69］杨玉文，翟庆国. 城市环境对居民幸福感的作用机理研究［J］. 生态经济，2016，32（3）：194-197.

［70］姚柱，罗瑾琏，张显春. 时间创造幸福：时间领导对主观幸福感的作用机制［J］. 管理工程学报，2021，35（4）：40-50.

［71］叶初升，冯贺霞. 幸福问题的经济学研究：进展与启示［J］. 华中农业

大学学报（社会科学版），2014（3）：125-129.

[72] 叶德珠，曾繁清，郑贤 . 幸福满意度、内需驱动型产业发展与经济增长方式转变 [J]. 产经评论，2016，7（3）：69-78.

[73] 殷金朋，赵春玲，贾占标，等 . 社会保障支出、地区差异与居民幸福感 [J]. 经济评论，2016（3）：108-121.

[74] 张超，黄燕芬，杨宜勇 . 住房适度保障水平研究——基于福利体制理论视角 [J]. 价格理论与实践，2018（10）：20-25.

[75] 张广胜，刘浩杰 . 员工人力资本的幸福感效应及代际差异 [J]. 商业研究，2021（1）：96-104.

[76] 张红霞 . 幸福城市的实现路径与推进策略研究 [J]. 吉林工商学院学报，2015，31（5）：107-110.

[77] 张翔，李伦一，柴程森，等 . 住房增加幸福：是投资属性还是居住属性？ [J]. 金融研究，2015（10）：17-31.

[78] 张兴贵 . 人格与主观幸福感关系的研究述评 [J]. 西北师范大学学报（社会科学版），2005（3）：99-103.

[79] 张云武 . 社会资本与组织信任的实证研究 [J]. 中共浙江省委党校学报，2013，29（4）：99-105.

[80] 赵培红 . 幸福城市愿景与实现路径 [J]. 现代经济探讨，2011（12）：47-52.

[81] 周春平 . 收入、收入满意度对居民主观幸福感影响实证研究——来自江苏的证据 [J]. 南京航空航天大学学报（社会科学版），2013，15（1）：40-44.

[82] 周绍杰，胡鞍钢 . 理解经济发展与社会进步：基于国民幸福的视角 [J]. 中国软科学，2012（1）：57-64.

[83] 朱建芳，杨晓兰 . 中国转型期收入与幸福的实证研究 [J]. 统计研究，

2009，26（4）：7-12.

［84］朱帅，郑永君．住房对农民幸福感的影响机制与效应——基于经济、居住和象征价值维度的实证［J］．湖南农业大学学报（社会科学版），2018，19（3）：66-71.

［85］邹泓，刘艳，李晓巍．流动儿童与留守儿童心理状况研究——流动儿童受教育状况及其与心理健康的关系［J］．教育科学研究，2008（8）：49-53.

［86］左西年，张喆，贺永，等．人脑功能连接组：方法学、发展轨线和行为关联［J］．科学通报，2012，57（35）：3399-3413.

［87］高桂娟．现代大学制度研究的动向及其文化诉求［J］．现代教育科学，2007（1）：5-7.